현대 영미 인식론의 흐름

김도식 지음

현대 영미 인식론의 흐름

김도식 지음

철학과현실사

개정판 서문

 2004년에 『현대 영미 인식론의 흐름』을 처음 출간하고 강산이 거의 두 번 바뀔 정도로 상당히 많은 세월이 흘렀다. 이 책을 처음 기획했을 때는 영미철학의 맥락에서 학부 '인식론' 강의에서 사용할 만한 교재를 염두에 두면서, 동시에 필자의 박사논문에서 다루었던 내용을 함께 다루고 싶었다. 이 책에 대한 다양한 서평이 있었는데 가장 많이 지적을 받은 곳이 바로 이 지점이었다. 책의 성격이 모호하다는 것이다. 전공 수업의 교재로도 사용되고 전공자에게 도움이 될 만한 학술적 내용도 포함하여 두 마리 토끼를 잡으려던 욕심이 결국 하나의 토끼도 제대로 못 잡은 것이 아닌가 하는 자책을 하기도 하였다.

 개정판을 염두에 두면서 이러한 지적을 반영하고 싶은 마음이 굴뚝같았다. 게다가 이 책을 교재로 수업을 하다 보니 오류가 발견되기도 하였고, 새로운 내용을 추가하고 싶은 마음도 많았다. 하지만 이 책을 교재와 전공 서적으로 나누어서 새로 발간하는 것은 말 그대로 새로 책을 쓰는 것과 다름이 없어서 엄두가 나지를 않았다. 결국은 초판을 기획했을 때처럼 큰 꿈을 가지고 개정판을 내려고 했지만 실제의 결과물은 대대적인 보완이 아닌 부분적인 보수에 그치게 된 것이다.

한편으로 스스로 위안을 삼는 점은 철학 전공 서적으로는 그래도 꽤 많이 읽힌 책이 되었다는 사실이다. 가장 큰 이유는 이 책이 '학술원 우수학술도서'로 선정되었기 때문이다. 이 책이 출간된 첫 해에 지정을 받지 못해서 많이 아쉬워했는데 그 다음 해에 기초학문분야의 우수학술도서로 선정되어 상당한 혜택을 볼 수 있었다. 한번은 어느 자리에서 다른 학교 철학 전공 학생을 만나게 되었는데 내 이름을 말하자 이 책의 저자가 아니냐고 물어서 뿌듯했던 기억이 있다.

개정판을 내면서 가장 고마운 사람은 필자에게 인식론 수업을 들은 건국대학교 학생들이다. 그동안 필자의 인식론 수업을 수강하면서, 함께 고민하고 책의 오류도 찾아서 알려주었으며 이 책에서 다룬 내용을 발전시키려는 시도를 하기도 했다. 그중 한 학생의 아이디어가 매우 참신해서 함께 공동 저자로 논문을 작성하여 『철학연구』에 게재를 하기도 하였다. 이 책을 통하여 교학상장(敎學相長)을 실제로 경험하게 된 셈이다.

마지막으로 요즘 출판계가 어려움에도 불구하고 개정판의 출간을 기꺼이 맡아주신 철학과현실사의 전춘호 사장님께 깊은 감사의 말씀을 드린다. 아버지 때부터 인연을 이어온 분께 신세를 지는 것 같아서 송구스러운 마음이다. 이 마음의 빚을 언젠가는 보답할 날이 오기를 진심으로 기대한다.

2021년 여름, 건국대 연구실에서
김도식

머리말

　이 책은 박사 과정에서 인식론을 전공으로 선택한 후, 오늘에 이르기까지 지난 15년간의 연구를 하나의 책으로 모아 놓은 것이다. 학부에서는 현대 영미 인식론을 접할 기회가 없었지만 우리나라에는 영미 계통의 인식론을 제대로 공부한 사람이 몇 안 된다는 은사의 말씀을 거의 맹목적으로 따른 것이 지금 이 자리까지 오게 한 큰 이유 중 하나였다.

　사실 박사 과정으로 유학을 떠날 때에는 학부를 마치고 석사 과정을 1년 수료한 상태여서 어느 분야에 특별한 관심을 갖지는 못했었다. 그만큼 선택의 폭이 넓었다는 장점도 있었지만, 별로 아는 것이 없었다는 현실도 극복해야 했다. 다행히 내가 속한 박사 과정에서 리처드 펠드만(Richard Feldman)과 얼 카니(Earl Conee)라는 좋은 인식론 선생님들을 만나게 되어 기초부터 차근차근 배우게 되었다. 그 배움의 첫 결실이 바로 이 책이다.

　이 책은 1963년 전통적 앎의 분석에 대한 게티어의 반례가 나온 이후, 분석적 방법을 사용하는 영미 계통 인식론의 전개를 정리하고, 인식론의 핵심적 문제 중 하나인 '경험을 근거로 한 인식적 정당성 문제'

를 심도 있게 다루고 있다. 서론에 해당하는 제1장에서는 이 책에서 다루게 될 질문들을 제시한 후, 제2장에서는 게티어의 반례와 이 문제를 해결하려는 다양한 시도들을 논의한다. 제3장에서는 인식론 정당성의 대표적 이론이라고 할 수 있는 토대론, 정합론, 증거론 그리고 신빙론을 설명한다. 제4장에서는 경험을 근거로 한 믿음의 인식적 정당성에 대한 문제를 깊이 있게 소개하며, 마지막 제5장에서는 요즘 많은 주목을 받고 있는 '자연화된 인식론'을 다룬다.

제2장과 제3장은 내가 학부에서 인식론을 강의할 때 사용하는 내용이다. 강의 노트에 살을 조금 더 붙인 셈이다. 학부 인식론 시간에 현대 영미 인식론을 소개하면서 동시에 분석적인 방법을 가지고 인식론을 다루려는 시도를 하고 있는데, 이런 측면에서 이 책이 학부 인식론 수업의 교재로 사용될 수도 있다고 생각한다.

책을 구성하면서 이미 학술지에 발표한 6개의 논문들이 상당 부분 포함되었다. 「현대 영미 인식론의 동향」(1999)은 제2장과 제3장의 골격을 이루며, 「증거론이란 무엇인가?」(1995)는 제3장에서 증거론을 설명할 때 상당 부분을 활용하였다. 「경험을 근거로 한 믿음이 어떻게 정당화되는가?」(1998)와 「경험을 통하여 우리는 어떤 내용을 갖는가?」(2001)는 제4장의 핵심을 차지하며, 「자연주의적 인식론의 한계」(1995)와 「전통적 인식론에서 자연화의 대상은 무엇인가?」(2000)는 제5장의 자연화된 인식론을 설명하면서 많이 인용되었다.

책을 쓸 때는 별로 느끼지 못한 것인데, 목차를 만들다 보니 다양한 예들이 이 책에서 유난히 중요한 부분을 차지하고 있음을 새삼 깨닫게 되었다. 이 책을 서술하는 방식이 설명적이라기보다는, 반례 제시와 그 반례를 해결하려는 노력을 중심으로 전개된 것이다. 나도 모르게 분석적 방법에 너무 익숙해진 것이 아닌가 생각한다. 이러한 분석적 방법의 적용이 이 책의 장점이 될지 단점이 될지는 잘 모르겠지만, 하여튼 이 책이 가지고 있는 특색 중 하나라고 보아도 좋을 것이다.

탈고를 눈앞에 두고 뿌듯함보다는 아쉬움이 더 큰 것은 인지상정인가 보다. 무엇보다도 인식론의 중요한 주제인 '회의주의'를 이 책에서 전혀 다루지 못하고 있는 것이 못내 아쉽다. 그리고 인식적 정당성에 대한 이론들 중에서 상대적으로 정합론에 대하여 더 할 수 있는 이야기가 많았는데 너무 간단하게 축약된 듯한 안타까움이 있다. 자연화된 인식론에 대해서도 최근에 진전된 논의들을 충분히 반영하지 못하여 부끄럽다. 모두 나의 게으름을 탓할 수밖에….

첫 저서를 발간하며 많은 사람들이 기억 속에서 떠오른다. 나를 낳아 주시고 길러 주신 부모님에 대한 생각이 먼저 나는 것은 많은 사람들에게 공통적이겠지만, 특히 늦게 본 아들을 끝까지 돌보아 주신 두 분께는 뭐라 감사의 말씀을 드려야 할지 모르겠다. 게다가 아버지는 내가 철학을 선택함에 가장 큰 영향을 주셨을 뿐만 아니라 학부 때 스승이기도 하셨다. 한번은 8천 원짜리 칸트의 『순수이성비판』을 원서로 구입할 때 친구들은 모두 만 원을 받아서 2천 원의 수입을 올렸는데, 나만 아버지로부터 독일어 원서와 영어 및 우리말 번역본을 받으면서 아쉬워했던 기억이 있다. 그때를 제외하고는 철학자 아버지를 둔 것에 대하여 항상 자랑스러움을 느껴왔다.

부모님 다음으로 떠오르는 분은 학부 때 지도교수이신 김여수 선생님과 이명현 선생님이다. 분석철학과 인연을 맺게 해주시고 튼튼한 기초를 갖게 해주신 것에 대하여 항상 감사한 마음을 가지고 있다. 그분들의 지도가 없었다면 오늘의 나는 존재하지 않았을 것이다. 또한 분석철학 전공은 아니지만 분석적 방법을 알려주신 이태수 선생님과 김남두 선생님의 가르침에도 사의를 표하고 싶다.

6년 동안의 유학 생활 동안 나를 지도해 주신 펠드만 선생님과 카니 선생님은 이 책의 내용을 내게 직접 가르쳐 주신 분들이다. 그들은 학문적으로 매우 깐깐하면서도 성품적으로는 부드러운 사람들이어서 수많은 시행착오 속에서도 마음 상하지 않고 공부를 마칠 수 있었다. 아울러, 박사 과정 시절에 많은 가르침과 도움을 주셨던 데이비드 브라운(David Braun) 선생님, 롤프 에벌리(Rolf Eberle) 선생님, 존 베네트(John G. Bennett) 선생님, 그리고 테드 사이더(Ted Sider) 선생님께 이 자리를 빌려 감사한 마음을 전한다.

기쁨과 슬픔을 함께 나누며 변변치 못한 남편에게 인내와 사랑으로 유학 시절부터 지금까지 반려자가 되어 준 아내 연승과 잔소리만 하는 아빠에게 항상 힘이 되어 준 두 딸 영인, 혜인에게도 고마운 마음을 나누고 싶다. 그리고 결혼 이후 항상 아들처럼 대해 주시고 보살펴 주신 장인어른과 장모님께도 이 자리를 빌려서 감사를 드린다.

분석철학자에게 그리 어울리지는 않을지 모르지만, 이 책을 허락하시고 항상 나와 동행하여 주시는 하나님께도 나의 감사한 마음을 드리고 싶다. 그리고 내게 하나님을 소개해 준 지인에게도….

마지막으로, 이 책은 건국대학교 우수학술저서 출판지원사업의 도움으로 이루어졌다. 그러한 지원이 없었다면 이 책의 발행이 지금보다 훨씬 더 늦어지게 되었을 것이다.

2004년 정초에 연구실에서
김도식

차 례

11

제1장

인식론이란?

1. 인식론과 '나'

인식론은 형이상학, 윤리학과 더불어 철학의 세 가지 기본적인 분야에 속한다. 형이상학에서는 존재의 문제, 필연성과 가능성에 관한 양상의 문제, 심신 문제, 동일성의 문제 등을 다루고, 윤리학은 시비선악에 대한 문제, 즉 "어떤 행위가 옳은 행위인가?" "가치의 기준이 무엇인가?" 등과 같은 질문에 대답을 시도하는 분야라고 할 수 있다. 반면에 인식론은 'theory of knowledge'나, 'episteme'에 어원을 둔 'epistemology'라는 영어 표현에서 볼 수 있듯이 '앎'에 대한 탐구를 한다.

인식론의 전통은 고대의 플라톤과 아리스토텔레스까지 거슬러 올라가며, 특히 근대 철학은 인식에 관한 논의가 가장 핵심적이었다고 해도 과언이 아닐 것이다. '나' 안에는 구원이 있을 수 없다는 기독교적인 전통의 중세에서는 '나'가 중시되기 어려웠음을 쉽게 짐작할 수 있다. 하지만 절대 권력을 가지고 있던 기독교가 부패하게 되고 이에 한계를 느낀 사람들은 중세의 기독교적인 영향에서 벗어나려는 시도를 하게 되었다.

이러한 시도 중의 하나가 '나'를 강조하는 일이었다. 데카르트가 주장한 "나는 생각한다, 고로 나는 존재한다(Cogito, ergo sum)"에서도 이러한 흐름을 찾을 수 있다. 데카르트가 추구한 질문은 "의심의 여지가 없는 확실한 것은 무엇인가?"이며, 그러한 질문이 나오게 된 배경에는 인식 주체인 '나'와 내가 경험하는 대상 사이에 거리가 있음이 전제되어 있다. 고대에는 '나'도 다른 사물과 더불어 '있음'의 한 부분을 차지하는 것이었을 뿐, 어떤 특별한 지위를 차지하지는 못했다고 볼 수도 있다. 하지만 중세 이후, 근대에 이르러 '나'가 강조되면서 '있는 그대로의 것'과 '내게 보이는 모습'의 차이에 주목하게 되었고 이는 '확실성의 추구'라는 이름으로 존재의 문제와 더불어 인식적인 관심을 자극하는 계기가 되었다.

인식 주체와 대상 사이의 괴리를 가장 극명하게 보여준 철학자는 아마도 버클리일 것이다. 경험을 통해서는 객관적 대상에 대한 확실성을 보장받을 수 없다는 사실을 확인한 그는 "존재하는 것은 지각되는 것이다(Esse est percipi)"라는 주장을 통하여 공간을 차지하고 있는 존재를 부정하고 오로지 '나' 안에 있는 관념적 대상만을 인정하는 극단적인 관념론자가 되어 버린다. 이와 같이 '나'를 강조하게 되면서 있는 그대로의 것과 내게 보이는 것 사이의 괴리를 확인하게 된 측면이 '경험'이라면, '나'를 강조하는 또 다른 측면은 인간으로서의 '나'에게서 가장 건질 만한 것이 무엇인가라는 질문을 던지고 그 답을 '이성'이라고 제시한 입장이 합리론적인 전통이 아닌가 생각된다.

'나'를 중심으로 하여 전개한 지금까지의 해석이 조금은 무리가 있을 수 있으나, 여기서 강조하고 싶었던 것은 인식론에서의 상대성이다. 인식의 문제는 본질적으로 '나'와 관련이 있으며, 따라서 상대적인 요소가 있을 수밖에 없다. 하지만 상대성이 존재한다고 해서, 인식론이

전적으로 주관적인 요소로만 전개된다는 뜻은 물론 아니다. 그렇다면 인식론은 상대성을 전제로 하면서 어떤 질문들에 대답하려고 하는 것인가?

먼저, 각 사람이 어떤 지식을 가지고 있는가를 탐구하는 것은 인식론자들의 관심사가 아니다. 예를 들어, 철수가 무엇을 알고 무엇을 모르느냐의 문제는 철수에게 관심이 있는 사람들이 궁금해 할 문제이지, 인식론자가 다룰 수 있는 문제는 아니다. 수많은 사람들이 소유한 지식들이 무엇인지를 탐구할 시간적 여유도 없거니와, 각자의 지식을 나열하는 것 자체는 학문적으로도 큰 호기심의 대상이 아니기 때문이다.

또한 "화성에는 외계인이 존재하는가?"에 대하여 대답할 수 있는지 여부도 인식론자들의 관심사라기보다는 과학자들의 관심사라고 보는 것이 옳을 것이다. 즉 구체적인 명제에 대하여 우리가 (혹은 어떤 특정한 사람이) 알고 있는지 여부는 인식론자들의 주된 관심이 아니다.

이미 일반인들도 자신이 무엇을 알고 무엇을 모르는지 잘 알고 있다. 나는 지금 컴퓨터 앞에 앉아 있음을 알고, 내가 해야 할 밀린 일들이 엄청나게 많다는 것을 안다. 내가 아는 것은 이와 같이 **내가 처해 있는 환경**에 대한 것뿐만이 아니다. 나는 지금 겨울방학이 거의 다 끝나간다는 사실에 매우 실망하고 있음을 알고 있으며, 다른 한편으로 LG 야구단이 플레이오프에 진출하기를 바라는 마음을 가지고 있다는 것도 안다. 이러한 종류의 앎은 나 자신의 **감정**이나 **희망사항**에 대한 지식이라고 할 수 있을 것이다. 그뿐만 아니라, 나는 철수가 이번에 꼭 장학금을 받고 싶어 한다는 **다른 사람의 마음**도 알고 있으며 지구가 태양 주위를 돈다는 **과학적 사실**에 대해서도 알고 있다.[1]

---

1) 물론 이런 앎에 대하여 부정적인 입장을 취하는 회의주의자들이 있는 것은 사실이다. 하지만 여기서는 상식적인 선에서 우리가 이런 것들을 알고 있다

그렇다면, 앎에 대한 문제에서 철학자들의 관심을 끄는 질문은 과연 무엇일까? 인식론자들이 추구하고자 하는 가장 대표적인 탐구는 앎과 모름 사이의 기준이 무엇인가를 찾는 것이다. 예를 들어서 설명해 보자.

a) 3월 1일은 삼일절이다.
b) 1990년 1월 1일에 울릉도에는 눈이 왔었다.

철수는 a)를 아는 반면 b)는 모른다. (철수뿐만 아니라 대부분 성인 한국인은 동일한 인식적 상태에 있을 것이다.) 그러면, 무엇 때문에 철수는 a)를 알고 b)는 모른다고 할 수 있는가? 좀 더 질문을 정확하게 하면 다음과 같이 만들 수 있다.

> Q1) 어떤 조건을 만족시켰을 때, 한 사람이 무언가를 안다고 할 수 있는가?

즉, 인식론자들의 주 관심사는 **무엇을 아는가**라기보다는 **앎을 갖기 위한 조건이 무엇인가**라고 보아야 한다. Q1)에 대한 손질은 추후에 하기로 하고, Q1)에 대한 오해를 하나만 지적하고자 한다.

우리는 Q1)에 대한 대답을 할 때, 인식 주체가 지니는 확신의 정도나 그 문제에 대한 대중적인 의견의 일치가 있는지를 고려하는 것이 필요하다고 생각하는 경향이 있다. 하지만 앎의 문제는 인식 주체가 가지고 있는 내적 확신과는 무관하다. 사람의 성격에 따라서 필요 이

고 전제하고 논의를 전개하겠다.

상으로 소심한 사람도 있고, 쓸데없는 확신을 가지고 있는 사람도 있다. 따라서 어떤 믿음에 대해서 아무리 강한 확신을 가지고 있어도 반드시 앎이 되는 것은 아니다. 마찬가지로 사회적인 의견의 일치가 있는 명제에 대한 믿음도 앎이 아닐 수 있다. 이 두 가지를 동시에 잘 설명할 수 있는 예가 <태양은 지구 주위를 돈다>2)라는 명제이다. 코페르니쿠스 시절에 그 당시 일반적인 과학자들은 이 명제에 대하여 높은 정도의 확신을 가지고 있었고, 사회적인 공감대도 마련되어 있었지만, 그들은 이 명제를 알고 있었다고 말할 수 없다. 왜냐하면 이 명제는 거짓이기 때문이다.3) 단지 그들은 이 명제를 굳게 믿고 있었던 것에 불과하다. 이와 같이 개인적인 확신이나 사회적인 동의는 앎의 문제에 직접적으로 관계가 없음을 확인할 수 있다.

2. 인식론이 해결하고자 하는 질문들

1) 앎의 여러 종류들

우리가 '안다'라고 말할 수 있는 것들은 여러 종류가 있다. 다음의 예들을 먼저 살펴보자.

a) 철수는 소나무의 잎이 녹색임을 안다.
b) 철수는 2 + 2 = 4임을 안다.

---

2) 문장과 구분하여 명제임을 분명히 나타내고자 할 때, '< >' 기호를 사용하겠다.
3) 왜 거짓이면 앎이 되지 못하는지는 제2장에서 다루도록 하겠다.

c) 철수는 거짓말을 하는 것이 옳지 않음을 안다.

d) 철수는 자전거를 탈 줄 안다.

e) 철수는 영희를 안다.

이 다섯 가지 예들은 크고 작은 차이점들이 있다. 먼저 a), b), c)는 모두 앎의 대상이 명제4)이다. 즉, 이 세 가지 예에서 철수가 알고 있는 대상은 각각 <소나무의 잎이 녹색이다>, <2 + 2 = 4> 그리고 <거짓말을 하는 것은 옳지 않다>라는 명제이다. 이와 같이, 앎의 대상이 명제인 그런 앎을 '**명제적 지식**(propositional knowledge)'이라고 한다. 이 세 가지 앎을 영어로 번역하면 공통적으로 "Chulsoo knows that …"의 형태를 지니게 되므로, 이를 'knowing-that'이라고 부르기도 한다.

이들은 명제적 지식이라는 측면에서 공통점을 지니기도 하지만, 명제의 내용에는 차이가 있다. a)는 경험을 통하여 확인할 수 있는 지식인 반면, b)와 같은 수학적이거나 논리적인 명제는 경험을 통하여 확인할 수 없는 선험적인 지식이다.

c)의 경우는 도덕적 명제로 논의가 좀 더 복잡해진다. 경험적 사실이나 수학적/논리적 사실이 존재한다는 점에 대해서는 거의 대부분의 사람들이 부정하지 않지만, 도덕적 사실이 객관적으로 존재하느냐에 대하여는 많은 사람들이 부정적 견해를 가지고 있기 때문이다. 한 예로 논리실증주의의 윤리적 입장인 이모티비즘(emotivism)에 따르면, '좋

---

4) 문장(sentence)과 명제(proposition)의 차이는 간단히 다음과 같이 설명될 수 있을 것이다. 문장은 기호적인 측면인 반면, 명제는 그 기호에 의해서 표현된 내용이라고 생각하면 된다. 엄밀하게는 명제와 언명(statement)도 구분할 필요가 있으나 이 책에서는 명제로 통칭하려고 한다.

다', '나쁘다', '옳다', '그르다' 등 윤리적인 가치 언어가 포함된 판단은 객관적인 사실을 표현하는 것이 아니라 개인이 지니는 주관적인 감정이나 정서를 나타내는 것이다.5) 이러한 입장에 따르면 도덕적 판단은 객관적 판단의 대상이 되기 어려우므로 도덕적 명제에 대한 지식은 성립하지 않는다는 것이다. 이와 같이 도덕적 명제에 대한 앎의 문제는 복잡한 논의를 필요로 한다는 것만 지적하고 넘어가도록 하겠다.

d)의 경우는 앞의 세 가지와 좀 다른 종류의 앎이다. 명제적 지식은 어떤 사실에 대해서 아는 것인 반면에 자전거를 탈 줄 아는 것은 관련된 명제를 아는 것과는 분명히 다르다. 자전거를 탈 줄 아는 것은 일종의 기술을 가지고 있는 것이다. 이러한 기술을 갖기 위해서 '자전거 타기'에 관련된 명제적 지식을 갖는 것은 필요조건도 충분조건도 아니다. 다시 말해서, 자전거를 탈 줄 아는 사람에게 어떻게 타는지를 말로 표현해 달라고 하면, "넘어지지 않도록 손잡이를 꽉 잡고 페달을 밟는다"는 것 이외에는 말할 것이 별로 없는 경우가 대부분일 것이다. 반면에 '자전거 타기'에 대한 모든 명제적 지식을 습득한 사람이 꼭 자전거를 탈 줄 알게 되는 것도 아니다. 마치 피아노 건반을 어떤 박자로 어떻게 눌러야 하는지를 안다고 해서 꼭 그 곡을 연주할 수 있는 것은 아니듯이 말이다. 이러한 종류의 지식을 '**기술적 지식**'이라고 부르며6) d)를 영어로 표현하면 "Chulsoo knows how to …"의 형식을 가지므로, 'knowing-that'과 대비하여 'knowing-how'라고 부르기도 한다.

e)의 경우는 명제적 지식이나 기술적 지식으로 환원될 수 있다. 철수

---

5) 이모티비즘에 관한 자세한 논의는 김태길, 『윤리학』(개정판), 박영사, 1998, 제9장을 참고할 것.

6) 김기현은 이러한 종류의 지식을 '절차적 지식'이라고 부르고 있다. 김기현, 『현대 인식론』, 민음사, 1998, pp.17-18을 참고할 것.

가 영희를 안다는 것은 영희와 관련된 명제를 알고 있다는 뜻으로 이해될 수도 있고, 여러 사람들 중에서 영희를 구분하여 찾아낼 수 있다는 뜻도 될 수 있기 때문이다. 즉, 철수가 영희를 안다는 것은 영희가 건국대생이고, 광진구에 살며, 철학 전공의 학생임을 아는 것을 의미할 수도 있고, 영희를 다른 사람과 구분할 수 있는 일종의 기술이 있음을 의미할 수도 있다. 경우에 따라서는 철수가 영희를 알면서, 이 두 가지 종류의 지식을 모두 가질 수도 있고 둘 중 하나만 가질 수도 있는 것이다. 즉 영희와 관련된 명제를 알면서도 영희를 찾아낼 능력은 없는 경우도 있고, 반대로 영희를 알아볼 수는 있지만 영희와 관련된 정보는 거의 모를 수 있는 것이다.

이제까지 다섯 가지의 예를 통하여 여러 종류의 앎을 소개하였다. 하지만 이 책에서 이런 앎의 종류들을 모두 다 다루고자 하는 것은 아니다. 이 책에서 앎에 대한 주된 관심을 기울일 것은 바로 첫 번째 종류의 앎이다. 경험을 통한 명제적 지식이 현대 영미 인식론에서 가장 관심을 갖는 부분이기 때문이다.

2) 이 책에서 다루게 될 내용들: 이 책의 조감도

위에서 우리는 Q1)이 현대 영미 인식론에서 주된 관심을 갖는 질문이라고 이야기했다.

> Q1) 어떤 조건을 만족시켰을 때, 한 사람이 무언가를 안다고
>   할 수 있는가?

하지만 앞에서 우리가 집중적으로 논의할 앎의 종류가 경험을 통한 명제적 지식이므로 Q1)을 좀 더 명료하게 수정할 필요가 있을 것 같다.

> Q2) 어떤 조건을 만족시켰을 때, 한 사람이 경험을 통하여 어떤 명제를 안다고 할 수 있는가?

Q2)가 이 책에서 주로 다루게 될 질문이다. 하지만 경험적 지식에 대한 모든 내용을 이 책이 총체적으로 다루겠다는 것은 아니다. 총체적인 접근을 위해서는 적어도 영국 경험론부터 다루어야 할 것이다. 근대의 철학사적인 논의는 이미 여러 저서를 통해서 우리에게 소개되어 있다.[7] 따라서 이 책에서는 범위를 좁혀서 경험적인 앎에 대한 논의 중, 1963년에 쓰인 게티어 문제[8] 이후에 전개된, 분석철학적 방법론을 사용하는 영미 인식론의 흐름을 정리하고자 한다. 제2장에서는 Q2)에 대한 대답으로서의 '앎'의 전통적 분석과 이에 대한 반례로 제기된 게티어 문제, 그리고 이 문제를 풀려고 시도한 여러 이론들을 다루게 될 것이다.

게티어 문제가 제기된 이후, 많은 인식론자들이 이를 해결하려고 달려들었지만, 결론부터 말하면 이 문제는 여전히 미궁에 빠져 있다. 다

---

7) 대표적인 저서로는 김효명, 『영국경험론』(아카넷, 2001)을 들 수 있고, 역서로는 코플스톤 저, 이재영 역, 『영국경험론』(서광사, 1991)과 샤하트 저, 정영기·최희봉 역, 『근대철학사』(서광사, 1993) 등이 있다.

8) Edmund Gettier, "Is Justified True Belief Knowledge?", *Analysis* 23, 1963, pp.121-123. Reprinted in *Empirical Knowledge*, ed. by Paul Moser, 1986, pp.231-233.

양하고 기발한 해결 시도가 있었음에도 불구하고 새로운 해결 시도는 또 다른 새로운 반례로 이어지고 말았다. 이러한 과정을 반복하면서 인식론자들은 게티어 문제가 해결되지 않은 이유 중의 하나가 앎의 조건이라고 생각되어 온 '인식적 정당성'에 대한 연구가 제대로 되지 않았기 때문임을 깨닫게 되었다. 이를 계기로 학자들은 '앎'의 분석에서 '인식적 정당성'에 대한 분석으로 관심을 옮기게 되었다. 인식적 정당성에 관한 질문은 다음과 같이 던져질 수 있다.

> Q3) 어떤 조건하에서, 하나의 명제를 믿는 것이 인식적으로 정당한가?

이 질문에 대한 논의를 제3장에서 다루며, 인식적 정당성에 관한 이론으로 토대론(foundationalism), 정합론(coherentism), 증거론(evidentialism) 그리고 신빙론(reliabilism) 등을 설명할 것이다. 각 이론들의 장단점 등을 검토한 후, 이러한 이론들이 가지는 문제점들을 좀 더 부각시키려고 한다.

제2장과 제3장이 1963년 이후에 전개된 현대 영미 인식론의 기본적인 흐름에 대한 소개라고 한다면, 제4장에서는 인식적 정당성에 대한 여러 이론들에게 공통적으로 문제가 될 수 있는 '레인 맨'의 예를 소개하고 이 문제점에 대한 해결책을 제시하고자 한다. 이 예에 대하여 긴 논의를 제공하는 이유는 레인 맨의 예가 경험을 근거로 하는 인식적 정당성의 문제에 대한 깊은 통찰력을 요구하는 재미있는 예이기 때문이다.

레인 맨의 예와 이 문제에 대한 해결은 우리가 어떤 방식으로 믿음을 형성하느냐의 문제와 밀접한 연결이 되어 있다. 이는 최근에 많이 논의되고 있는 자연주의적 인식론과 자연스럽게 연결된다. 인지과학이 발달하면서 과거에는 베일에 가려져 있던 경험적 인지과정이 조금씩 밝혀지게 되고, 이러한 인지과학을 기본으로 하는 자연주의적 인식론의 대두는 많은 인식론자들의 관심을 끌고 있는 것이 사실이다. 이 책에서는 자연주의적 인식론이 지니는 장점과 그것이 가지는 한계에 대하여 제5장에서 언급할 것이다.

정리하면, 이 책에서는 앞부분에서 앎에 대한 필요충분조건과 인식적 정당성에 대한 필요충분조건을 논의할 것이다. 그것이 바로 Q2)와 Q3)에 대한 대답을 제공하려는 노력이라고 보면 좋을 것이다. 반면에 제4장은 경험을 근거로 한 믿음의 정당성에 대한 논의를 '레인 맨'의 예를 통하여 다루는 것이며, 제5장은 최근에 인식론자들이 가장 많은 관심을 갖는 인식론의 자연화를 소개하는 것이라고 보면 좋을 것이다.

혹 이 책을 현대 영미 인식론과 관련된 학부 수업의 교재로 사용한다면 제2장과 제3장의 논의를 중심으로 강의를 진행하는 것이 무난하지 않을까 생각한다. 왜냐하면 Q2)와 Q3)에 대한 논의는 현대 영미 인식론의 가장 핵심적이고 기본적인 요소라고 할 수 있는 반면, 제4장과 제5장은 아직 일반적으로 정리가 되지는 못한 내용들, 즉 앞으로도 많은 논의와 발전이 가능한 내용들이기 때문이다.

제 2 장

게티어 반례와 해결 시도

1. '앎'의 전통적 분석

전통적으로 어떤 믿음이 앎이 되기 위해서는 그 믿음의 대상인 명제가 참이어야 하고 그 믿음에 대한 충분한 근거가 있어야 한다고 생각하였다.[1] 이를 다음과 같이 분석할 수 있다.

---

1) 플라톤의 경우 『메논(*Menon*)』에서 단순한 참인 견해만으로는 앎이 될 수 없고 근거나 이유가 뒷받침되어야 한다고 말하고 있으며, 이러한 근거나 이유를 플라톤은 '상기'로 설명하고 있다(Plato, *Meno*, in *The Collected Dialogues of Plato*, ed. by Hamilton and Cairns, Princeton Univ. Press, 1961, pp.381-382). 데카르트의 경우도, 큰 맥락에서는 이러한 전통적인 입장에 있다고 볼 수 있다. 단 그에 따르면, 단순한 믿음으로는 부족하고 의심의 여지가 없는 확신이어야 하며, 그는 근거나 이유로 연역적 증명을 요구하였다. 이러한 입장 때문에 데카르트의 경우에는 회의론으로 갈 수 있는 소지가 많았다고 볼 수 있다. 치좀의 경우도 비슷한 견해를 제시했고(Roderick Chisholm, *Perceiving: A Philosophical Study*, Cornell Univ. Press, 1957, p.16), 에이어도 데카르트와 유사한 분석을 했다(A. J. Ayer, *The Problem of Knowledge*, Penguin Books, Macmillan & Co., 1956).

(K) 어떤 사람 S가 명제 P를 알기 위한 필요충분조건은,
  1) P가 참이고,
  2) S가 P를 믿으며,
  3) S가 P를 믿는 것에 인식적 정당성을 가진다.

(K)에 대한 설명을 시작하면서, 우리가 분석의 대상으로 삼고자 하는 것이 단순히 '앎'이란 단어가 아니라, "어떤 사람 S가 명제 P를 안다"임에 주의할 필요가 있다. 이러한 피분석항은 두 가지 시사점을 가지고 있다.

하나는, 제1장 1절 '인식론과 '나''에서도 지적한 것처럼, 앎이란 것이 특정 개인에게 귀속된다는 점이다. 우리가 관심을 가지고 있는 앎의 분석은 모든 사람에게 공유되고 있는 앎이 아니라 어떤 개인에게 관계하는 앎이라는 것이다. 이는 우리의 상식과 다르지 않다. 어떤 특정한 명제 P(예를 들어, <철수의 집은 광진구에 있다>)를 철수와 친한 영이는 알지만, 철수와 안면만 있는 돌이는 모를 수 있기 때문이다. 즉 동일한 명제에 대해서 어떤 사람은 알고 어떤 사람은 모를 수 있기에, 우리가 분석하고자 하는 것은 '앎 일반'에 대한 것이 아니라 특정 명제를 특정 사람이 알고 있느냐 여부에 대한 기준을 제시하는 것이라고 볼 수 있다.

다른 하나는, 앎의 대상이 명제라는 점이다. 명제란 문장에 의해서 표현될 수 있는 **내용**으로, 예를 들어, 내가 "그는 착하다"라는 것을 알 경우, 만일 '그'가 철수를 지시한다면, 내가 아는 것은 엄밀히 말해서 <철수가 착하다>는 사실이라는 것이다. 이는 앎의 필요조건인 믿음의 대상이 명제이기 때문이다.[2]

(K)에 따르면, 정당화된 참 믿음이 앎이다. 그러면 '참', '믿음' 그리고 '정당함'이 왜 각각 앎의 필요조건이 되어야 하는지에 대하여 지금부터 설명을 해보겠다.

1) 왜 참은 앎의 필요조건인가?

왜 참이 앎의 필요조건인가를 다루기 위해서는 '참'이란 무엇인가를 이해할 필요가 있다. 하지만 진리론 일반에 대한 논의를 하는 자리는 아니기에, 여기서 진리대응설, 진리정합설, 실용주의적 진리설, 타르스키(Tarski)의 진리설 등을 모두 다룰 필요는 없어 보인다. 가장 상식에 부합하는 진리대응설의 기본적인 내용만 소개를 할까 한다. 진리대응설에 따르면 어떤 명제가 사실과 일치하면 참이고 일치하지 않으면 거짓이다. 예를 들어, <김건모는 가수이다>라는 명제는 실제로 김건모가 가수이므로 참이고, <송혜교는 야구선수이다>는 그녀가 야구선수라는 것이 사실과 일치하지 않으므로 거짓이라는 설명이다.

진리대응설에 따르면, '참'이란 형이상학적 개념이다. 따라서 어떤 명제가 참이기 위해서 인식 주체인 S가 참이란 사실을 알 필요는 없다. 예를 들어, <2003년 9월 1일에 서울에서 태어난 신생아의 수는 짝수이다>라는 명제는 실제로 그날 서울에서 태어난 신생아의 수가 짝수이면 참이고, 홀수이면 거짓이다. 물론 이 명제가 참인지 거짓인지를 아는 사람은 이 세상에 하나도 없을지 모른다. 그렇다고 해서 진리치 결정에 영향을 주는 것은 아니다. 왜냐하면 진리대응설에서 어떤 명제가 참이기 위한 필요충분조건은 **사실과의 일치**이지 **사실과 일치하는 것을**

---

2) 이에 관한 논의는 바로 아래에 등장할 '왜 믿음은 앎의 필요조건인가?'에서 자세히 다루도록 하겠다.

누군가 알아야 하는 것은 아니기 때문이다.

그러면 진리대응설을 '참'에 대한 올바른 이론이라고 가정하고 다음의 예를 생각해 보자.

[예 1] 김치국 과장은 인사과의 정보통 대리로부터 이번 인사에서 자신이 자재 부장으로 승진하게 되리라는 좋은 소식을 들었다. 정 대리는 인사과에서 가장 정확한 정보통으로 그의 정보는 항상 신빙성이 있었다. 따라서 김치국 과장은 이번에 부장으로 승진하리라고 굳게 믿고 있었다. 하지만 어이없게도 부장 승진은 김치국 과장이 아니라 부산 지국에서 근무하는 김지국 과장이 되었다. 정보통 대리는 이름이 너무 비슷하여 잘못 보고 김치국 과장에게 잘못된 정보를 전달한 것이다.

이런 경우에 김치국 과장은 자신이 승진되리라고 믿고 있었고, 그 믿음이 단순한 추측이나 희망사항으로부터 나온 것이 아니라 믿을 만한 정 대리로부터 들은, 근거 있는 믿음 즉 정당한 믿음이었다. 하지만 이 경우에 김치국 과장은 자신이 부장으로 승진되리라는 것을 안다고 할 수 있을까?

우리는 일상적인 언어 사용에서 이러한 경우에, 김치국 과장은 자신이 승진하리라고 '잘못 알았다'는 표현을 쓴다. 하지만 잘못 아는 것은 아는 것이 아니다. 이러한 일상적 언어 사용이 철학적인 내용을 이해하는 데에 장애 요소가 되는 것은 사실이며, 김치국 과장의 상황을 정확히 표현하면, 그는 "틀린 내용을 사실이라고 믿은 것"이 된다. 김치국 과장이 믿고 있던 명제, 즉 <김치국 과장은 이번에 부장으로 승진

할 것이다>는 사실과 일치하지 않으므로 거짓이며, 거짓된 명제를 믿는 것이 앎이 될 수는 없다.

그러면 위의 예에서, 자신이 승진하리라는 김치국 과장의 믿음이 어떤 의미에서 '앎'이라고 느껴지는 것일까? 이는 김 과장 자신이나 이 이야기를 들은 주변 사람들이나, 마지막 반전, 즉 정 대리가 이름을 잘못 보았다는 것을 확인하기 전까지는 김치국 과장이 승진할 것을 굳게 믿고 있기 때문일 것이다. 하지만 어떤 명제에 대해서 확신을 가지고 믿는다고 해서 앎이 되는 것은 아님을 잘 기억할 필요가 있다.

이와 같이, '굳게 믿음'을 '앎'으로 표현하는 경우는 흔히 발생한다. 철이가 영이와 오랫동안 사귀며 결혼까지 약속을 했는데 어느 날 갑자기 영이로부터 헤어지자는 통보를 받고 눈물을 흘리며 "나는 영이가 나와 결혼할 줄 알았는데…"라고 말하는 경우를 상상할 수 있다. 이 경우에, 철이의 말을 문자 그대로 해석하면, 철이는 영이와 결혼하리라는 것을 **알았는데** 그것이 거짓으로 판명되었다는 뜻이 된다. 즉, 거짓인 명제를 알 수 있다는 식으로 보일 수 있다는 것이다. 하지만 이 경우도 위에서와 마찬가지로, 철이가 영이와 결혼할 줄 알았다는 것은 철학적 맥락에서의 '앎'을 의미하기보다는 그렇게 꿀떡같이 믿었다는 말로 사용한 것이다. 따라서 우리는 거짓된 명제를 알 수는 없음을 분명히 하고자 한다. 다시 말해서, S가 어떤 명제 P를 알기 위해서는 P가 참이어야만 한다는 것이다.

2) 왜 믿음은 앎의 필요조건인가?

여기서 말하는 '믿음'은 비교적 넓은 의미로 사용된다. S가 P를 믿고 있다는 것은 S가 P를 참이라고 받아들인다 혹은 인정한다는 뜻이다. 물론 S가 P를 참이라고 받아들인다 해서 P가 반드시 참인 것은 아니다. 하지만 S가 P를 믿는다고 할 때는 S가 P라는 명제에 대해서 긍정적인 태도를 가지고 있다고 이해하면 좋을 것이다.

S가 P를 믿고 있는가 여부를 확인하는 가장 쉬운 방법은 P라는 명제를 표현하는 문장을 S에게 제시하였을 때, S가 신실하게 '맞다'고 인정하는지를 확인하는 것이다. P라는 명제를 표현하는 문장이 S에게 제시되었을 때, S가 믿음과 관련하여 취할 수 있는 태도는 '맞다', '아니다' 그리고 '모르겠다'의 세 가지이다. 여기서 '신실하게'라는 조건이 들어가는 이유는 그 대답을 장난으로 자신의 본심과 다르게 하는 것을 방지하기 위해서이다.

여기서 주의해야 할 사항은 두 사람이 같은 명제를 받아들일 때, 꼭 같은 문장이 사용될 필요는 없다는 것이다. 예를 들어, <마이클 잭슨은 유명한 가수이다>라는 명제를 철이와 미국인인 John이 둘 다 믿고 있다고 가정해 보자. 철이에게는 "마이클 잭슨은 유명한 가수이다"라는 문장을 통해서 그 명제가 표현된 반면, John에게는 "Michael Jackson is a famous singer"라는 문장을 통해 동일한 명제가 전달되었을 것이다. 만일 철이가 영어를 전혀 못하고 John이 우리말을 전혀 못한다고 한다면, 그들이 이해하고 받아들이는 동일한 문장은 없게 된다. 하지만 그들은 동일한 명제를 믿고 있는 것이다. 이런 점에서 믿음의 대상은 문장이 아니라 명제라고 보는 것이 무난하리라 생각한다.[3]

한 사람이 어떤 명제를 받아들이는 경우라도 수용하는 마음의 정도 차이는 있을 것이다. 어떤 명제에 대해서는 아주 확신을 가지고 받아들이는 반면에, 다른 명제에 대해서는 긴가민가하면서도 중립적인 위

---

3) 따라서 앎의 대상도 자연히 명제가 되는 것이다.

치보다는 약간 긍정적인 쪽으로 치우친 정도로 받아들이는 경우도 있다. 이 책에서 '믿음'이라고 할 때에는 확신을 갖고 수용하는 것과 약간은 주저함을 가지면서 받아들이는 것 모두를 포괄하는 의미로 사용하고자 한다.

중세에는 '믿음'을, 아는 것은 아니면서 신앙적으로 받아들이는 경우를 지칭하기도 하였다. 이런 의미에서의 믿음은 앎의 필요조건이 아니어야 할 것이다. 하지만 그런 경우를 지시할 때, '믿음'이란 단어 대신에 '신앙'이란 단어를 사용하고자 하며, 일상적인 의미의 '믿음'은 앎의 필요조건임을 주장하고자 한다. 즉 한 사람이 어떤 명제를 안다고 할 때 이는 당연히 그 명제를 믿고 있음을 함축하며 내가 어떤 명제를 믿지 않으면서 그 명제를 알 수는 없다는 것이다. 다음의 예를 보면 그 이유를 발견할 수 있을 것이다.

[예 2] 돌이 나는 화성에 외계인이 존재한다는 것을 알아.
　　　 순이 그럼 너는 화성에 외계인이 존재한다는 것을 믿는 거구나?
　　　 돌이 아니!

이 예에서 돌이의 "아니"라는 대답은 어색하게 느껴진다. 이는 믿음이 앎의 한 조건임을 잘 보여주는 예라고 할 수 있다. 하지만 다른 예에는 과연 믿음이 앎의 필요조건인지가 그리 분명하지 않은 경우들도 있다.

[예 3] 돌이 나는 이 살인 사건의 범인이 누구인지 알아.
　　　 순이 그게 누군데?

돌이 바로 이 동네에 사는 왕온순 씨야.

순이 너는 그 온순하고 착한 사람이 그런 끔찍한 살인을 저
     질렀다고 믿니?

돌이 그래 정말 믿을 수 없어.

[예 3]에서의 상황을 다시 서술하면, 돌이는 이 살인 사건의 범인이
왕온순인 것을 알기는 하지만 그것을 믿기는 어려운 그런 심정을 가지
고 있다. 하지만 여기서 '믿지 않음'과 '믿기 어려움'은 다른 뜻이다.
돌이는 왕온순이 범인이라는 사실을 받아들이지 않는다는 뜻이 아니라
받아들이기는 받아들이지만 너무나 뜻밖이라는 말을 하고 있는 것이
다. 따라서 이 예도 믿음이 앎의 조건이 아님을 보여주는 반례가 되지
는 못한다.

다음의 예에서도 겉으로 보기에는 알지만 믿지 않는 듯한 인상을 주
는 상황이 제시되고 있다.

[예 4] 돌이 너는 네 자신이 축구를 좋아한다고 믿니?
      순이 아니, 그건 믿는 게 아니라, 아는 거야.4)

위의 예에서 서술된 것을 액면 그대로 풀어보면, 순이는 <순이가 축
구를 좋아한다>는 명제를 믿는 것이 아니라 아는 것이라고 하면서, 아
는 것 중 믿지 않는 것도 있을 수 있다는 암시를 주고 있다. 하지만 이
내용을 정확히 이해하면, 순이는 이 명제를 알지만 믿지 않는 것이란
뜻으로 대답한 것이라기보다는 <순이가 축구를 좋아한다>는 것을 **단**

---

4) 이 예는 Richard Feldman, *Reason and Argument*, Prentice Hall, 1993, p.58
   에 있는 연습문제의 예를 조금 변형한 것이다.

순히 믿는 것이 아니라, 아는 것임을 주장하고 있는 것이다. 이는 주어진 명제에 대한 순이의 태도가 믿는 것 그 이상, 즉 아는 것이라는 의미이지, 알지만 믿지는 않는다는 뜻은 아닌 것이다. 따라서 이 예도 믿음이 앎의 필요조건이 아님을 보여주는 예는 아니라고 여겨진다.

3) 왜 인식적 정당성은 앎의 필요조건인가?

인식적 정당성은 이 책의 제3장에서 자세하게 다루어질 인식론에서 매우 중요한 개념이다. 따라서 인식적 정당성에 대한 상세한 설명은 제3장으로 미루기로 하고, 여기서는 간단하게 소개하기로 하겠다.

인식적 정당성이란 인식 주체인 S가 주어진 명제를 받아들이는 것이 인식적으로 합리적인가를 판단할 때 사용하는 개념이다. 다시 말해서, S가 어떤 명제를 믿는 것이 충분한 근거를 갖고 있는가, 그렇지 못한가를 판단하는 기준을 제공하는 것이 인식적 정당성에 대한 논의이다. 이런 의미에서, 인식적 정당성이란 평가적 개념이다. 다시 말해서, 사실에 대한 서술이 아니라 윤리학에서 사용하는 '좋다', '나쁘다'라는 개념과 유사하게 '인식적 정당성'도 무언가를 평가하는 표현이다. 윤리학에서 말하는 '좋다', '나쁘다', '옳다', '그르다' 등을 **도덕적 정당성**과 관련된 표현이라고 한다면, 인식론에서 말하는 평가는 주어진 명제가 인식 주체인 S에게 받아들여질 만한 내용인가를 평가하는 것이며 이를 **인식적 정당성**이라고 한다.

일반적으로 말해서, 어떤 명제를 받아들일 만한 충분한 근거가 S에게 있으면 S는 그 명제를 믿는 것에 인식적 정당성을 가지고 있다고 이야기한다. 반면에 별 근거 없이 희망사항이나 성급한 일반화를 통하여 명제를 받아들이고 있다면 S에게는 그 명제를 받아들이는 것이 인

식적으로 정당하지 않다.5)

인식적 정당성을 이해하려면 몇 가지 주의해야 할 점이 있다. 첫째로 **인식적 정당성**과 **실천적 정당성**은 구분할 필요가 있다. 예를 들어, 항해를 하던 배가 난파되어 일행들이 무인도에 도달하게 되었다. 그들에게는 자신들의 위치를 알려줄 기구도 없었고, 남아 있는 물과 음식도 그리 넉넉하지 않았다. 게다가 그들이 떠내려 온 무인도는 외딴 곳에 있어서 주변에 지나가는 선박이 그들을 발견하게 될 가능성은 극히 드물었다.

이런 상황에서, 만일 "우리는 구조될 수 있다"고 굳게 믿는다면 구조되기를 포기하는 것보다는 생존 가능성이 높아지는 것이 사실이며, 따라서 구조될 수 있다고 믿는 것이 어떤 의미에서는 합리적이다. 이런 의미의 합리성 내지 정당성이 바로 **실천적 정당성**이다. 즉, 구조될 수 있다고 믿는 것이 믿지 않는 것보다 **더 나은 결과를 가져오기 때문**이다.

하지만 인식적 정당성은 믿음의 결과와는 아무런 상관이 없다. 설령 구조될 수 있다고 믿는 것이 그렇지 않은 경우보다 더 좋은 결과를 가져온다고 하더라도 그들에게 <우리는 구조될 수 있다>고 믿는 것은 **인식적으로** 정당하지 않다. 왜냐하면 그들에게는 그 명제를 믿을 만한 근거가 거의 없기 때문이다. 이런 면에서 볼 때, 인식적 정당성은 실천적 정당성과 구분되어야 함이 명백하다.6)

---

5) 이와 같이 근거나 증거를 통해서 인식적 정당성의 기준을 제시하는 것이 유일한 이론은 아니다. 신빙론과 같은 경우는 인식적 정당성이 그 명제에 대한 근거나 증거에 의해서 결정되는 것이 아니라, 그 명제를 믿게 되는 믿음 형성 과정의 신빙성 여부에 의해서 결정된다고 설명한다. 이러한 논의는 제3장에서 자세히 하도록 하겠다.

6) 이 순간 이후로 아무런 수식어 없이 '정당성'이라고 표현하면, 그것은 인식

둘째로 어떤 명제를 믿는 것이 인식적으로 정당하다고 해서 그 명제가 반드시 참이 되는 것은 아니다. 왜냐하면 내가 가지고 있는 근거들이 잘못될 수도 있기 때문이다. 예를 들어, 코페르니쿠스 이전의 사람들은 지구가 태양의 주위를 돈다고 믿지 않고 태양이 지구의 주위를 돈다고 믿고 있었다. 물론 그 당시에는 지금 우리가 가지고 있는 관측 자료들을 가지고 있지 못했을 것이다. 그 당시의 일반인들이 가질 수 있는 근거란 전문가들의 견해였을 것이고, 이런 의미에서 그들이 <태양이 지구의 주위를 돈다>고 믿는 것은 정당하다고 할 수 있다. 하지만 정당한 믿음이라고 하더라도 그 명제는 사실과 일치하지 않기에 거짓이 되는 것이다.

그러면 인식적 정당성이 왜 앎의 한 조건이 되어야 하는지를 예를 들어서 설명해 보겠다.

[예 5] 철이는 로또 복권을 구입해서 그것이 1등에 당첨되리라고 굳게 믿고 있다. 그런데 철이가 이렇게 믿는 유일한 이유는 철이에게 목돈이 절실하게 필요했기 때문이다. 무분별한 카드 사용으로 인한 부채는 학생이 감당할 수 있는 선을 넘어선 상태였다. 처음에는 여러 개의 카드로 돌려 막기를 시도하였으나, 이자만 더해져서 도저히 철수가 아르바이트를 한 수입으로는 갚을 수가 없는 상황이었다. 궁여지책으로 "목돈 쓰고 푼돈으로 갚기"라는 광고를 보고 사채를 썼는데 여기서 신체 포기 각서를 강요하여, 이번에 로또가 맞지 않으면 철이의 목숨이 어찌 될지 모르는 절박한 상황이었다. 이런 상

적 정당성을 나타내는 것으로 하겠다.

황에서 철이는 로또에 마지막 희망을 걸고 천 원을 투자하여 로또를 샀다. 생명이 오락가락하는 상황에서 철이는 로또가 맞을 것을 정말로 신실하게 믿게 되었다. 그런데 놀랍게도 철이의 번호가 1등에 당첨이 되어 그동안 철이를 괴롭혀 온 부채를 모두 갚을 수 있게 되었다.

이 예에서 과연 철이는 자신의 로또 복권이 1등에 당첨되리라는 것을 알고 있었다고 말할 수 있을까? 그가 1등에 당첨되리라고 믿고 있었던 것이 사실이고 실제로 그의 복권이 1등에 당첨된 것이 사실이므로 그가 믿고 있었던 명제가 참이지만, 적어도 로또 추첨을 통하여 당첨 번호가 공식적으로 확정되기 전까지는 자신이 1등에 당첨되리라는 것을 알고 있었다고 말하기는 어렵다. 그 이유는 바로, 철이에게 인식적 정당성 조건이 만족되지 못했기 때문이다. 다시 말해서, 설령 철이가 자신이 1등에 당첨되리라는 것을 믿었고, 그것이 참이라고 하더라도, 철이에게는 그것을 믿을 만한 근거가 전혀 없었기 때문이다. 철이가 당첨되리라고 믿은 것은 당첨되지 않았을 경우 닥치게 될 일들 때문에 절박한 심정에서 믿게 된 것이지 그 믿음을 뒷받침할 만한 증거가 있지는 않았음이 자명하다. 이런 맥락에서 볼 때, 단순히 참인 명제를 믿는다고 해서 앎이 되는 것은 아님을 알 수 있다.

이제까지의 논의를 통해서, 참, 믿음 그리고 인식적 정당성이 각각 앎의 필요조건이라는 (K)의 주장에 대한 설명을 제공하였다. 이러한 전통적 분석 (K)가 앎에 대한 올바른 분석이 아님을 게티어는 아주 간단한 예를 통하여 설명하고 있다. 그러면 다음 절에서 게티어의 반례가 어떤 내용인지를 설명하도록 하겠다.

2. 게티어의 반례

게티어는 위의 분석 (K)가 앎의 필요충분조건으로 불충분하다는 것을 그의 논문, 「정당화된 참 믿음은 앎인가?」[7]에서 보여주었다. 그는 두 개의 서로 다른 반례를 제시한다. 그 반례들이 가지는 공통적인 성격은 (K)의 세 조건을 다 만족시키면서 상식적으로 보기에 앎이라고 하기는 곤란한 상황을 제시한 것이다. 각각의 예에서, 앎이라고 하기 어려운 이유는 그 명제가 참인 경로와 그 명제에 대한 정당성을 가지는 경로가 일치하지 않기 때문이다. 이 글에서는 그가 제시하는 두 반례[8]와 게티어 자신이 제공하지는 않았지만 본질적으로 게티어 반례와 동일한 두 가지의 예, 이렇게 네 가지의 예를 제시하도록 하겠다.

게티어의 반례를 이야기하기 전에, 이 반례를 설명함에 있어서 게티어가 받아들이고 있는 두 가지 전제를 소개할 필요가 있다.[9] 먼저, 게티어가 받아들이는 **첫째 전제는 거짓인 명제를 믿는 것이 정당화될 수 있다**는 것이다. 앞에서 인식적 정당성을 설명하면서 인식적으로 정당한 믿음이라고 해서 그 명제가 꼭 참이라는 보장은 없다는 지적을 했다. 아무리 충분한 근거를 가지고 있어도 그 근거 자체가 잘못된 근거라면, 받아들이는 것이 정당한 어떤 명제의 진리치가 거짓으로 판명이 날 수도 있다.

물론 어떤 명제가 거짓임을 알면서, 혹은 자신이 가지고 있는 근거가 잘못된 것을 알면서 그것을 믿는다면, 그 믿음이 정당화될 수는 없을 것이다. 하지만 믿고 있는 명제가 거짓인 줄 모르면서 그 명제를 믿

---

7) Edmund Gettier, "Is Justified True Belief Knowledge?" *Analysis* 23, 1963.
8) *Ibid.*, pp.232-233. 사람 이름은 우리말에 맞도록 각색한 것이다.
9) *Ibid.*, pp.231-232.

을 만한 충분한 근거를 가지고 있다면, 설령 그 명제가 실제로는 거짓이라고 하더라도 그 명제를 믿는 것이 정당화될 수 있다는 것이다.

　게티어 반례의 **둘째 전제**는 **어떤 사람 S가 명제 P를 믿는 것에 정당성을 가지고, P가 Q를 논리적으로 함축하며 S가 이러한 논리적 함축 관계를 알면서**[10) **Q를 P로부터 도출하여 받아들인다면,**[11) **S는 Q를 믿는 것에도 정당성을 가진다**는 것이다. 다시 말해서 S가 P를 믿는 것이 정당한 상태에서 P가 Q를 논리적으로 함축함을 S가 알고 있고, P를 근거로 S가 Q를 믿는다면, S가 Q를 믿는 것도 정당하다는 뜻이다. 예를 들어, 비가 오면 땅이 젖는다는 사실과 지금 비가 오고 있다는 것을 철이가 정당하게 믿고 있으며, 전건긍정법(Modus Ponens)[12)을 철이가 알고 있다면, 이러한 근거를 통해서 철이가 지금 땅이 젖는다는 믿음을 갖는 것이 정당하다는 것이다. 이는 만일 전제들을 믿는 것이 정당

---

10) 이 조건이 필요한 이유는 다음과 같다. S가 P를 믿는 것이 정당하고, P가 Q를 논리적으로 함축할 경우, S가 Q를 믿는 것 역시 정당하다고 한다면, S가 P의 모든 논리적 귀결을 믿는 것이 정당하다는 결론이 나온다. 하지만 만일 Q가 P의 논리적 귀결임을 S가 모른다면, S는 Q를 믿는 것이 정당하지 않다. 이를 수학적 체계에 적용하면 이해가 더 쉬울 것이다. 어떤 수학의 공리 체계를, 예를 들어 유클리드 기하학의 공리들을 S가 정당하게 믿고 있다고 해서, S가 유클리드 기하학의 공리로부터 도출되는 모든 수학적 명제를 믿는 것이 정당하다고 말할 수는 없다. 왜냐하면 그러한 수학적 명제들이 그 공리들로부터 도출될 수 있는지를 S가 전혀 모를 수 있기 때문이다.

11) 이 조건이 첨가된 이유는 S가 P와 Q의 논리적 관계를 알더라도, Q를 받아들이는 이유가 P로부터의 논리적 귀결이 아닌 엉뚱한 이유라면 S가 Q를 믿는 것이 정당하지 않을 수도 있기 때문이다.

12) 전제1) 만일 P이면 Q이다.
　　전제2) P이다.

　　결론) 그러므로, Q이다.
　　의 형식을 지닌 논증을 전건긍정법이라고 한다.

하고, 이 전제들로부터 연역 법칙을 통하여 도출된 논리적 결과이며, 이 논리적 관계를 인식 주체가 올바로 적용하여 도출된 명제를 믿는다면, 그 도출된 명제를 믿는 것도 정당하다는 것이다. 이러한 두 전제들은 일반적으로 받아들여지며, 이러한 게티어의 전제들을 인정하면 다음의 예들은 (K)가 앎에 대한 분석으로는 부족하다는 것을 잘 보여준다.

예 1과 2는 게티어가 그의 논문에서 직접 제시한 반례이고, 반례 3은 레러(Keith Lehrer)[13]가, 반례 4는 치좀(Roderick Chisholm)[14]이 제공한 예를 약간 각색한 것이다.[15]

(1) 예 1 - 10개의 동전

친한 친구 사이인 영수와 철수는 어떤 기업의 신입사원 모집[16]에 최종 면접자 2명이었으며, 면접 후에 그 회사의 사장이 철수가 고용될 것 같다는 이야기를 두 사람에게 해주었다. 한편, 영수는 철수의 주머니에 동전이 몇 개 있는지 세어 보니 10개가 있었다. 이러한 상황에서 우리는 영수가 다음의 명제를 믿는 것이 정당하다고 말할 수 있다.

---

13) Keith Lehrer, "The Fourth Condition for Knowledge: A Defense", *The Review of Metaphysics* 24, 1970, p.125.

14) Roderick Chisholm, *Theory of Knowledge*, 2nd ed., Prentice Hall, 1977, p.105.

15) '게티어 반례'라는 말로 이 네 가지 예를 통칭하되, 필요한 경우에는 게티어 자신이 제공한 예와 구분하여, 게티어 자신이 제공하지 않은 두 가지 예를 '게티어 유형의 반례'라고 부르기로 하겠다.

16) 논의의 편의를 위해서 이 회사에서 이번에 선발하는 신입사원은 1명이라고 가정하자.

(a) 철수가 그 회사에 고용될 것이며, 철수의 주머니에는 동전이 10
    개 있다.

영수가 (a)를 믿을 만한 근거로는, 철수가 고용될 것이라는 사장의
언급과 철수의 주머니에 동전이 10개 있음을 조금 전 확인했던 영수의
경험을 들 수 있다. 즉, 이러한 근거로부터 영수는 (a)를 믿는 것이 정
당하다.
그런데 (a)는 존재 양화(existential generalization)의 법칙[17]을 통하
여 (b)를 논리적으로 함축한다.

(b) 그 회사에 고용될 사람의 주머니에는 동전이 10개가 있다.

영수는 (b)가 (a)의 논리적 도출임을 알고 이러한 논리적 관계를 토
대로 (b)를 믿게 되었다. 따라서 게티어가 언급한 두 번째 전제에 의하
여, 영수는 (b)를 믿는 것이 정당하다. 그런데 이제까지의 서술에서 밝
혀지지 않은 사실이 두 가지 있다. 하나는, 사실 영수가 신입사원으로
결정되었는데 사장이 착각을 해서 철수가 고용되리라고 잘못 말한 것
이고,[18] 다른 하나는 영수의 주머니에도 동전이 10개 있다는 사실이다.

---

17) 여기서 적용된 존재 양화의 법칙은 (Fa & Ga)로부터 $\exists x(Fx \& Gx)$를 도출
    한 것이다.
18) 거짓된 명제를 믿는 것도 정당할 수 있다는 게티어의 첫째 전제가 필요한 이
    유가 여기에 있다. 영수가 고용된다는 사실에 의해서 (a)는 거짓이 된다. 하
    지만 영수가 가지고 있는 증거는 (a) 명제를 뒷받침하기에 충분하므로, (a)에
    대한 그의 믿음은 정당할 수 있는 것이다. 단, 여기서 주의해야 할 점은 영
    수 자신이 고용될 것이라는 것을 영수는 모르고 있어야 (a)에 대한 그의 믿
    음이 정당할 수 있다는 것이다. (a)가 거짓임을 영수가 알고 있다면 (a)에 대
    한 영수의 믿음이 더 이상 정당하지 않게 된다.

여기서 영수는 자신이 고용될 것이라는 것도 모르고 있고, 자신의 주머니에 동전이 10개 있다는 것도 역시 모르고 있음을 잊지 말아야 한다.

사실 1 철수가 아니라 영수가 고용될 것이다.
사실 2 영수의 주머니에도 동전이 10개가 있다.

이러한 예를 배경으로 해서, 앎에 대한 전통적 분석인 (K)를 적용해 보자. 먼저 상식적인 선에서 영수가 (b)를 안다고 할 수 있는가를 고려해 볼 필요가 있다. 사실 1에 의하여 '그 회사에 고용될 사람'은 영수 자신이며,[19] 영수는 자신의 주머니에 동전이 10개 있다는 사실을 전혀 모르고 있었으므로 영수는 (b)를 모른다고 보아야 한다. 하지만 위의 예는 (K)의 세 가지 조건, 즉 참, 믿음, 정당성 조건을 모두 만족시키고 있다. 필요충분조건으로 주어진 (K) 조건에 대하여 위의 게티어 예는

---

19) 이런 설명에 모든 사람이 동의하는 것은 아닐 수 있다. '그 회사에 고용될 사람'은 도넬란이 구분한 대로 속성적으로 사용(attributive use)될 수도 있고, 지시적으로 사용(referential use)될 수도 있다. 속성적 사용이란, 그 한정서술을 만족시키는 대상을 지시체로 염두에 둔 언어 사용인 반면에 지시적 사용이란, 어떤 특정 대상을 지칭하려고 사용한 한정서술이다. 어떤 한정서술이 지시적으로 사용된 경우에는 그 한정서술의 내용을 만족시키지 않는 대상을 지시체로 가질 수도 있다. (이에 대한 자세한 논의는 다음의 논문을 참고할 것. Keith Donnellan, "Reference and Definite Descriptions", *Philosophical Review* 75, 1966. Reprinted in *Readings in the Philosophy of Language*, ed. by Rosenberg and Travis, Prentice Hall, 1971. Also reprinted in *Naming, Necessity and Natural Kinds*, ed. by Schwarz, Cornell Univ. Press, 1977.)
일반적으로 게티어의 반례에서 '그 회사에 고용될 사람'은 속성적으로 사용된 것으로 이해된다. 혹, 이러한 설명에 만족하지 못하는 사람이 있다면 다른 반례들을 고려하도록 권하고 싶다. 다른 반례들에는 이와 같은 언어적 표현의 지시체에 관한 복잡한 문제가 얽혀 있지 않기 때문이다.

앎이 아니면서, 세 조건을 모두 만족시키고 있으므로 (K)에 대한 반례가 된다.

좀 더 자세히 살펴보도록 하자. 먼저 (K)에서 S에 해당하는 사람은 영수이고 명제 P에 해당하는 것은 (b)이다. 그런데 이 예는 (K)의 세 조건을 모두 만족시킨다. 먼저 (b)는 사실 1과 2에 의해서 참이다. 즉 영수가 그 회사에 고용될 사람이고 영수의 주머니에는 동전이 10개가 있으므로 (b)는 참이다. 따라서 P가 참이라는 (K)의 첫 조건이 만족되었다. 게다가 영수는 (b)를 실제로 믿고 있다. 물론 믿게 된 계기는 영수 자신 때문이 아니라 철수 때문이기는 하지만, 영수가 (b)를 믿는 것은 사실이다. 따라서 S가 P를 믿어야 한다는 (K)의 둘째 조건도 만족되었다. 마지막으로 영수는 (b)를 믿는 것에 정당성을 가지고 있다. 위에서도 밝힌 것처럼, 영수는 (a)를 믿는 것이 정당하며, (a)가 (b)를 논리적으로 함축한다는 사실을 근거로 (b)를 믿기에 게티어의 둘째 전제에 의하여 (b)를 믿는 것도 정당하게 된다. 그러면 S가 P를 믿는 것에 정당성을 가져야 한다는 (K)의 셋째 조건도 만족이 된다. 하지만 상식적으로 볼 때, 영수는 (b)를 안다고 하기는 곤란하다. 왜냐하면 영수는 자신의 주머니에 동전이 10개가 있다는 것을 모르고 있기 때문이다.

(K)를 간단히 "앎 iff[20] 정당화된 참 믿음"이라고 표현한다면, 예 1에서 영수는 (b)를 모르지만 (b)는 참이고, 영수가 (b)를 믿으며, 그 믿음이 정당하기에 이 예는 정당화된 참 믿음이면서 앎이 아닌 경우가

---

20) 'iff'는 if and only if를 줄인 말로, 필요충분조건을 의미한다. 필요충분조건이 참이 되기 위해서는 iff를 기준으로 양쪽에 있는 진리치가 동일해야 한다. 예를 들어, T iff T이거나 F iff F인 경우에는 필요충분조건이 참이 된다. 반면에 T iff F이거나 F iff T인 경우에는 양쪽의 진리치가 다르므로 필요충분조건 전체가 F가 되며, 이러한 경우가 발생하면 이 예는 필요충분조건에 대한 반례가 되는 것이다.

되어, F iff T의 결과를 가져오므로 (K)에 대한 반례가 되는 것이다.

(2) 예 2 - 안가진과 방낭자

철이는 안가진 씨가 포드차 모는 것을 직접 보았고, 안 씨가 포드 마크가 찍힌 차의 열쇠도 보여주었으며 철이에게 포드차를 소유하고 있다고 자랑하였다. 이러한 사실을 근거로 철이는 다음과 같은 명제를 믿게 되었다.

(c) 안가진 씨는 포드차를 가지고 있다.

철이가 이 명제를 믿는 것은 정당하다. 다시 말하면 철이는 (c)를 충분한 근거를 가지고 믿는다고 볼 수 있다. 왜냐하면 철이는 안 씨가 포드차 몰고 가는 것을 직접 보았고, 안 씨가 포드 마크가 새겨진 차 열쇠를 보여주었으며 철이에게 저 포드차가 자신의 차라는 것을 자랑까지 했으므로 위 명제에 대한 철이의 믿음은 단순한 추측이나 희망사항으로부터 성립한 믿음과는 달리 그 믿음을 가질 만한 충분한 근거가 있다고 할 수 있다.

한편 철이에게는 유럽 배낭여행을 즐기는 방낭자라는 친구가 있는데, 낭자는 이번 방학에도 유럽으로 간다는 말만을 남기고 서울을 떠났다. 그녀는 구체적인 계획을 세우고 유럽으로 떠나는 성격이 아니기 때문에 유럽 어디엔가 있다는 것만 확실할 뿐, 런던에 있는지, 파리에 있는지, 아니면 바르셀로나에 있는지 도대체 감을 잡을 수가 없다. 하지만 철이는 (c)를 믿고 있으며 다음의 명제 (d)가 (c)에 의해서 논리적으로 도출[21]된다는 것을 알고 있기에 (d) 또한 믿게 된다.

(d) 안가진 씨는 포드차를 가지고 있거나 또는 방낭자는 지금 바르셀로나에 있다.

이 경우, 철이는 정당하게 (d)를 믿는다고 할 수 있다. 왜냐하면 (d)는 (c)로부터 논리적으로 도출되며, 철이는 (c)를 정당하게 믿고 이로부터 논리적으로 도출되는 (d)를 (c)를 근거로 해서 믿고 있기 때문이다. 즉 게티어의 둘째 전제를 인정하면 철이가 (d)를 정당하게 믿고 있음을 받아들일 수 있다.

그런데 위의 예에서 철이가 모르는 다음의 두 가지 사실이 있다. 하나는 안가진 씨가 실제로 포드차를 소유하고 있지 않다는 것이다. 안씨가 몰고 온 포드차는 자신의 차가 아니라 빌린 차였으며 자신의 차라고 자랑한 것은 거짓말이었다. 다른 하나의 사실은 우연의 일치로 낭자가 지금 바르셀로나에 있다는 것이다.

사실 3 안가진 씨는 포드차를 가지고 있지 않다.
사실 4 방낭자는 지금 바르셀로나에 있다.

먼저 이 예를 (K)에 적용할 때, S가 철이이고 P가 (d)에 해당함을 지적하고자 한다. 그러면 이 예가 왜 (K)에 대한 반례가 되는가? (d)는 (K)의 세 조건을 모두 만족시킨다. 먼저 방낭자가 지금 바르셀로나에 있고, 선언(disjunction)에서는 '또는'으로 연결된 둘 중 하나만 참이어

---

21) (c)와 (d)의 논리적 관계는 첨가법(Addition)으로 다음과 같이 표기될 수 있다.

$$P$$
$$\overline{\qquad\qquad}$$
$$P \lor Q$$

52

도 선언 전체가 참이므로, 사실 4에 의하여 (d)는 참이고, 따라서 첫째 조건을 만족시킨다. 둘째로 철이는 (d)를 믿고 있다. 그 믿음을 갖게 된 경위는 (c)를 먼저 믿고, (c)로부터 논리적으로 (d)가 도출된다는 것을 알았기에 철이는 지금 낭자가 어디에 있는지를 모르면서도 (d)를 믿었던 것이다. 마지막으로 철이는 (d)를 정당하게 믿고 있다. 왜냐하면 그는 (c)를 정당성을 가지고 믿었고, (c)가 (d)를 함축하는 것을 알며, (c)를 근거로 (d)를 믿었으므로 철이는 (d)를 믿는 것에도 정당성을 가진다. 이와 같이 (d)는 (K)의 세 조건을 모두 만족시킨다. 하지만 상식적으로 볼 때, 철이가 (d)를 알고 있다고 이야기하기는 곤란하다. 철이가 (d)를 알기 위해서는 "안가진 씨는 포드차를 가지고 있다"나 "방낭자는 지금 바르셀로나에 있다"의 둘 중 하나를 알아야 한다. 하지만 철이는 어느 쪽도 알고 있지 못하다. 철이가 "안가진 씨는 포드차를 가지고 있다"를 알지 못하는 이유는 그 명제가 거짓이기 때문이다. 즉 앎의 첫째 조건이 만족되지 못한 것이다. 반면에 철이가 "방낭자는 지금 바르셀로나에 있다"를 알지 못하는 이유는 철이가 이 명제를 믿을 만한 아무런 근거도 가지고 있지 못하다는 것이다. (따라서 일상적인 경우에, 철이는 방낭자가 지금 바르셀로나에 있다는 명제를 실제로 믿지도 않을 것이다.) 그럼에도 불구하고 (d)가 (K)의 세 조건을 만족시키는 이유는 '또는'으로 연결된 앞부분이 (K)의 둘째와 셋째 조건을 만족시키고 뒷부분이 첫째 조건을 만족시켜서 교묘하게 세 조건이 만족되기 때문이다.

이 예 역시, 철이는 (d)를 모르면서, (d)는 (K)의 세 가지 조건을 모두 만족시키고 있다. 즉, F iff T의 경우가 되므로, 이 예도 (K)에 대한 반례가 된다.

(3) 예 3 − 안가진과 차소유 I

이 예는 예 2와 많은 내용을 공유하고 있다. 단, 안가진 씨는 철이와 같은 사무실에서 일하는 사람이라는 내용이 첨가되며 철이가 (e)를 믿게 되는 계기는 예 2에서와 유사하다. 즉, 철이와 같은 사무실에서 근무하는 안가진 씨가 포드차 모는 것을 보았고, 안 씨가 포드 마크가 찍힌 열쇠도 보여주었으며, 포드차를 소유하고 있다고 자랑도 하였다. 이를 근거로 철이는 (e)를 정당하게 믿고 있다.

(e) 철이의 사무실에서 일하는 안가진 씨는 포드차를 가지고 있다.

예 1에서와 마찬가지로, 존재 양화를 통하여, (e)로부터 (f)를 도출할 수 있다.

(f) 철이의 사무실에는 포드차를 가지고 있는 사람이 있다.

철이는 (e)를 근거로 (f)를 믿으며, (f)가 (e)로부터 논리적으로 도출되는 것을 알기에 (f)를 믿는 것 또한 정당하다. 하지만 앞의 반례에서도 공통적으로 등장했듯이, 예기치 않은 사실이 이 예에도 숨어 있다. 예 2에서와 마찬가지로 안가진 씨는 포드차를 소유하고 있지 않으며, 철이의 사무실에서 근무하는 차소유 씨가 포드차를 가지고 있다. 하지만 차 씨는 자가용을 회사에 가지고 오는 일이 없고, 자신이 차를 소유하고 있다는 말을 회사 동료들에게 전한 일이 없어서 다들 차소유 씨는 자가용이 없다고 여기고 있었다.

사실 5 철이의 사무실에서 일하는 안가진 씨는 포드차를 가지고 있지 않다.

사실 6 철이의 사무실에서 일하는 차소유 씨가 포드차를 가지고 있다.

이 예에서 철이가 S에 해당하며, P는 (f)라고 할 수 있다. 이 경우에도 예 2와 마찬가지로 철이는 상식적으로 볼 때 (f)를 안다고 할 수 없다. 왜냐하면 철이는 (f)를 믿는 계기가 안가진 씨 때문인데 안가진 씨는 실제로 포드차를 가지고 있지 않기 때문이다. 반면에 (f)가 참이 되는 이유는 사실 6, 즉 차소유 씨가 포드차를 가지고 있기 때문인데 이에 대해서는 철이는 믿고 있지 않을 뿐만 아니라 믿을 만한 아무런 근거도 가지고 있지 못하다.

하지만 예 3은 (K)의 세 가지 조건을 모두 만족시킨다. 먼저 (f)는 철이의 사무실에 근무하는 차소유 씨가 포드차를 소유하고 있기 때문에 참이다. 그리고 철이는 (f)를 믿고 있다. 철이가 (f)를 믿게 된 계기는 차소유 씨 때문이 아니라 안가진 씨 때문이지만 (f)를 믿는 것은 사실이다. 마지막으로 철이가 (f)를 믿는 것은 정당하다. 왜냐하면, 철이가 (e)를 정당하게 믿고 있고, (e)가 (f)를 논리적으로 함축하며 그 논리적 함축관계를 근거로 철이가 (f)를 믿고 있기 때문이다. 그러면 앞의 두 반례와 마찬가지로 이 예도 (K)에 대하여 F iff T의 형식을 가지게 되어 (K)에 대한 반례가 된다.

(4) 예 4 – 우리 안의 양

철이는 동물원에 있는 우리 속의 양을 바라보고 있다. 그 동물은 양의 모습을 하고 있고 양의 소리도 내고 있었다. 철이는 그 동물을 바라보면서 다음의 명제를 믿게 된다.

(g) 우리 안에 있는 저것은 양이다.

(g)를 근거로 철이는 존재 양화를 통하여 (h)를 도출하고 이를 믿는다.

(h) 우리 안에 양이 있다.

우리 안에서 철이가 볼 수 있는 저 동물은 양 한 마리였고 이를 토대로 우리 안에 양이 있다고 믿은 것이다. 하지만 철이가 보고 있던 동물은 양이 아니라 양의 탈을 쓴 늑대였으며, 동물원에서 보유하고 있던 양은 지금 병에 걸려서 관람객들이 볼 수 없는 우리의 다른 쪽에 있었다. 동물원 측은 관람객들이 양을 좋아하기에 궁여지책으로 양 대신 늑대를 양으로 변장시켜서 양의 우리 속에 넣게 된 것이다. 관람객들에게 들키지 않게 하려고 양의 울음소리를 녹음하여 늑대에게 장착하고 늑대는 소리를 내지 못하도록 조처를 해놓은 것이었다.

사실 7 철이가 바라보고 있는 동물은 양이 아니라 늑대이다.
사실 8 철이가 볼 수 없는 우리의 한 구석에 양이 있다.

여기서 철이를 S라 하고, P를 (h)라 하면, 이 예도 (K)에 대한 반례가 된다. 철이는 이 상황에서 (h)를 안다고 하기 곤란하다. 철이가 보고 있는 것은 양이 아니라 늑대이며, 철이는 우리 안에 있는 실제의 양에 대해서는 아무런 근거도 가지고 있지 못하기 때문이다. 하지만 이 예 역시 (K)의 세 조건을 모두 만족시킨다.

먼저 (h)는 참이다. 철이가 바라보고 있는 동물은 양이 아니라 늑대이지만, 철이가 보지 못하는 곳에 실제로 양이 있기는 있기 때문이다. 둘째로 철이는 (h)를 믿고 있다. 실제로 있는 양 때문에 믿는 것은 아니지만 철이는 양의 탈을 쓴 늑대를 보면서 (h)를 믿고 있는 것은 사실이다. 그리고 철이는 (h)를 정당하게 믿고 있다. 철이는 (g)를 정당하게 믿고 있으며, (g)가 (h)를 논리적으로 함축한다는 사실을 근거로 해서 철이가 (h)를 믿고 있기 때문이다. 그렇다면 앞에서의 예들과 마찬가지로, 철이는 (h)를 아는 것은 아니면서 (K)의 세 조건을 만족시키게 되므로 F iff T가 되어, 이 예도 (K)에 대한 반례가 되는 것이다.

이와 같이 게티어의 반례는 (K)의 세 조건을 모두 만족시키면서도 앎이 될 수 없는 예를 제시함으로써 전통적인 분석 (K)가 앎에 대한 분석으로 불충분함을 보여주었으며, 게티어 문제가 제시된 후, 많은 인식론자들이 (K)를 어떻게 수정해야 게티어 문제를 해결할 수 있을까에 대하여 고민하기 시작했다. 그러면 다음 절에서 게티어 문제에 대한 대표적인 해결 시도들을 몇 가지 설명하도록 하겠다. 이 책에서는 '거짓 접근방식', '무상쇄자 접근방식', '인과적 접근방식' 그리고 '신빙성 있는 지표 접근방식' 등 네 가지를 검토하도록 하겠다.

3. 게티어 문제에 대한 해결 시도

게티어 반례의 공통적인 특성은 간단히 말해서 P에 해당하는 명제가 참이 되는 경로와 P에 대한 믿음이 정당하게 되는 경로가 다르면서 우연히 두 가지가 일치한다는 점이다. 따라서 게티어의 문제를 해결하

는 방식의 요점은 참이 되는 사실과 믿음에 대한 정당성이 어떤 방식
으로든 연결되어야 앎이 된다는 것을 강조하는 것이다.

게티어 문제를 해결하는 시도는 크게 두 가지로 나눌 수 있다. 하나
는 위에서 제시된 (K)의 세 조건에 네 번째 조건을 추가하는 시도이다.
즉, (K)에서 제시된 세 가지 조건은 앎의 필요조건은 되지만 필요충분
조건은 되지 못함을 인정하고 새로운 조건을 하나 더하여 게티어 반례
를 해결하려는 시도이다. '거짓 접근방식'과 '무상쇄자 접근방식'이 여
기에 속한다. 다른 하나는 (K)에서 세 번째 조건인 인식적 정당성을 삭
제하고 새로운 조건을 첨가하는 방식이다. 이들 해결책의 입장은 게티
어 문제가 발생하는 원인이 사실과 믿음 사이에 직접적인 연관 없이
엉뚱한 곳에서 정당성을 부여받았기 때문이라고 생각하였다.[22] 이러한
해결방식으로 '인과적 접근방식'과 '신빙성 있는 지표 접근방식'이 있
다. 지금부터 이 네 가지 이론이 게티어 문제를 어떻게 해결하려 하는
지에 대하여 설명하고 그들이 가지는 문제점을 지적하도록 하겠다.

1) 거짓 접근방식

거짓 접근방식의 게티어 문제에 대한 진단은 다음과 같다. 게티어의
반례를 가만히 살펴보면, 그 문제가 발생하는 원인은 (b), (d), (f)와 (h)
를 정당화시키기 위해서 필수적인 (a), (c), (e)와 (g)가 각각 거짓이기
때문이다. 그러면 각각의 반례에 대한 진단을 해보도록 하겠다.

---

22) 나중에 자세히 논의가 되겠지만, 인과적 접근방식이나 신빙성 있는 지표 접
근방식에서도 인식적 정당성의 조건을 버릴 수는 없게 된다. 따라서 인식적
정당성을 삭제하고 다른 조건으로 대체하려는 해결 시도도 궁극적으로는
(K)에 네 번째 조건을 첨가하는 형식이 되어 버린다.

예 1에서 만일 (a)가 참이었다면, 철수가 그 회사에 고용되리라는 것을 영수가 아는 셈이 되고, 철수의 주머니에 동전이 10개가 있다는 것도 직접 세어 봐서 아는 것이므로 영수는 <그 회사에 고용될 사람의 주머니에는 동전이 10개가 있다>는 (b) 명제를 안다고 할 수 있을 것이다. 예 1이 성립하는 이유는 (b)를 참으로 하는 사실과 영수가 (b)를 믿는 것에 정당성을 부여하는 계기가 완전히 분리되어 있기 때문이다. 즉, (b)가 참인 이유는 영수 자신 때문인데 영수가 (b)를 믿는 것이 정당한 이유는 철수 때문이기에 (b)는 정당화된 참 믿음이면서도 영수에게 앎이 되지 못하는 것이다. 따라서 (a)가 거짓이 아니라면 이러한 문제도 발생하지 않았을 것이다.

예 2에서도, 만일 (c)가 참이었다면 (d)에서 '또는'을 중심으로 앞부분도 참이고 — 즉 (c)에 해당하는 부분 — 그렇다면 철이가 (c)를 안다고 할 수 있으므로 (d) 역시 알 수 있다는 결과가 나온다. 즉, 철이가 <안가진 씨는 포드차를 가지고 있다>를 안다면 철이는 <안가진 씨는 포드차를 가지고 있거나 또는 방낭자는 지금 바르셀로나에 있다>를 알고 있는 셈이다. 역으로, 철이가 (d)를 모르는 이유는 (d)를 정당화해 주는 내용인 (c)가 거짓이기 때문이라고 할 수 있다. 따라서 만일 (d)를 정당화하는 과정에서 거짓인 명제가 연루되지 않는다면 게티어 문제가 발생하지 않을 것이다.

예 3도 유사하게 설명될 수 있다. 이 예에서도 문제가 발생하는 원인은 (e)가 거짓이기 때문이다. 철이가 (f)를 정당하게 믿게 되는 계기는 (e)를 통해서이지만 (e)는 거짓이고, 철이가 전혀 모르는 사실인 차소유 씨 때문에 (f)가 우연히 참이 되면서 반례가 성립하게 되는 것이다. 만일 (e)가 참이었다면, 철이는 (e)를 아는 것이 되고, 이를 통하여 (f)도 아는 것이 되기에 문제가 발생하지 않게 되었을 것이다.

마지막으로 예 4도 비슷하게 설명될 수 있을 것이다. 문제가 발생하는 원인은 철이가 동물원에서 바라보고 있는 동물이 겉보기와는 다르게 양이 아니라는 사실이며, 동시에 철이 모르게 그 우리 안에 우연히 실제 양이 있기 때문이다. 만일 철이가 보던 그 동물이 실제로 양이었다면 (K)에 대한 반례가 성립하지 않았을 것이다.

이와 같이, 게티어 반례는 거짓 명제23)로부터 P에 해당하는 명제24)가 정당성을 부여받으면서 P가 우연적으로 참이 되는 경우에 성립한다는 진단이 거짓 접근방식의 입장이다.25) 이러한 입장에 따르면, P에 대한 S의 믿음이 앎이 되기 위해서는 P에 대한 S의 믿음이 거짓인 명제로부터 도출되지 않아야 한다. 이를 토대로 (K)를 수정해 보겠다.

> (K1) 어떤 사람 S가 명제 P를 알기 위한 필요충분조건은,
> 1) P가 참이고,
> 2) S가 P를 믿으며,
> 3) S가 P를 믿는 것에 인식적 정당성을 가지면서,
> 4) P에 대한 S의 믿음의 정당성은 거짓 명제로부터 도출되지 않는다.

(K)를 (K1)로 수정하면, 예 1에서 예 4까지의 문제들을 모두 해결할 수 있다. 예 1~4의 공통점은 모두 S가 P를 모르면서 (K)의 세 조건이

---

23) (a), (c), (e), (g) 명제들
24) (b), (d), (f), (h) 명제들
25) 이러한 거짓 접근방식을 제시한 대표적인 사람은 Michael Clark이다. 그의 논문, "Knowledge and Grounds: A Comment on Mr. Gettier's Paper", *Analysis* 24, 1963을 참고할 것.

만족되는 경우였다. 즉 각 예를 (K)에 대입했을 때, F iff T의 결과가 나오기에 반례가 된 것이다. 따라서 (K1)이 이러한 반례를 해결하는 방식은 (K)에 새로운 조건을 첨가하면서 그 추가된 조건을 예 1~4가 각각 만족시키지 못하게 되는 것이다. 즉 새로운 조건을 추가해서 위의 네 가지 예를 (K1)에 대입하면, 추가된 조건 때문에 F iff F가 되어 반례를 해결하는 것이 기본적인 전략이라고 할 수 있다.

그 새로운 조건이 (K1)의 4)번 조건이며, 예 1~4는 각각 P에 대한 정당성을 도출하는 과정에서 거짓인 명제가 개입되어 있음을 기억한다면 (K1)이 위의 반례들을 어떻게 해결하는지 쉽게 이해할 수 있다. 위의 반례들에서, P에 해당하는 (b), (d), (f), (h)의 정당성을 도출하는 데 거짓 명제인 (a), (c), (e), (g)가 중요한 역할을 차지하였다. (a), (c), (e), (g)가 각각 거짓이므로, 각 예에서 P에 대한 S의 믿음의 정당성은 거짓 명제에 근거하지 말아야 한다는 4)번 조건을 만족시키지 못한다. 따라서 4)번 조건을 추가한 (K1)에 대해서는 예 1~4가 더 이상 반례가 되지 못하는 것이다. 하지만 4)번 조건은 지나치게 강하다. S가 P를 믿는 것을 정당하게 해주는 근거 중에 혹 거짓 명제가 일부 포함되어 있더라도 여전히 S가 P를 아는 경우가 생길 수 있기 때문이다. 다음의 예를 살펴보기로 하자.[26]

(1) 예 5 – 안가진과 차소유 II (K1에 대한 반례)[27]

예 3에서와 마찬가지로, 안가진 씨와 차소유 씨는 철이와 같은 사무

---

26) 이 예는 Keith Lehrer, "Knowledge, Truth and Evidence", *Analysis* 25, 1965 에서 나온 예를 각색한 것이다.
27) 이 예는 예 1~4와는 달리 게티어 유형의 반례가 아니다. 단지 (K1)에 대한 반례일 뿐이다. 따라서 반례의 성격이 예 1~4와는 본질적으로 다르다.

실에서 근무하는 동료이며, 철이는 충분한 근거를 가지고 두 사람 모두 포드차를 소유하고 있음을 믿고 있다고 가정하자.

(i) 철이의 사무실에 근무하는 사람 중 적어도 하나는 포드차를 소유하고 있다.

이에 대한 근거로 철이가 가지고 있는 것은 다음과 같다.

(j) 철이의 사무실에서 일하는 차소유 씨는 포드차를 가지고 있다.
(k) 철이의 사무실에서 일하는 안가진 씨는 포드차를 가지고 있다.

예 3에서와 같이, 차소유 씨는 포드차를 가지고 있는 것이 사실이지만, 안가진 씨는 거짓말을 하고 있으며 따라서 (k)는 거짓이다. 즉 (i)를 뒷받침하는 근거 중에 거짓 명제인 (k)가 포함되어 있는 것이다. 단, 예 3과 다른 점은 철이가 (j)를 알고 있다는 것이다. 그러나 이 예에서 (K1)의 넷째 조건이 만족되지 못한다. 그 조건에 따르면, (i)는 어떤 거짓된 명제로부터라도 정당성을 도출받지 말아야 하는데 (i)를 정당화시키는 근거 중 하나인 (k)가 거짓이기 때문이다.

하지만 상식적으로 보면, (k)가 거짓이라도 철이는 (i)를 여전히 알고 있다고 할 수 있다. 왜냐하면, 철이가 알고 있는 (j)가 (i)를 정당하게 만들기에 충분한 근거가 되며, (k)와는 달리 (j)는 참이기 때문이다. 다시 말해서, (k)가 없어도 철이는 (j)를 근거로 (i)를 알고 있다고 말할 수 있기 때문이다. 이 예를 (K1)에 대입했을 때, T iff F(4번 조건 때문에)의 결과가 나오기에 (K1)에 대한 반례가 된다.

이러한 문제를 해결하려면 (K1)을 조금 수정하여, 설령 P를 도출하는 과정에 거짓인 명제가 포함되어 있더라도 그 거짓 명제를 제외했을 때 여전히 P를 뒷받침하기에 충분한 근거가 있으면 앎이 될 수 있도록 만들어야 한다.

> (K1*) 어떤 사람 S가 명제 P를 알기 위한 필요충분조건은,
> 1) P가 참이고,
> 2) S가 P를 믿으며,
> 3) S가 P를 믿는 것에 인식적 정당성을 가지면서,
> 4) 명제 P를 정당화하기에 충분한 근거들의 집합 $\{e_1, e_2, \cdots, e_n\}$을 S가 최소한 하나 갖고 있으며 이 집합 에는 어떤 거짓도 포함되어 있지 않다.

(K1)을 (K1*)로 수정하면, 예 5가 더 이상 (K1*)에게는 반례가 되지 못한다. 왜냐하면 (j)는 (i)를 정당화하기에 충분한 집합이며, (j)는 거짓 이 아니기 때문이다. 따라서 예 5를 (K1*)에 대입했을 경우, 철이는 (i) 를 알고 있으며, (K1*)의 네 가지 조건을 모두 만족시키고 있으므로 T iff T가 되어 반례가 안 되는 것이다.[28]

하지만 (K1*)도 앎의 분석으로는 완벽하지 못하다. (K1*)가 앎에 대 한 필요충분조건이 되지 못하는 대표적인 예를 두 가지 소개하겠다.

---

28) 예 1~4를 (K1)이 해결하는 방식은 F iff F로 만드는 것이었던 반면, 예 5를 (K1*)가 해결하는 방식은 T iff T로 만드는 것임을 유의할 필요가 있을 것이 다. 즉, 반례를 해결하는 방식은 iff를 기준으로 양쪽의 진리치를 같게만 해 주면 되며, 이것이 바로 필요충분조건이 가지고 있는 기본적인 특성이라고 볼 수 있을 것이다.

(2) 예 6 - 안가진과 차소유 III (K1*에 대한 반례)[29]

예 3과 유사하게, 철이는 안 씨가 포드차 몰고 가는 것을 직접 보았고, 안 씨는 철이에게 포드 마크가 새겨진 차 열쇠를 보여주었으며 그에게 저 포드차가 자신의 차라는 것을 자랑하였다. 철이는 위와 같은 경험을 토대로 다음의 명제를 믿는다. 예 3과의 차이점은 <철이의 사무실에서 근무하는 안가진 씨는 포드차를 가지고 있다>를 믿는 것이 아니라, 다음의 명제 (l)을 믿는다는 점이다.

(l) 우리 사무실에 있는 어떤 사람이 포드차 모는 것을 보았고, 포드 마크가 새겨진 차 열쇠를 보여주었으며, 포드차를 가지고 있다고 자랑했다.

철이는 (l)을 근거로 다음 명제를 믿는다.

(m) 우리 사무실에는 포드차를 소유한 사람이 있다.

이 예는 게티어 유형의 반례라고 할 수 있다. 먼저 이 예에서 유의할 점은, 예 3에서의 (e)와는 달리, (l)이 참이라는 것이다. (l)은 (e)와는 달리 포드차를 몰면서 차 열쇠도 보여주고 포드차를 소유하고 있다고 자랑한 사람이 포드차를 가지고 있다는 주장은 하지 않고 있다. 그리

---

29) 이 예는 Richard Feldman, "An Alleged Defect in Gettier Counterexamples", *Australasian Journal of Philosophy*, 1974. Reprinted in *Empirical Knowledge*, ed. by Paul Moser, University Press of America, 1986에서 제시된 것이다. 이 예는 (K1*)에 대한 반례일 뿐만 아니라 (K)에도 반례가 된다.

고 그가 포드차를 몰면서 열쇠도 보여주고 자랑한 것은 사실이다. 따라서 (K1*)의 4)번 조건을 만족시킨다. 또 철이는 (m)을 믿고 있으며 (l)은 (m)을 정당화하기에 충분하기에 철이가 (l)을 토대로 (m)을 믿는 것은 인식적으로 정당하다.[30] 따라서 (m)이 참이기만 하면 (m)은 (K1*)의 네 조건을 모두 만족시킨다. 그런데 사실 (m)이 참인 이유는, 예 3에서와 마찬가지로, 우리 사무실에 근무하는 차소유 씨가 포드차를 가지고 있기 때문이다. 하지만 철이는 차 씨가 포드차를 가지고 있는지 여부에 대해서 가지고 있는 정보가 전혀 없으므로, 이 예에서 (m)은 (K1*)의 네 가지 조건을 모두 만족시키면서도 철이가 (m)을 안다고 할 수 없게 된다. 그렇다면 이 예는 (K1*)에 대해서 F iff T가 되므로, (K1*)도 앎에 대한 올바른 필요충분조건이 될 수 없다.[31]

위의 반례에 대해서 다음과 같은 반론을 제시하는 사람이 있을 수 있다. 철이가 (m)을 정당하게 믿기 위해서는 (e) 명제, 즉 안가진 씨가 포드차를 가지고 있다는 명제를 믿어야 하며 이는 거짓이므로 (K1*)의 네 번째 조건이 여전히 만족되지 않았다는 것이다. 이러한 반론에 대답하기 위해서는 위의 예를 다음과 같이 조금만 수정하면 된다.

안가진 씨가 철이에게 자신이 포드차를 가지고 있다고 자랑한 날이

---

30) (l)이 (m)을 정당화시키는 과정은 이제까지의 정당화 과정과는 좀 다르다. 이제까지의 정당화는 모두 근거 명제로부터 P 명제가 연역적으로 도출되는 방식이었지만, 이 예에서 (l)이 (m)을 논리적으로 함축하지는 않는다. 이 자리에서는 인식적 정당성이 항상 연역을 통해서만 얻어지는 것은 아니라는 점을 지적하고 이에 대한 자세한 논의는 제3장 인식적 정당성에 대한 이론들을 다루면서 제시하도록 하겠다.

31) 이 예도 게티어 유형의 반례인데 (l)이 거짓이 아니며, (l)과 (m)의 관계도 연역적 관계가 아니므로 게티어 유형의 반례를 성립시키기 위해서 게티어가 그의 논문에서 받아들인 두 가지 전제가 반드시 필요한 것은 아님을 발견할 수 있다.

철이가 그 사무실에 첫 출근한 날이라 가정하자. 그 사무실에 근무하는 사람이 여러 명이어서 철이는 포드차를 자랑한 사람의 이름이 안가진 씨인지도 모르고, 첫 출근한 날이라 워낙 여러 사람과 대화를 나누어서 포드차를 가졌다고 자랑한 사람이 대화를 나눈 여러 사람 중에 누구였는지도 기억을 못한다고 하자. 철이가 첫 출근을 마치고 집에 와서, 사무실에서 무슨 일이 있었는가를 뒤돌아보며 (l)을 기억했을 때, 그는 포드차를 가지고 있다고 자랑한 사람이 누구였는지 기억해내지 못하고 그의 이름이 '안가진'이었는지는 더더욱 모르고 있지만 그럼에도 철이는 (l)을 정당하게 믿고 있을 수 있으며 따라서 (l)을 근거로 (m) 역시 정당하게 믿을 수 있는 것이다. 그렇다면 철이는 안가진 씨가 포드차를 가지고 있다는 거짓 명제에 의존하지 않고도 (l)과 (m)를 정당하게 믿을 수 있게 된다. 그러므로 (K1*)의 네 조건을 모두 만족시키면서 앎이 아닌 예가 있으므로 (K1*)는 앎에 대한 올바른 분석이 될 수 없다.

또 하나 지적하고 싶은 것은, (K1*)의 4)번 조건에서, P를 정당화하기에 충분한 **최소한의 근거**만을 요구하고 있다. 따라서 설령, (e) 명제인 <철이의 사무실에서 일하는 안가진 씨는 포드차를 가지고 있다>는 믿음이 철이의 추론 속에서 무의식적으로 사용되고 있음을 인정한다고 하더라도 (m)을 정당화하기에 필요한 **최소한의 근거**에 (e)를 반드시 포함시킬 필요는 없는 것이다. (e) 명제 없이 (l)만으로도 (m)을 정당화시키기에 충분한 근거가 되므로 위의 예는 4)번 조건을 만족시킨다고 보아야 옳을 것이다.

(K1*)에 대한 또 다른 반례는 다음과 같다.

(3) 예 7 - 화병 (K1*에 대한 반례)[32]

예 6에서는 (l)이 (m)을 정당화시키면서 (l)이 참인 경우인 반면, 예 7에서는 P에 해당하는 명제를 뒷받침하는 정당성의 근거가 시각적 경험이라서 그 자체로는 참/거짓의 구분 대상인 명제가 아닌 경우를 제시하고 있다.

철이 앞에는 화병이 하나 있으나, 철이와 화병 사이에는 화병 모양의 레이저 사진이 가로막고 있어서 철이는 실제 화병을 직접 볼 수는 없는 상황이다. 하지만 철이 앞에 놓인 화병 모양의 레이저 사진이 매우 정교하여 레이저 광선이 비추면 철이에게는 실제 화병이 있는 것처럼 보인다. 철이는 자신이 보고 있는 화병이 실제 화병이 아니라 레이저 광선에 의한 사진임을 전혀 모르고 있다. 따라서 철이는 화병과 같은 시각적 경험을 통하여 다음의 명제를 믿고 있다.

(n) 철이의 앞에는 화병이 있다.

철이의 앞에 실제 화병이 있는 것은 사실이나, 철이가 보고 있는 것은 실제 화병으로부터 야기된 경험이 아니라 레이저 광선으로부터 나온 화병 사진을 통해 얻어진 경험이다. 따라서 철이를 S라 하고, (n)을 P라고 할 때, (n)은 참이고 철이가 (n)을 믿고 있으며, 철이가 가지고 있는 감각적 경험은 실제 화병으로 갖게 되는 경험과 차이가 없으므로

---

32) Alvin Goldman, "A Causal Theory of Knowing", *The Journal of Philosophy* 64, 1967, pp.355-372. Reprinted in *Essays on Knowledge and Justification*, ed. by George Pappas and Marshall Swain, Cornell Univ. Press, 1978. 이 책에서는 김기현(1998), pp.55-59의 내용을 따르고 있다. 이 예 역시 (K1*)에 대한 반례이면서 동시에 (K)에 대한 반례로도 성립한다.

이러한 감각적 경험을 바탕으로 철이가 (n)을 믿는 것은 인식적으로 정당하다.33) 그러면 (K1*)의 1), 2), 3)번 조건은 모두 만족되었다. 그러면 4)번 조건은 어떻게 되는 것일까?

(n)을 믿는 것에 정당성을 부여하는 근거는 철이가 경험한 감각적 경험이다. 감각적 경험은 그 자체로 진리치를 가지지 않는다. 감각적 경험을 근거로 어떤 판단을 내려야 비로소 진리치를 갖게 되는 것이다. 따라서 진리치를 지니지 않는 감각적 경험에는 어떠한 거짓도 포함되어 있지 않다. 물론 어떠한 참도 포함되어 있지도 않다. 하지만 4)번 조건에서 요구하는 것은 P를 뒷받침하는 최소한의 근거 집합에 거짓인 명제가 포함되어 있지 않은 것이므로 P에 대한 근거에 명제 자체가 하나도 포함되어 있지 않다면 자동적으로 거짓인 명제도 포함되지 않은 것으로 보아야 할 것이다.

이러한 설명에 대하여, 순수한 감각적 경험은 정당성의 근거로 작용할 수 없으며 어떤 명제를 정당화하는 근거가 되려면 그것 자체가 명제적인 내용을 가져야 한다고 주장하는 사람들이 있다.34) 이 질문에 대한 대답은 그리 간단하지 않다. 자세한 내용은 잠시 뒤로 미루도록

---

33) 만일 철이가 경험하는 내용이 레이저 광선을 통한 사진의 경험임을 알아채거나, 무언가 좀 이상하다는 느낌을 갖고 있다면 이러한 경험적 근거를 통하여 (n)을 믿는 것이 정당하지 않을 수도 있다. 하지만 이 예에서 서술하고 있는 바에 따르면, 철이가 경험하는 내용이 실제 화병으로부터의 경험과 정확히 똑같아서 철이가 이상함을 전혀 느끼지 않는 상황이므로 이러한 경험을 근거로 (n)을 믿는 것이 정당하다고 할 것이다.

34) 예를 들어, Laurence BonJour, *The Structure of Empirical Knowledge*, Harvard Univ. Press, 1985, pp.69, 75. 이러한 논의가 나온 배경은 토대론에 대한 비판이며, 이것과 관련된 논의는 제3장과 제4장에서 자세하게 제공하도록 하겠다. 특히, 감각적 경험을 통해서 우리가 어떤 내용을 갖는가의 문제는 제4장의 핵심적인 논의거리라고 할 수 있으므로 아주 자세히 다루어질 것이다.

하고, 여기서는 예 7이 (K1*)의 반례로 성립하기 위하여 필요한 이야기만 하겠다.

(n)을 뒷받침하는 근거가 단순한 감각적 경험이 아니라 명제적 내용을 지니는 판단이라고 한다면 그것은 다음과 같은 내용을 지닐 것이다.

(o) 철이의 앞에는 화병이 있는 것처럼 보인다.

일반적인 경우에, (o)는 (n)을 정당화시키기에 충분하다. 그런데 철이는 자신이 지금 화병을 경험하고 있는 상황에서 특별히 이상한 징후를 발견하지 못한 상황이므로, 인식적인 측면에서 보면 철이의 상황은 일반적 상황에 해당한다고 말할 수 있다. 그런데 주목해야 하는 점은 (o) 역시 참이라는 것이다. 지금 철이가 경험하고 있는 내용은 설령 진짜 화병으로부터 야기된 것이 아니라 레이저 광선에 의한 것이었다고 하더라도 철이에게 화병이 있는 것처럼 보이는 것은 사실이다. 따라서 (n)을 뒷받침하는 근거가 순수한 감각적 경험일 수는 없다는 비판을 받아들여도, (o)와 같은 내용의 근거는 참인 명제이므로 (K1*)의 4)번 조건을 여전히 만족시킨다.

이와 같은 논의를 통하여, 우리는 거짓 접근방식의 해결책이 분명 직관적으로 매력이 있음에도 불구하고 게티어의 반례를 완전히 해결할 수는 없음을 확인하였다. 거짓 접근방식의 핵심을 필요충분조건으로 나타내면 (K1*)라고 할 수 있는데 이에 대한 반례가 예 6과 예 7에서 각각 제공되었으며 이를 거짓 접근방식의 테두리 안에서 해결하기는 쉽지 않음을 앞에서 설명하였다. 게티어의 반례를 해결하는 앎의 분석은 분명 정당화 과정에서 거짓이 포함되지 않아야 한다. 하지만 거짓이 포함되지 않는 경우에도 게티어 유형의 반례는 성립하고 있음을 보았다. 그러면 거짓 접근방식이 아닌 다른 해결책은 없을까? 게티어 반례의 두 번째 해결 시도인 '무상쇄자 접근방식'으로 넘어가도록 하겠다.

2) 무상쇄자 접근방식

게티어 문제가 일어나는 이유를 다음과 같이 생각할 수 있다. 한 명제 P에 대한 믿음이 다른 명제 Q에 대한 믿음을 근거로 정당성을 얻게 되는 경우에, 그 근거를 상쇄할 수 있는 참인 명제 R이 있다면 P에 대한 믿음은 지식이 될 수 없을 것이다.

예를 들어, 나는 어제 저녁에 영이와 통화를 해서 영이가 오늘 아침 9시 비행기로 제주도를 떠날 예정이라는 사실을 알고, 또 제주도에서 김포공항까지 오는 데 약 1시간 정도 걸린다는 사실을 알고 있다. 이번에 영이가 이용하는 항공사는 제 시간에 도착하기로 유명한 항공사이며, 아침 뉴스에서 제주도와 서울 모두 날씨가 쾌청하다는 소식도 들었다. 이러한 배경 지식을 근거로 나는 영이가 오늘 오전 10시에 김포공항에 도착하리라는 것을 정당하게 믿고 있다. 하지만 영이의 비행기가 고장이 났다는 사실에 의해서(비록 그 비행사의 결항률이 극히 낮은 것은 사실이나 결항이 전혀 없는 것은 아니라고 할 때) 영이가 오늘 오전 10시에 김포공항에 도착하리라는 내 믿음의 정당성은 상쇄될 수 있다.

무상쇄자 접근방식은 기본적으로 거짓 접근방식과 같은 아이디어에서 출발한다. 즉 P를 뒷받침하는 근거인 E가 거짓이기 때문에 이와 같은 문제가 발생한다는 것이다. 다시 말해서, E가 거짓이기에 P의 정당성을 상쇄할 수 있는 상쇄자가 생긴다는 것이다. 그러면 '상쇄자'란 무엇이며, 앞에서 제시했던 게티어 반례들에서 어떤 상쇄자들이 있다는 것인지, 그리고 상쇄자가 있으면 왜 앎이 되지 않는지 등을 설명해 보겠다.

'상쇄자'는 다음과 같이 설명될 수 있다. 예를 들어, 명제 P에 대한 S의 믿음이 증거 E를 근거로 정당화될 때, 그 정당성이 상쇄되기 위한 조건은 다음과 같다.

> (D1) D가 P에 대한 S의 믿음의 정당성에 대한 상쇄자이기 위한 필요충분조건은,
> 1) D가 참이고,
> 2) 만일 S가 D를 정당하게 믿는다면, P에 대한 S의 믿음은 더 이상 정당화되지 않는다.

이 설명에서 보듯이, 상쇄자란 어떤 명제 P와 이에 대한 근거 E 사이에 성립하고 있던 정당성 관계를 무력화시켜 주는 역할을 하고 있다. 다시 말해서 E 자체는 P에 대한 충분한 근거가 되지만 만일 S가 D를 믿게 된다면, 더 이상 P에 대한 충분한 근거가 되지 못한다는 것이다. 이러한 내용을 2)번 조건이 말하고 있다.

그러면 왜 1)번 조건, 즉 D가 참이라는 조건이 필요한가? D가 참이란 조건이 없으면, 모든 명제에 대해서 상쇄자가 쉽게 만들어질 수 있다. 예를 들어, <이승엽은 야구선수이다>라는 것을 믿는 것이 나에게 정당하지만, 상쇄자가 참이어야 한다는 조건이 없으면 "이승엽은 야구공을 받을 수 없다"와 같이 사실과 전혀 관련이 없는 것도 상쇄자가 될 수 있기 때문이다.

여기서 주의해야 할 사항은 D가 상쇄자가 되기 위해서 S가 D를 꼭

믿어야 하는 것은 아니라는 점이다. 즉, (D1)의 2)번 조건에서 "만일 S
가 D를 정당하게 믿는다면 …"은 **그렇게 가정할 경우** P에 대한 S의
믿음이 더 이상 정당화되지 않는다는 것이지, S가 D를 **실제로 믿고 있**
음을 요구하는 것은 아니다. S가 D를 믿고 있지 않아도 위의 두 조건
만 만족시키면 상쇄자가 될 수 있다. 이는 주어진 명제에 대한 상쇄자
가 생각보다 많아질 수 있음을 의미한다.

한 명제에 대한 믿음이 지식이 되기 위해서는 그 믿음에 대한 근거
를 상쇄할 수 있는 참인 명제가 없어야 한다고 생각할 수 있으며 이것
이 바로 무상쇄자 접근방식이 취하는 게티어 문제의 해결방식이다.35)
위의 상쇄자에 대한 조건을 바탕으로, 우리는 '앎'에 대한 필요충분조
건을 다음과 같이 수정할 수 있다.

> (K2) 어떤 사람 S가 명제 P를 알기 위한 필요충분조건은,
> 1) P가 참이고,
> 2) S가 P를 믿으며,
> 3) S가 P를 믿는 것에 인식적 정당성을 가지면서
> 4) P에 대한 S의 믿음의 정당성에 대한 상쇄자가 없다.36)

---

35) Keith Lehrer and Thomas Paxson, "Knowledge: Undefeated Justified True
Belief", *The Journal of Philosophy*, 1969. Reprinted in *Essays on
Knowledge and Justification*, ed. by Pappas and Swain, Cornell Univ.
Press, 1978. 인용되는 쪽수는 Pappas와 Swain의 책을 사용할 것임.
36) 무상쇄자 접근방식을 받아들이면, (K2)의 1)번 조건, 즉 P가 참이어야 한다
는 조건은 불필요하게 된다. 만일 P가 거짓이라면 <P가 거짓이다>라는 참인
명제는 항상 P에 대한 상쇄자가 될 것이기 때문이다. P가 거짓이라는 것을
정당하게 믿는다면, P를 믿는 것이 정당하지 못함은 자명하다. 이와 같이 P
가 거짓인 경우, 상쇄자가 반드시 생기게 되므로 앎이 될 수 없는 것이다[이

그러면 앞에서 제시된 다양한 예들을 (K2)는 어떻게 해결할 수 있는지를 살펴보도록 하겠다.

예 1에서 (b) <그 회사에 고용될 사람의 주머니에는 동전이 10개가 있다>는 명제를 뒷받침하는 근거는 (a) <철수가 그 회사에 고용될 것이며, 철수의 주머니에는 동전이 10개가 있다>는 명제 때문이었다. 하지만 (a)는 거짓이었으며, 다음의 명제가 (b)에 영수의 믿음에 대한 상쇄자가 된다.

(d1) 철수가 그 회사에 고용되지 않을 것이다.

상쇄자의 정의인 (D1)에 따르면, (d1)은 상쇄자이다. 왜냐하면, (d1)은 참이고(그 회사에 고용된 사람은 철수가 아니라 영수 자신이었으므로), 만일 영수가 (d1)을 믿는다면, 영수의 전체적인 증거는 더 이상 (b) 명제를 뒷받침하지 않기 때문이다. 만일 영수가 (d1)를 알게 되었다면 영수는 (a)를 받아들이기 어려웠을 것이고 따라서 (b)를 믿는 것이 더 이상 정당화되지 않았을 것이다.[37] 그렇다면 예 1에서, (d1)이라

러한 논의는 김기현(1998), p.66 참고].

[37] 여기서 조심해야 하는 것은 (d1)이 (b)에 대한 상쇄자가 된다고 해서, 영수가 (a)를 근거로 (b)를 믿는 것이 정당하다는 예 1에서의 주장이 틀린 것이 되는 것은 아니다. 여기서 주장하고자 하는 바는, 만일 영수가 (d1)과 (a)를 둘 다 증거로 가지고 있다면 이들을 근거로 (b)를 믿는 것이 정당하지 않게 된다는 것이다. 하지만 실제로는 영수가 (d1)을 증거로 가지고 있지 않다. 따라서 예 1에서는 영수가 증거로 가지고 있는 (a)를 근거로 (b)를 믿는 것이 정당하다는 결론이 나오게 되는 것이다. 이런 의미에서 상쇄자는 S가 실제로 받아들이고 있는 근거일 필요가 없다는 내용을 다시 한 번 기억할 필요가 있다.
그러면 혹자는 상쇄자의 조건에 S가 그 명제를 받아들이고 있어야 한다는 조건을 첨가해야 되는 것이 아니냐는 생각을 할 수 있다. 하지만 S가 받아들

는 상쇄자가 있으므로, (K2)의 4)번 조건, 즉 상쇄자가 없어야 앎이 된다는 조건을 만족시키지 못하므로, 예 1에서 제시된 (b)가 왜 영수에게 앎이 되지 않는지를 설명할 수 있다.

마찬가지로 예 2에서도 철이가 가지고 있는 근거는 상쇄될 수 있다. 즉 (c)를 근거로 (d)를 받아들일 때, (c)가 (d)를 뒷받침하는 역할을 상쇄하는 참인 명제가 있으며, 그 명제는 다름 아닌 "안가진 씨는 포드차를 가지고 있지 않다"는 것이다.

(d2) 안가진 씨는 포드차를 가지고 있지 않다.

(d2)는 참이며, 만일 철이가 (d2)를 믿고 있었다면(실제로는 안 믿었지만), 철이는 (d)를 정당하게 믿지 못했을 것이다. 철이가 (d)를 믿은 것은 안가진 씨가 포드차를 가지고 있다고 생각했기 때문이므로 그가 포드차의 소유자가 아님을 알았다면 (d)에 대한 믿음도 정당화되지 않을 것은 자명하다. 따라서 예 2에서도 (d2)라는 상쇄자가 있으므로 (d)가 철이에게 왜 앎이 되지 못하는지를 (K2)는 설명할 수 있다.

예 3도 예 2에서와 마찬가지로 (d2)가 상쇄자의 조건을 만족시킨다. (d2)가 참이면서, 만일 철이가 (d2)를 받아들인다면, (f), 즉 <자신의 사무실에 포드차를 가지고 있는 사람이 있다>를 믿는 것이 더 이상 정당하지 않을 것이다. 왜냐하면 철이가 (f)를 믿는 이유는 안가진 씨가 포드차를 가지고 있다고 생각하기 때문이다.

예 4에서도 우리는 상쇄자를 찾을 수 있다. 철이는 (g), 즉 <우리 안에 있는 저것은 양이다>라는 것을 근거로 <우리 안에 양이 있다>는

이고 있는 명제만을 상쇄자라고 하면, 이 예에서 (d1)은 상쇄자가 아니게 되므로(영수가 받아들이고 있지 않기에) (K2)는 예 1을 해결할 수 없게 된다.

(h) 명제를 믿은 것이므로, 만일 철이가 보고 있는 동물이 양의 탈을 쓴 늑대라는 것을 믿는다면 철이는 더 이상 (h)를 믿는 것이 정당하지 않게 될 것이다. 그런데 철이가 보고 있는 동물은 양이 아니라 늑대라는 것은 사실이므로 (D1)의 상쇄자 조건을 만족시킨다. 따라서 아래와 같이 (d4)라는 상쇄자가 존재하므로 (K2)는 철이가 왜 (h)를 안다고 할 수 없는지에 대한 설명을 할 수 있다.

(d4) 철이가 보고 있는 것은 양이 아니라 늑대이다.

예 5는 경우가 좀 다르다. 이 예는 게티어 유형의 반례가 아니다. 단순히 (K1)의 문제점을 지적하기 위해서 제공된 것이다. 우리는 이 예에서 (i) 명제인 <철이의 사무실에 근무하는 사람 중 적어도 하나는 포드차를 소유하고 있다>에 대한 근거를 상쇄시킬 상쇄자를 가지고 있지 않다. 물론 (k)의 부정인 <철이의 사무실에서 일하는 안가진 씨는 포드차를 가지고 있지 않다>는 명제는 참이나 설령 철이가 (k)의 부정을 정당하게 믿는다고 하더라도 철이는 여전히 (i)를 정당하게 믿을 수 있다. 왜냐하면 철이는 (i)를 뒷받침할 수 있는 (j)를 증거로 가지고 있기 때문이다. 따라서 (k)의 부정은 참임에도 불구하고 (D1)의 상쇄자 조건을 만족시키지 못한다. 따라서 이 예에서 상쇄자가 존재하지 않고 철이는 (i)를 알고 있으므로 T iff T의 모양을 갖기에 (K2)에 대한 문제점을 제기하지 않는다.

예 6은 게티어 유형의 예이며 다음과 같은 상쇄자가 있다.

(d6) 포드차를 몰고 다녔고, 차 열쇠도 보여주었으며 포드차를 가지고 있다고 철이에게 자랑했던 그 사람은 포드차를 소유하고 있

지 않다.

(d6)을 만족시키는 사람은 안가진 씨이고 실제로 안 씨는 포드차를 가지고 있지 않으므로 (d6)는 참이다. 그리고 만일 철이가 (d6)를 받아들였다면, 철이가 (m), 즉 우리 사무실에 포드차를 소유한 사람이 있다는 명제를 믿는 것은 정당하지 않았을 것이다. 따라서 (d6)도 상쇄자에 해당하므로, (K2)는 (m)에 대한 철이의 믿음이 왜 앎이 아닌지를 설명할 수 있다.

마지막 게티어 유형의 예인 예 7에서, 철이는 자신의 감각적 경험을 근거로 <자신의 앞에 화병이 있다>는 (n) 명제를 받아들인다. 하지만 이 예에서도 우리는 다음과 같은 상쇄자를 발견할 수 있다.

(d7) 철이가 보고 있는 것은 실제 화병이 아니라 레이저 광선에 의한 사진이다.

(d7) 역시 참이며, 철이가 (d7)을 받아들인다면 (n) 명제를 믿는 것이 더 이상 정당하지 않으므로 (d7)도 상쇄자가 되고 따라서 (K2)는 철이가 왜 (n)을 알지 못하는지를 설명할 수 있게 된다.

이제까지 제공된 모든 게티어 반례를 (K2)는 깔끔하게 해결하고 있다. 무상쇄자 접근방식을 게티어 문제에 대한 해결책으로 제시하는 사람들은 게티어의 문제가 발생하는 이유를 '상쇄자가 있음'으로 규정하고 이러한 상쇄자가 없어야 앎이 된다는 입장을 취하고 있는 것이다.

그러면 (K2)는 앎에 대한 올바른 분석일까? 다음의 예는 (D1)을 상쇄자의 정의로 했을 경우, (K2)에도 반례가 있음을 보여준다.

(1) 예 8 – 책을 훔친 민이 I (D1을 상쇄자의 정의로 하는 K2에 대한 반례)[38]

안타깝게도 (D1)을 상쇄자에 대한 정의로 채택했을 때 (K2)는 앎의 정의로 만족스럽지 못하다. 왜냐하면 (D1)을 만족시키는 명제 중에는 상쇄의 역할을 제대로 수행하지 못하는 경우도 있기 때문이다. 다음의 예를 살펴보자.[39]

건국대 교수인 나는 민이가 도서관에서 책 하나를 훔치는 것을 두 눈으로 분명히 확인했다. 민이는 내 수업을 여러 번 들어서 내가 잘 알고 있는 학생이다. 이 사실을 나는 학교 관련 기관에 신고했다. 민이에 대한 징계위원회가 열리던 날, 민이의 어머니가 참석해서 다음과 같은 사실을 울면서 털어놓았다. 민이에게는 일란성 쌍둥이인 돌이가 있는데, 사건 당일 민이는 지방에 내려가 있었고, 돌이가 대신 민이의 학생증을 가지고 도서관에 들어가서 책을 훔치다가 적발되었다고 진술하였다. 나는 징계위원회에 참석하지 않았으므로 어머니의 진술 내용을 알지 못하고 있다. 이 경우, 어머니의 진술 사실은 "민이가 도서관에서 책을 훔쳤다"는 나의 믿음에 대한 상쇄자가 될 것이다. 하지만 사실, 민이의 어머니는 습관성 거짓말쟁이이며 민이에게는 일란성 쌍둥이가 없다. 즉 민이에게 돌이라는 쌍둥이가 있다는 것은 거짓말이며 실제로 책을 훔친 것은 민이이다.

이 예를 다음과 같이 분석해 보자.

P   민이가 도서관에서 책을 훔쳤다.

---

38) 이 예는 (K)에 대한 반례는 아니다.

39) Lehrer and Paxson, *ibid.*, reprinted in Pappas and Swain(1978), p.150.

E   민이가 도서관에서 책을 훔치는 상황에 대한 나의 경험 + 민
      이에 대한 나의 배경 지식

D   민이 어머니가, 민이는 책을 훔치지 않았고 민이에게는 일란
      성 쌍둥이인 돌이가 있으며 돌이가 도서관에서 책을 훔쳤다
      고 울면서 진술하였다.

사실 민이의 어머니는 습관성 거짓말쟁이이며, 책을 훔친 것은 민
      이이다.[40]

나는 E를 근거로 P를 믿었고, E는 P를 정당화시키기에 충분하다. 하지만 D는 (D1)의 두 조건을 만족시킨다. 즉 내가 D를 증거로 가지고 있었다면 나의 믿음 P는 정당하지 않을 것이다. 게다가 D는 참이다. 여기서 주의해야 할 점은 D가 간접화법이라는 사실이다. 즉 D가 참이 되기 위해서는 실제로 민이 어머니가 그와 같은 진술만 하면 되는 것이지 그 진술 내용이 참일 필요는 없다는 것이다. 또 하나의 주의 사항은 D가 상쇄자가 되기 위해서 내가 D를 믿어야 하는 것은 아니라는 점이다.

그러면 P에 대한 나의 믿음은 지식이라고 할 수 있는가? P는 참이며, E는 P를 정당화시키기에 충분하고, 나는 E를 근거로 P를 믿고 있다. 따라서 상식적인 수준에서 고려할 때, P에 대한 나의 믿음은 앎이라고 할 수 있다.[41] 하지만 이 예는 분명히 D라는 상쇄자가 있다.

---

40) 이 사실이 필요한 이유는, 내가 P를 알고 있음을 분명히 하게 하기 위해서이다.

41) 이 예에서, 내가 어머니의 진술 내용을 모르고 있다고 상정한 것은 P에 대한 나의 믿음을 앎이 되게 하기 위해서였다. 만일 내가 어머니의 진술 내용을 들어서 기억하고 있다면 내가 P를 믿는 것에 정당성이 없었을 것이므로 내가 P를 안다고 할 수 없게 될 것이다.

(K2)에 따르면, P에 대한 나의 믿음이 앎이 되기 위해서는 상쇄자가 없어야 하는데 상쇄자가 있으므로 네 번째 조건이 만족되지 않고 따라서 앎이 될 수 없는 것이다. 이 예는 (K2)에 대하여 T iff F가 되므로 반례가 된다.

(2) 예 8의 해결 - (D1)의 수정

우리는 여기서 다음과 같은 질문을 던질 필요가 있다. 게티어 문제의 경우, (d1)부터 (d7)까지는 상쇄자의 역할을 제대로 수행하면서, 예 8에서는 어머니의 진술인 D가 왜 문제만 일으키는 것일까? 레러와 팩슨에 따르면, 두 경우는 다음과 같은 차이점을 가지고 있다. 게티어의 반례에서는 인식 주체인 S가 상쇄자인 (d1)~(d7)을 거짓이라고 믿을 만한 충분한 근거를 가지고 있다. 예를 들어, 영수는 <철수는 그 회사에 고용되지 않을 것이다>라는 (d1)을 거짓으로 여길 만한 증거를 가지고 있다. 왜냐하면 사장이 철수가 고용될 것이라고 말해 주었기 때문이다. 반면에 민이의 예에서 '나'는 D가 거짓이라는 것에 대한 아무런 증거도 가지고 있지 않다. 따라서 어떤 명제가 상쇄자가 되려면 그 상쇄자가 실제로는 참이라 하더라도 그것이 거짓이라고 정당하게 믿을 수 있어야 한다는 조건이 있어야 한다. 이 조건을 첨가하면 게티어 문제에서 "안가진 씨는 포드차를 가지고 있지 않다"는 상쇄자가 되는 반면, 민이의 예에서 D는 상쇄자가 될 수 없게 된다. 그래서 레러와 팩슨은 (D1)을 다음과 같이 수정한다.42)

---

42) *Ibid.*, pp.150-152. 그들이 제시하는 '상쇄자'의 최종 분석은 154쪽에 있지만 이는 사소한 논리적 문제를 해결하기 위해서 수정된 것이고, 앞으로 제기할 (D2)에 대한 문제점은 그들의 최종 분석에도 마찬가지로 적용될 수 있기 때문에 이 자리에서는 최종 분석에 대한 설명을 생략하겠다.

(D2) D가 P에 대한 S의 믿음의 정당성에 대한 상쇄자이기
위한 필요충분조건은,
1) D가 참이고,
2) S는 D가 거짓이라는 명제를 믿는 것에 정당성을 가
지며,
3) 만일 S가 D를 정당하게 믿는다면, P에 대한 S의 믿
음은 더 이상 정당화되지 않는다.

그러면 (d1)부터 (d7)까지, 상쇄자들이 거짓임을 뒷받침하는 증거들
을 나열하면 다음과 같다.[43]

(d1)이 거짓임을 뒷받침하는 충분한 증거
— 철수가 고용될 것이라고 사장이 영수에게 알려준 것

(d2)가 거짓임을 뒷받침하는 충분한 증거
— 안가진 씨가 포드차 모는 것을 보았고, 포드 마크가 있는 차 열쇠
도 보여주었으며 자신이 포드차를 소유하고 있다고 자랑한 사실

(d3) — (d2)와 동일

(d4)가 거짓임을 뒷받침하는 충분한 증거
— 철이가 보고 있는 동물은 양의 모습을 하고 있고 양의 소리도 내
고 있다는 것

___
43) 예 5는 게티어 유형의 예가 아니므로 여기서는 논의를 생략한다.

(d6)이 거짓임을 뒷받침하는 충분한 증거

— 우리 사무실에 있는 안가진 씨가 포드차 모는 것을 보았고, 포드 마크가 있는 차 열쇠도 보여주었으며 자신이 포드차를 소유하고 있다고 자랑한 사실

(d7)이 거짓임을 뒷받침하는 충분한 증거

— 내 앞에 지금 화병이 있는 것 같은 경험

이와 같이, 게티어 문제를 해결하기 위해서 등장한 상쇄자는 모두 그것을 거짓으로 믿을 만한 충분한 근거가 있는 경우인 반면, 책을 훔친 민이의 경우에는 D를 거짓으로 할 만한 아무런 근거도 없었으므로 상쇄자의 정의를 (D1)에서 (D2)로 수정하면 이제까지의 문제점들을 해결할 수 있다.

(3) 예 9 — 책을 훔친 민이 II (D2를 상쇄자의 정의로 하는 K2에 대한 반례)[44)

하지만 위 민이의 예를 약간 수정하면, (D2)와 (K2)를 결합시켜도 앎에 대한 필요충분조건으로 부족함을 알 수 있다.[45) 민이의 예에서 다음의 사실을 첨가하기로 하자. 얼마 전 민이의 지도교수인 도민철 박사가 나에게 민이의 신상에 대하여 이야기한 적이 있었다. 도 박사

---

44) 이 예 역시 (K)에 대한 반례는 아니다.

45) 이 예는 Bredo Johnson에 의해서 최초로 제시되었고, 이를 Robert Shope이 인용하고 있다(Bredo Johnson, "Knowledge", *Philosophical Studies* 25, 1974, p.275; Robert Shope, *The Analysis of Knowing*, Princeton Univ. Press, 1983, pp.52-53).

에 따르면 민이의 어머니는 최근에 돌아가셨으며 이로 인해 민이가 충격을 받았다는 것이다. 민이의 어머니가 돌아가셨다는 것을 내가 안다면, 나는 이제 D가 거짓이라고 믿을 만한 충분한 근거를 가지고 있으므로 (D2)의 두 번째 조건을 만족시킨다.

그렇다면 첫째 조건, 즉 상쇄자는 참이어야 한다는 조건을 어떻게 처리할 것인가? 민이의 어머니가 돌아가셨다면 그의 어머니가 증언을 했다는 것이 어떻게 참일 수 있겠는가? 이를 해결하기 위해서 한 가지 사실을 더 첨가하도록 하자. 사실 도 박사가 돌아가셨다고 알고 있는 어머니는 민이의 양어머니이며 징계위원회에서 증언한 사람은 민이의 친어머니이다. 그렇다면 D는 여전히 참이 된다. 그리고 도 박사나 나는 민이에게 친어머니와 양어머니가 있다는 사실을 모르기에 내가 가지고 있는 근거는 D가 거짓이라고 믿는 것을 정당하게 해준다.[46]

내용을 정리하면,

P   민이가 도서관에서 책을 훔쳤다.

E   민이가 도서관에서 책을 훔치는 상황에 대한 나의 경험 +
       민이에 대한 나의 배경 지식(민이의 어머니가 돌아가셨다는
       것을 포함)

D   민이 어머니가, 민이는 책을 훔치지 않았고 민이에게는 일란

---

46) 이러한 설명은 내가 실제로 D를 믿고 있지 않아도 D에 대해서 정당화될 수 있음을 전제로 하고 있다. 하지만 모든 인식론자들이 이러한 전제를 받아들이는 것은 아니다. 예를 들어, 신빙론자의 경우에는 어떤 믿음 형성 과정을 통해서 그 믿음을 형성하였는가가 그 사람의 인식적 정당성 여부를 결정하는 데 중요한 역할을 하므로 믿지 않는 상태에서 정당성을 논의하기가 어렵다는 입장을 취할 것이다. 이에 대한 논의는 제3장 인식적 정당성에 대한 이론을 설명할 때 자세히 하도록 하겠다.

성 쌍둥이인 돌이가 있으며 돌이가 도서관에서 책을 훔쳤다고 울면서 진술하였다.

사실 1 민이의 어머니는 습관성 거짓말쟁이이며, 책을 훔친 것은 민이이다.

사실 2 민이에게는 양어머니와 친어머니가 있었으며, 돌아가신 어머니는 양어머니이고 징계위원회에서 진술한 어머니는 친어머니이다.

이러한 상황에서 D는 (D2)의 세 조건을 모두 만족시키고 있다. 먼저 D는 사실 2에 의해서 참이다. 즉, 학교에 와서 진술을 한 어머니는 친어머니이다. 따라서 (D2)의 1)번 조건을 만족시킨다. 둘째로, '나'는 D가 거짓이라고 믿을 만한 충분한 근거를 가지고 있다. 왜냐하면 나는 민이 어머니가 돌아가셨다는 사실을 알고 있기 때문이다. 마지막으로, 만일 내가 D를 정당하게 믿었다면 P를 믿는 것이 내게 더 이상 정당하지 않을 것이다. 즉, 내가 돌아가셨다고 알고 있는 어머니는 양어머니이고 친어머니가 학교에 오셔서 D와 관련된 내용의 진술을 했다면 나는 더 이상 정당하게 P를 믿을 수 없을 것이다. 따라서 (D2)의 3)번 조건도 만족시키게 된다.

앞의 예에서와 마찬가지로 나는 D에 대해서 모르고 있다고 가정하자. 그렇다면 P에 대한 나의 믿음은 지식이라고 할 수 있지만 D는 (D2)의 모든 조건을 만족시키므로 (K2)의 네 번째 조건이 만족되지 않고 따라서 (K2)에 따르면, P에 대한 나의 믿음은 지식이 아니게 되는 것이다. 이 예 역시 앎이면서 상쇄자가 있으므로, T iff F가 되어, (K2) 역시 앎에 대한 분석으로 받아들여질 수 없게 된다.

무상쇄자 접근방식은 거짓 접근방식의 기본적인 내용을 수용하면서 거짓 접근방식이 지니고 있는 문제까지 해결하고 있는 매우 희망적인 해결책이었다. 하지만 상쇄자의 개념이 앎의 핵심적인 내용을 건드리는 듯하면서도 위와 같이 필요 이상의 상쇄자가 있음을 발견하게 되었다. 상쇄자가 많아진다는 것은 (K2)에 따르면 그만큼 우리가 아는 것이 적어진다는 뜻이다. 이를 다른 각도에서 말하면, 우리가 실제로 아는 명제도 잘 찾아보면 상쇄자가 있다는 것이다. 민이의 경우에서 보듯이, 내가 두 눈으로 똑똑히 경험한 내용인 <민이가 도서관에서 책을 훔쳤다>는 단순한 내용도 예상치 않은 상쇄자가 있음을 발견하게 된다. 그러면 나는 내가 분명히 경험한 내용에 대해서도 알지 못하게 되는, 받아들이기 힘든 결과가 나오게 되는 것이다. 따라서 무상쇄자 접근방식도 게티어의 문제를 완전히 해결하지는 못하고 있다는 결론을 내릴 수 있다.

3) 인과적 접근방식

게티어 문제를 진단하는 다른 하나의 방법은, 예 1, 예 2, 예 3, 예 4, 예 6 그리고 예 7[47]에서 P에 해당하는 명제, 즉 (b), (d), (f), (h), (m) 그리고 (n) 명제들을 참으로 만드는 경로와 이들 명제들을 믿게 되는 계기가 다르다는 것에 주목하는 것이다. 이러한 접근방식을 택한 대표적인 사람이 바로 골드만이다.[48] 그럼 각각의 예를 좀 더 구체적으로 살펴보기로 하자.

---

47) 예 5, 예 8 그리고 예 9는 게티어 유형의 반례가 아니므로 제외한다.

48) Alvin Goldman, "A Causal Theory of Knowing", *The Journal of Philosophy* 64, 1967. Reprinted in *Essays on Knowledge and Justification*, ed. by George Pappas and Marshall Swain, Cornell Univ. Press, 1978, p.77. 앞으로 인용되는 쪽수는 Pappas와 Swain의 책이다.

위와 같은 진단에 따르면, 예 1에서 (b), 즉 <그 회사에 고용될 사람의 주머니에는 동전이 10개 있다>는 명제는 그것을 참으로 하는 경로와 그 명제를 믿게 되는 경로가 다르다는 것이다. (b)를 참으로 하는 사실은 영수 때문이며, 영수가 (b)를 믿게 되는 것은 철수 때문이다.

마찬가지로, 예 2에서 (d) 명제, 즉 <안가진 씨는 포드차를 가지고 있거나 또는 방낭자는 지금 바르셀로나에 있다>가 정당화된 참 믿음이면서 지식이 되지 못하는 이유는 이것이다. 그 명제는 방낭자가 지금 바르셀로나에 있기 때문에 참이다. 하지만 철이가 위 명제를 믿는 이유는 그가 "안가진 씨는 포드차를 가지고 있다"를 믿고 있기 때문이다. 그렇다면 (d)를 참으로 만드는 사실 때문에 철이가 (d)를 믿는 것은 아니다.

예 3에서도, (f) 명제, <철이의 사무실에는 포드차를 가지고 있는 사람이 있다>를 참으로 하는 사람은 차소유 씨인 반면, 철이가 이 명제를 믿게 하는 것은 안가진 씨이다. 여기서도 역시, (f)를 참으로 하는 사실 때문에 철이가 (f)를 믿는 것은 아니다.

예 4에서도, (h) 명제, 즉 <우리 안에 양이 있다>는 철이가 볼 수 없는 우리 한 구석의 양 때문에 참이 되지만 철이가 이 명제를 믿게 하는 것은 양의 탈을 쓴 늑대이다. 예 6도 예 3에서와 마찬가지로 (m)을 참으로 만드는 사실은 차소유 씨이지만 이를 믿게 되는 것은 포드차를 소유하고 있다고 자랑한 사람 때문이다. 마지막으로, 예 7에서도 (n)을 참으로 하는 것은 실제 화병이지만 철이가 (n)을 믿게 되는 것은 레이저 광선에 의해서 보인 레이저 화병 사진 때문이었다.

인과적 접근방식에 따르면, 어떤 명제를 믿는 것이 지식이 되기 위해서는 그 명제를 참으로 만드는 사실 때문에 그 명제를 믿어야 할 것이다. 하지만 위에서 제시된 게티어 반례들은 모두 해당 명제를 참으로 만드는 사실과 그 명제를 믿게 되는 계기가 괴리되어 있음을 확인하였다. 이런 점을 고려하여 앎의 필요충분조건을 다음과 같이 제시할 수 있다.

> (K3) 어떤 사람 S가 명제 P를 알기 위한 필요충분조건은,
> 1) P가 참이고,
> 2) S가 P를 믿으며,
> 3) P를 참으로 만드는 사실이 인과적으로 S로 하여금 P를 믿게 한다.

(K3)은 위의 게티어 문제들을 해결한다. 위에서 검토한 예들은 모두 P를 참으로 만드는 사실이 S로 하여금 그 명제를 믿게 한 것이 아니라 다른 이유로 그 믿음을 갖게 된 경우들이었다. 위의 여러 예 중에서 하나의 예만 든다면, 예 2에서 (d)를 사실로 만드는 것은 낭자가 바르셀로나에 있기 때문인데 이 사실은 철이가 (d)를 믿는 것에 아무런 인과적 역할을 하고 있지 않다. 그렇다면 (K3)의 셋째 조건이 만족되지 못하므로 (d)에 대한 철이의 믿음은 지식이 될 수 없다는 것이 인과적 접근방식의 설명이다.

(K3)은 게티어 유형의 반례가 아닌, 예 5, 예 8 그리고 예 9에서도 별 문제가 발생하지 않는다. 예 5에서 <철이의 사무실에 근무하는 사람 중 적어도 하나는 포드차를 소유하고 있다>는 (i) 명제를, 철이는 그것을 참으로 하는 사람으로부터 믿음을 형성한 것이다. 그 사람은 바로 차소유 씨이며 그가 포드차를 가지고 있다는 사실로부터 (i)를 믿었기 때문에 (K3)의 3)번 조건을 만족시키므로 T iff T가 되어 (K3)에

대한 반례가 되지 않는다.

예 8과 예 9에서도 <민이가 도서관에서 책을 훔쳤다>는 P 명제를 내가 믿게 된 계기는 실제로 민이가 도서관에서 책을 훔치는 광경을 목격한 것이므로 P를 참으로 만드는 사실이 나로 하여금 그 명제를 믿게 한 것이 된다. 따라서 이 경우도 내가 P를 알면서 (K3)의 모든 조건을 만족시키기에 T iff T의 형태로 (K3)에 대하여 아무런 문제점을 제공하지 않는다. 하지만 (K3)도 문제가 없는 것은 아니다. 지금부터는 (K3)의 문제점과 이에 대한 수정을 다루어 보도록 하겠다.

(1) 예 10 — 굴뚝의 연기 (K3에 대한 반례)

우리가 안다고 생각하는 것들 중에는 (K3)의 셋째 조건이 요구하는 것처럼 사실과 믿음 사이에 직접적인 인과관계를 가지지 않는 경우도 있다. 다음의 경우를 살펴보도록 하자.49)

철이는 양평에 있는 오두막 별장에서 벽난로를 때면서 휴가를 즐기고 있다. 별장 밖은 강풍이 부는 날씨이지만 별장 안은 벽난로의 훈기로 안락한 느낌을 가질 수 있었다. 철이는 추위 때문에 별장 밖으로 나갈 엄두도 나지 않았지만, 활활 타고 있는 벽난로를 바라보며 별장의 굴뚝에는 연기가 모락모락 나고 있으리라고 믿고 있다.

이 예에서, 철이는 <굴뚝에 연기가 난다>는 명제를 믿고 있다. 이 명제를 참으로 만드는 사실은 별장의 굴뚝에 실제로 모락모락 나고 있는 연기이다. 하지만 철이는 지금 실제로 나고 있는 굴뚝의 연기를 보면서 이 명제를 믿은 것이 아니다. 철이는 벽난로를 보면서 이것을 믿고 있는 것이다. 그렇다면 철이의 믿음은 (K3)의 3)번 조건을 만족시

---

49) Alvin Goldman, *ibid.*, reprinted in Pappas and Swain(1978), pp.77-78.

키지 못한다. 왜냐하면 이 명제를 참으로 하는 사실, 즉 굴뚝에서의 연기 때문에 철이가 이 명제를 믿는 것이 아니기 때문이다. 따라서 (K3) 도 앎의 올바른 분석이 될 수는 없다.

(2) 예 10의 해결

인과적 접근방식을 주장한 골드만은 이러한 문제점을 이미 인식하고 있었다. 그는 이러한 문제를 해결하기 위하여 (K3)를 다음과 같이 수정하기를 제안한다.[50]

> (K3*) 어떤 사람 S가 명제 P를 알기 위한 필요충분조건은,
>   1) P가 참이고,
>   2) S가 P를 믿으며,
>   3) 사실 P가 P에 대한 S의 믿음과 **적절한 방식으로** 인과적 연결이 되어 있다.

골드만에 따르면, 위의 경우에서 <굴뚝에 연기가 난다>는 명제를 참으로 하는 사실과 이 명제에 대한 철이의 믿음 사이에 **직접적인 인과적 관계**는 없지만 **적절한 인과적 연결**은 되어 있다는 것이다.[51] 여기서 말하는 적절한 인과적 관계는 굴뚝에 연기가 나는 사실과 <굴뚝에 연기가 난다>는 명제를 철이가 믿고 있는 사실 사이에는 **공통적인 원인**이 있다는 것이다. 즉, 벽난로가 타고 있다는 사실이 굴뚝의 연기에

---

50) *Ibid.*, p.82.
51) '적절한 방식의 인과적 연결'에 대해서는 *ibid.*, pp.68-82를 참고할 것.

대한 원인이 되기도 하고, <굴뚝에 연기가 난다>는 철이의 믿음에 대한 원인이기도 하다는 것이다. 이와 같이, 굴뚝에 연기가 난다는 사실과 이에 대한 믿음 사이에 공통의 원인이 존재하면, 이 사실과 믿음은 '적절한 방식으로' 인과적 연결이 되어 있다는 것이 바로 골드만의 설명이다. 이와 같이, (K3)의 세 번째 조건을 수정하여 위의 문제점은 해결할 수 있다.

(3) 예 11 – 쌍둥이 형제 (K3*에 대한 반례)

하지만 인과적 접근방식에는 다른 문제들이 남아 있다. 다음의 예를 살펴보자.[52] 민이와 돌이는 일란성 쌍둥이로 철이는 이 두 사람을 구별할 줄 모른다. 하지만 철이가 이 두 사람 중 하나가 멀리서 지나가는 것을 보고, "나는 민이를 우연히 보았다"는 믿음을 형성하였다. 물론, 철이는 그 사람이 민이였는지 돌이였는지를 분간해서 이 믿음을 형성한 것도 아니었고, 그 사람과의 대화를 통해서 민이라는 것을 안 것도 아니었다. 그냥 별 생각 없이 둘 중 하나일 것이라는 정도의 생각으로 50%의 확률로 믿어 버린 것이다. 그런데 그 사람은 실제로 민이였다. 이 경우, (K*)의 세 가지 조건은 모두 만족된다. 철이는 실제로 민이를 우연히 보았으며, 그렇게 믿고 있고, 그 믿음은 사실로부터 직접적으로 야기되었다. 즉 실제의 민이로부터 그 믿음을 갖게 되었다는 것이다. 하지만 이 상황에서 철이가 "나는 민이를 우연히 보았다"라는 것을 알고 있다고 말하기는 곤란하다.[53] 만일 돌이가 거기를 지나간 상황이라

---

52) Richard Feldman, *Epistemology*, Prentice Hall, 2003, pp.85-86.
53) 혹, 50% 정도의 확률이면 아는 것이라고 인정해야 한다는 주장을 하는 사람이 있다면, 민이와 돌이가 쌍둥이가 아니라, 민이, 돌이 그리고 훈이가 세쌍둥이라고 예를 바꾸어서 동일한 주장을 할 수 있다.

도 "나는 민이를 우연히 보았다"라고 여전히 믿었을 것이기 때문이다.54) 그러면 철이가 "나는 민이를 우연히 보았다"라는 것을 알지 못하면서 (K3*)의 모든 조건을 만족시키고 있으므로 F iff T가 되어, 이 예는 (K3*)에 대한 반례가 된다.

(4) 예 11의 해결

이러한 문제가 생기는 원인은 인과적 접근방식에서 (K)에 네 번째 조건을 첨가하는 대신, 인식적 정당성 조건 자리에 인과적 연결을 대체했기 때문이다. 하지만 위의 반례에서 보는 것같이 인식적 정당성을 앎의 필요조건에서 제외하면 바로 문제가 생긴다는 것을 확인하였다. 그렇다면 게티어 문제를 해결하기 위해서 인과적 연결을 하나의 조건으로 추가한다고 하더라도 인식적 정당성 조건은 버릴 수 없다는 것이 자명하다. 따라서 (K3*)에 인식적 정당성 조건을 첨가하도록 하자.

> (K3**) 어떤 사람 S가 명제 P를 알기 위한 필요충분조건은,
> 1) P가 참이고,
> 2) S가 P를 믿으며,
> 3) S가 P를 믿는 것에 인식적 정당성을 가지면서
> 4) 사실 P가, P에 대한 S의 믿음과 **적절한 방식으로** 인과적 연결이 되어 있다.

---

54) 이 아이디어에 주목할 필요가 있다. 즉, 비슷한 상황에서 그 명제가 거짓이었더라도 여전히 철이는 그 믿음을 형성했을 것이라는 점이다. 이것이 바로 다음에 다루게 될, '신빙성 있는 지표 접근방식'의 핵심 내용이다.

(K3**)에 따르면, 철이가 "나는 민이를 우연히 보았다"는 것을 알지 못함을 쉽게 설명할 수 있다. 왜냐하면 철이는 그 믿음에 대한 정당성이 결여되어 있기 때문이다. 철이는 민이와 돌이를 구분하지 못하므로, 시야에 들어오는 민이의 모습만으로는 저 사람이 민이라는 것을 믿을 만한 근거가 충분하지 못하다. 따라서 (K3**)에 따르면, 위의 예는 F iff F(3번 조건이 만족되지 못해서)가 되기에 반례가 되지 못한다.

(5) (K3**)에 대한 반례 – 보편명제의 문제

하지만 (K3**)는 다른 종류의 문제점을 가지고 있다. 그것은 바로 "모든 사람은 죽는다"와 같은 보편 양화된 명제가 지식이 될 수 없다는 것이다. 왜냐하면 보편적 사실과 이에 대한 믿음 사이에 적절한 인과적 연결이 있다고 보기는 어렵기 때문이다. 우리가 "모든 사람은 죽는다"는 명제를 믿는 원인은 모든 사람이 죽는다는 사실이 아니라 영이도 죽고 철이도 죽는 등의 개별적 사실을 귀납적으로 종합한 것이다. 이에 대하여 골드만은 귀납 논리를 포함하여 논리적으로 연결된 것도 인과적 연결로 보자고 제안한다.55) 예를 들어, "모든 사람은 죽는다"의 경우, 이는 개별적 예인 "영이는 죽는다", "철이는 죽는다", "돌이는 죽는다" 등과 논리적으로 연결되어 있으므로 개별적 사실은 보편 양화된 명제에 대한 믿음의 원인이 되고, 보편적 사실 또한 개별적 사실에 대한 믿음의 원인이 된다는 것이다. 하지만 이러한 제안은 받아들이기 어렵다. 개별적 사실이 보편 양화된 명제에 대한 믿음의 원인이 되기 위해서는 개별적 사실과 보편적 사실 사이에 인과적 관계가 성립해야 하는데 이들의 관계는 단순한 논리적 관계이지 인과적 관계는 아니기

---

55) Alvin Goldman, *ibid.*, reprinted in Pappas and Swain(1978), pp.81-82.

때문이다. 다시 말해서 모든 사람이 죽는다는 사실이 영이가 죽는 원인은 아니며(영이가 죽는 원인은 병이나 사고 등일 것임) 마찬가지로 개별적 사람의 사망이 모든 사람의 사망에 대한 원인은 아니라는 것이다. 이런 면에서 논리적인 연결도 인과적 관계로 인정하자는 골드만의 제안은 인과관계를 지나치게 확대 해석하여 인과관계가 아닌 것을 억지로 인과관계의 범주 내에 포함시키려는 시도라는 비판을 받고 있다.

지금까지의 논의로 볼 때, 인과적 접근방식 역시 예 1부터 예 7을 해결하는 데에는 성공적이었지만, 그 자체로 흠이 없는 앎의 분석이 되지 못하다는 것은 분명하다. 게다가 앎의 세 번째 필요조건인 '인식적 정당성'을 제외하고 앎을 분석하려는 시도는 위에서 제시된 반례에 의해서 부정되었다. 따라서 인과적 접근방식도 게티어의 문제를 해결하고 앎에 대한 완벽한 분석을 제공하는 것에는 실패했다고 여겨진다.

4) 신빙성 있는 지표 접근방식

인과적 접근방식은 사실과 믿음 사이에 일정한 관계가 성립해야 지식이 될 수 있다는 암시를 주었다. 인과적 접근방식이 앎에 대한 완전한 분석을 제공하는 데에는 실패했으므로, 앎의 필요조건을 설명함에 있어서 사실과 믿음 사이의 인과적 관계로는 충분치 못하지만 적어도 이들 사이에 일정한 관계는 성립해야 앎이 될 수 있다는 생각은 여전히 유지될 수 있다. 그러면 앎이 되기 위한 사실과 믿음의 관계가 인과적 관계는 아니라면, 과연 어떤 관계여야 할까?

이와 유사한 상황을 우리는 온도와 온도계의 관계에서 발견할 수 있다. 실제 온도는 온도계로 하여금 특정 온도를 가리키게 하는 원인이 된다. 이를 온도계의 입장에서 바라보면, 사실에 대한 신빙성 있는 지표라고 할 수 있다. 즉, 온도가 상승할 때 온도계의 눈금이 올라가고, 온도가 내려갈 때 눈금이 내려간다면, 온도계의 눈금은 사실을 제대로 반영하고 있다고 판단할 수 있다.

마찬가지로, P가 사실일 때 P라는 믿음이 형성되고, P가 사실이 아닐 때 P라는 믿음이 형성되지 않는다면 사실 P와 믿음 P는 일정한 대응관계에 있다고 할 수 있으며, P를 믿는 것이 P가 사실이라는 것에 대한 신빙성 있는 지표가 된다고 할 수 있다. 뒤집어서 설명하면 다음과 같다. P가 사실이 아님에도 불구하고 P를 믿고 있다면, P를 믿게 하는 근거는 사실 P가 아니라 사실 P가 제공하는 것과 유사한 어떤 근거가 될 것이다. 사실 P가 제공하는 근거를 E1이라 하고 유사한 근거를 E2라고 할 때, P가 거짓임에도 불구하고 E2에 의해서 P를 믿는 경우가 생길 수 있다. 이와 같이, E2에 의해서 P를 믿는 경우에도 우연적으로 P가 참일 수 있다는 것이다. 이러한 경우, 게티어의 문제가 발생한다.

따라서 게티어 문제를 해결하는 방법은 믿음 P가 사실 P에 대한 신빙성 있는 지표가 되기를 요구하는 것이다. 다시 말해, P가 거짓이라고 가정했을 때 S는 P를 믿지 않아야 한다는 것이다. 이러한 방식의 해결 시도를 '신빙성 있는 지표 접근방식'이라고 한다.56) 이러한 입장에서 제시하는 앎의 필요충분조건은 다음과 같다.57)

---

56) 인과적 접근방식과 마찬가지로, 신빙성 있는 지표 접근방식을 채택한 사람들은 인식적 정당성 조건을 앎의 필요조건으로 인정하지 않는다.

57) 세부적인 내용에서는 다소의 차이가 있지만, 이러한 입장을 취하는 사람으로 Armstrong, Dretske, Nozick, Goldman 등을 들 수 있다(David Armstrong, *Belief, Truth and Knowledge*, Cambridge Univ. Press, 1973, 특히 pp.166-169; Fred Dretske, "Conclusive Reasons", *Australasian Journal of Philosophy* 49, 1971. Reprinted in *Essays on Knowledge and Justification*, ed.

(K4) 어떤 사람 S가 명제 P를 알기 위한 필요충분조건은,

    1) P가 참이고,

    2) S가 P를 믿으며,

    3) 만일 P가 거짓이라면, S는 P를 믿지 않을 것이다.[58]

여기서 우리가 주의해야 하는 것은 (K4)의 셋째 조건에서 등장하는 조건문이 **실질적 조건문**(material conditional)이 아니라 **반사실적 조건문**(counterfactual conditional)이라는 것이다. 이를 이해하기 위해서 다음의 조건문들을 살펴보자.

a) 만일 철이가 지각한다면, 그는 반성문을 쓸 것이다.

b) 만일 철이가 총각이라면, 그는 남자이다.

c) 만일 철이가 호랑이라면, 그는 다리가 네 개일 것이다.

a)는 일반적인 조건문으로 '실질적 조건문'이라고 하며, 이러한 조건문은 "만일 P라면 Q이다"[59]의 형식에서 P가 참이고, Q가 거짓인 경우

---

    by Pappas and Swain, Cornell Univ. Press, 1978; Robert Nozick, *Philosophical Explanation*, Harvard Univ. Press, 1981, pp.172-185; Alvin Goldman, "Discrimination and Perceptual Knowledge", *The Journal of Philosophy* 20, 1976. Reprinted in Pappas and Swain(1978)).

58) 노직의 경우에는 3)번 조건이 단순히 "만일 P가 거짓이라면 S는 P를 믿지 않을 것이다"에 그치지 않고, 이 조건에 "만일 P가 참이라면 S가 P를 믿는다"는 조건도 첨가해야 한다고 주장한다. 이에 대한 논의는 Nozick(1981), pp.176-177을 참고할 수 있다.

59) 이런 조건문에서 P를 전건(antecedent)이라 하고, Q를 후건(consequent)이라고 부른다.

에만 이 조건문이 거짓이고 나머지 경우에는 모두 참이 된다. 이것이 우리가 가장 일상적으로 사용하는 조건문이다.

b)는 '필연적 조건문'으로 '총각'이란 개념이 '남자'라는 개념을 포함하고 있으므로 이런 조건문은 P가 참이면서, Q가 거짓일 수 없게 된다. 이러한 조건문과 실질적 조건문의 차이는 다음과 같다. 실질적 조건문이 실제로 참이라도 그것이 거짓인 경우를 상상할 수 있다. 예를 들어, 철이가 실제로 지각해서 반성문을 쓴 경우 a)의 진리값은 참이지만, 철이가 지각을 하더라도 반성문을 안 쓰는 경우를 **상상할 수** 있다. 하지만 철이가 총각이면서 동시에 남자가 아닌 경우는 상상조차 할 수 없다. 따라서 a)와 b)의 진리치가 실제로는 둘 다 참이지만, a)는 거짓일 가능성이 있는 반면 b)는 거짓이 될 가능성이 전혀 없다는 점에서 차이가 있다.

c)는 P에 해당하는 전건 부분이 명시적으로 거짓이다. 실질적 조건문에서, 전건이 거짓이면 조건문 전체는 참이라고 했으나[60] c)는 전건이 거짓이라고 해서 조건문 전체를 참이라고 말하는 것은 무리가 있다. 만일 c*)를 "만일 철이가 호랑이라면, 그의 다리가 하나일 것이다"라고 할 경우, 우리의 직관에 따르면 c)는 참이지만 c*)는 거짓을 말하기 때문이다. 따라서 c)나 c*)와 같은 조건문은 전건이 거짓이라고 하여 조건문 전체가 참이라고 말하는 것은 곤란하다. 이와 같은 조건문을 우리는 '반사실적 조건문(counterfactual conditional)'이라고 부른다.

그러면 (K4)의 3)번 조건인 "만일 P가 거짓이라면, S는 P를 믿지 않을 것이다"는 왜 필연적 조건문이나 실질적 조건문이 아니라 반사실적 조건문이라는 것일까? 먼저 이 조건문이 필연적 조건문이 아닌 것은

---

60) 전건이 참이고 후건이 거짓인 경우에만 실질적 조건문은 거짓이 되기 때문이다.

비교적 쉽게 이해할 수 있다. 필연적 조건문은 전건과 후건 사이에 개념적 관계나 논리적 관계에 의해서 이루어져야 하는데 3)번 조건은 이러한 관계에 있지 않다. 따라서 P가 거짓이더라도 S가 P를 믿는 경우를 우리는 쉽게 상상할 수 있다. 예 1에서 (b) 명제 <그 회사에 고용될 사람의 주머니에는 동전이 10개가 있다>가 거짓이지만, 우리는 영수가 (b)를 믿는 경우를 생각할 수 있는 것이다. 예를 들어, 영수의 주머니에 동전이 9개만 있었다고 가정하자. 이 경우, (b)는 거짓이지만, 영수는 게티어의 반례에서 소개되었던 것처럼 철수 때문에 (b)를 믿을 수 있다. 따라서 이 조건문은 필연적 조건문이 아니다.

그렇다면 (K4)의 3)번 조건은 왜 실질적 조건문이 아니라는 것일까? (K4)의 1)번 조건이 명제 P는 참이라는 것이므로, 이 조건을 만족시키면 P는 현실 세계에서 참이다. (K4)의 3)번 조건을 실질적 조건문으로 해석하면 P가 실제로 참인 경우, 전건이 거짓이 되어서 조건문 전체가 참이 된다. 그러면 첫째 조건을 만족시키는 경우 셋째 조건도 자동적으로 만족시키게 되므로 셋째 조건을 실질적 조건문으로 해석하면 이 조건은 무의미해진다. 즉 이 조건문이 실질적 조건문이라면, P가 참이라는 첫째 조건이 논리적으로 셋째 조건을 함축하게 되므로 1)번 조건이 만족되면 3)번 조건도 자동적으로 만족이 된다는 것이다. 그렇다면 굳이 3)번 조건을 첨가할 이유가 없게 되는 것이다. 따라서 (K4)의 3)번 조건을 실질적 조건문으로 이해하면 곤란하게 되는 것이다.

(K4)의 셋째 조건을 반사실적 조건문으로 이해한다는 것은 다음과 같은 의미를 지닌다. P가 실제로 참일 경우, P가 거짓이면서 **실제 세계와 가장 가까운 세계를 상상**하고 그 세계에서 S가 P를 믿는가를 검토해서 믿지 않으면 참이고 믿으면 거짓이라는 것이다. 'P가 거짓이면서 실제 세계와 가장 가까운 세계'란, P를 거짓으로 만들기 위해서 실

제 세계에서 변경시켜야 하는 부분을 최소화한 세계를 말한다. 예를 들어 설명해 보자. "서울에서 대구의 거리가 서울에서 대전의 거리보다 더 가깝다"는 명제는 실제 세계에서는 물론 거짓이다. 그러면 이 명제가 참인 세계를 상상해 보자. 하나의 가능한 상상은 대전이 부산 정도에 위치한 세계이다. 다른 하나는 서울을 뉴욕 위치에 놓고 대구를 보스턴, 대전을 LA에 있다고 상상하는 것이다. 두 상상의 세계에서 모두 위 명제는 참이다. 하지만 이 두 상상 중에는 전자가 훨씬 더 현실 세계에 가깝다. 왜냐하면 전자는 현실 세계에서 대전의 위치만 바뀐 반면 후자는 서울, 대전, 대구의 위치가 모두 미국에 있는 도시로 바뀌었기 때문이다.

그러면 (K4)가 기존의 게티어 문제들을 어떻게 해결할 수 있는지를 살펴보도록 하자. 예 1에서 (b) 명제는 <그 회사에 고용될 사람의 주머니에는 동전이 10개가 있다>이고 이는 영수가 회사에 고용될 사람이며 그의 주머니에 실제로 동전이 10개가 있으므로 참이다. 하지만 (b)가 만일 거짓이었다고 하더라도, 즉 영수의 주머니에 동전이 10개가 있지 않았다 하더라도, 영수는 (b)를 여전히 믿을 것이다. 왜냐하면 영수가 (b)를 믿게 된 계기는 영수 자신 때문이 아니라 철수가 고용될 것이며 철수의 주머니에 동전이 10개 있음을 이미 확인했기 때문이다. (K4)의 아이디어에 따르면, (b)가 참일 때 (b)를 믿고, (b)가 참이 아니면 (b)를 믿지 않는 상황이어야 영수가 (b)를 안다고 할 수 있을 텐데 (b)가 참이거나 거짓이거나 상관없이 영수는 (b)를 믿을 것이기에 믿음 (b)는 사실에 대한 신빙성 있는 지표가 안 되는 것이다.

예 2에서도 마찬가지이다. 명제 (d), 즉 <안가진 씨는 포드차를 가지고 있거나 또는 방낭자는 지금 바르셀로나에 있다>에 대한 철이의 믿음이 지식이 되기 위해서는 (d)에 대한 믿음이 (d)가 사실이라는 것에 대한 신빙성 있는 지표가 되어야 한다. 다시 말해서 (d)에 대한 철이의 믿음이 지식이 되기 위해서, (d)가 거짓이라면 철이는 이를 믿지 않아야 한다. (d)가 거짓이라고 가정하는 방법은 낭자가 지금 바르셀로나에 있지 않다는 것을 상상하는 것인데 설령 낭자가 지금 런던에 있다고 하더라도 철이는 여전히 (d)를 믿을 것이다. 왜냐하면 철이가 (d)를 믿게 되는 동기는 낭자의 행방 때문이 아니라 안가진 씨가 포드차를 가지고 있다고 믿고 있기 때문이다. 그렇다면 (d)가 거짓이라도 철이는 (d)를 믿을 것이므로, (d)에 대한 철이의 믿음은 지식이 될 수 없다는 것이다. 이 역시 (K4)의 3)번 조건을 어기고 있기에 (d)가 앎이 될 수 없음을 설명할 수 있다.

예 3에서 (f) 명제, <철이의 사무실에는 포드차를 가지고 있는 사람이 있다>가 거짓이라고 가정하더라도 철이는 여전히 (f)를 믿을 것이다. (f)를 거짓으로 만드는 방법은 차소유 씨가 포드차를 가지고 있지 않다고 가정하는 것인데 그래도 철이는 안가진 씨가 포드차를 소유하고 있다고 여길 것이기에 (f)를 믿고 있을 것이다. 따라서 철이는 (f)를 모르면서 (K4)의 3)번 조건이 만족되지 않고 있으므로 F iff F가 되어 게티어 반례를 해결할 수 있다.

그리고 예 4, 예 6 그리고 예 7에서도 동일한 결과를 얻게 된다. <우리 안에 양이 있다>는 명제 (h)나, <우리 사무실에는 포드차를 소유한 사람이 있다>는 명제 (m), 그리고 <철이 앞에는 화병이 있다>는 명제 (n)이 각각 거짓이었다 하더라도 철이는 이들 명제를 믿었을 것이다. 왜냐하면 철이가 이들 명제를 믿는 이유는 사실과 무관하기 때문이다.[61]

---

61) 철이가 (h)를 믿는 것은 실제 양 때문이 아니라, 양의 탈을 쓴 늑대 때문이며, (m)을 믿는 것도 차소유 씨 때문이 아니라 철이에게 포드차를 소유하고

게티어 유형의 반례가 아닌 예들도 살펴보기로 하자. 예 5에서 <철이의 사무실에 근무하는 사람 중 적어도 하나는 포드차를 소유하고 있다>는 명제 (i)를 거짓으로 가정한다면, 안가진 씨뿐만 아니라 차소유 씨도 포드차를 가지고 있지 않은 경우이므로 철이는 그 가정하에서 (i) 명제를 믿지 않게 될 것이다. 철이는 (i) 명제를 알고 있으며 (K4)의 조건들이 모두 만족되므로 아무런 문제가 발생하지 않는다.

예 8과 예 9에서도, <민이가 도서관에서 책을 훔쳤다>는 P 명제가 거짓이라고 가정해 보자. P를 거짓으로 하는 가장 일반적인 상황은 민이가 도서관에서 책을 훔치지 않는 것이고 따라서 나도 민이가 도서관에서 책 훔치는 장면을 볼 기회가 없었을 것이다. 그러므로 P를 거짓으로 하는 상황에서 나는 <민이가 도서관에서 책을 훔쳤다>는 믿음을 형성하지 않았을 것이다. 이 예에서도 나는 P를 알고 있으며 (K4)의 세 조건들이 모두 만족되므로 T iff T여서 아무 문제가 없다.

굴뚝의 연기와 관련된 예 10도 (K4)는 잘 설명하고 있다. <굴뚝에 연기가 난다>는 명제가 거짓이 되는 경우는 벽난로에 불을 때지 않는 경우일 것이며 따라서 철이는 굴뚝에 연기가 난다는 믿음을 형성하지 않을 것이다. 이 예도 역시 T iff T의 경우라고 할 수 있겠다.

민이와 돌이를 쌍둥이라고 가정했던 예 11의 경우도 (K4)는 문제없이 설명한다. 철이는 자신이 우연히 민이를 보았다는 사실을 믿고 있었지만, 민이와 돌이가 쌍둥이임을 알고 두 사람을 구별할 줄 모르는 철이에게는 자기가 민이를 보았다는 것이 앎이 될 수 없었다. (K3*)는 이를 설명하기가 어려웠지만 (K4)는 이 문제를 설명할 수 있다. <철이

있다고 자랑한 그 사람 때문이다. 마지막으로 철이가 (n)을 믿는 것은 실제 화병 때문이 아니라 레이저 광선에 의한 사진 때문이었음을 기억할 필요가 있다.

가 민이를 우연히 보았다>는 명제가 거짓이라고 가정하면 철이가 민이 대신 돌이를 보는 상황으로 설정할 수 있으며 이 경우라도 철이는 여전히 같은 믿음을 형성했을 것이기 때문이다. 이 경우는 앎이 아니면서 3)번 조건이 만족되지 않는 경우이므로 F iff F여서 역시 (K4)에 대한 반례가 되지 않는다.62)

마지막으로 (K3**)에 결정적인 반론을 제공했던 보편명제의 경우도 (K4)는 쉽게 해결할 수 있다. <모든 사람은 죽는다>와 같은 보편명제가 거짓이라면 이 세상에 안 죽는 사람이 생겼다는 것이고 이 경우 당연히 언론에서 죽지 않는 사람에 대한 보도를 할 것이므로 나는 <모든 사람은 죽는다>는 명제를 더 이상 믿지 않게 될 것이다.63)

이와 같이 (K4)는 게티어 문제를 잘 해결할 뿐만 아니라 그 밖의 예들에 의해서도 별 문제점이 발견되지 않고 있다. 그렇다면 (K4)가 지니는 문제점은 무엇일까? 이를 살펴보기로 하겠다.

(1) 예 12 - 어두운 곳에서의 경험 (K4에 대한 반례)64)

인과적 접근방식에서와 마찬가지로, 신빙성 있는 지표 접근방식도 '인식적 정당성'이 앎의 필요조건에서 제외되었다. 하지만 인식적 정당성이 앎의 조건이 아닌 경우 다음과 같은 반례가 생길 수 있다.

어두운 해질녘에 허허벌판을 철이가 걸어가고 있다. 주변은 아주 어

---

62) 사실 이렇게 간단하게 설명될 수 있는 문제는 아니다. 하지만 일단 이런 정도로 일단락을 짓고 반사실적 조건문과 관련된 (K4)의 문제점을 다루면서 좀 더 자세한 논의를 하겠다.

63) 여기서도 각주 62)와 같은 종류의 문제가 있다. 이 역시 뒤에서 자세히 다루도록 하겠다.

64) 김기현(1998), pp.100-101.

두워서 앞에 보이는 사물은 크기만 인식할 수 있을 정도이며 사물의 형체는 분간할 수 없는 상황이다. 게다가 철이는 이 동네를 잘 알지 못하고 있어서 주변에 무엇이 있는지에 대한 정보가 전혀 없다. 이러한 상황에서 저 앞에 어떤 높은 물체가 철이의 시야에 들어왔고, 이 경험을 통하여 철이는 별 생각 없이 <저기에 나무가 있다>고 믿었다.

철이가 감각적 경험을 한 주변은 매우 어두워서 그 물체가 무엇인지를 모르는 상황이라고 하였으므로, 철이는 그 명제를 안다고 할 수 없다. 하지만 (K4)의 세 조건을 이 예는 모두 만족시킬 수 있다. 만일 철이가 본 것이 실제로 나무였다고 가정한다면, 비록 철이는 그것이 나무라는 것을 분간해 낼 수 없는 상황이었지만 철이의 믿음은 사실과 일치하므로 참이다. 게다가 만일 그 명제가 거짓이라면, 다시 말해서, 그곳에 그 나무가 없었다면 철이는 그 믿음을 형성하지 않았을 것이다. 따라서 (K4)의 3)번 조건도 만족된다. 하지만 철이는 이것을 안다고 할 수 없다. 이 경우, F iff T가 되어 (K4)에 대한 반례가 된다.

이러한 반례가 생기는 이유는 철이가 <저기에 나무가 있다>는 것을 믿을 만한 인식적 정당성이 결여되어 있기 때문이다. 따라서 이 문제를 해결하려면 인과적 접근방식에서와 같이 인식적 정당성을 필요조건으로 첨가해야 한다.

> (K4*) 어떤 사람 S가 명제 P를 알기 위한 필요충분조건은,
>   1) P가 참이고,
>   2) S가 P를 믿으며,
>   3) S가 P를 믿는 것에 정당성을 가지면서
>   4) 만일 P가 거짓이라면, S는 P를 믿지 않을 것이다.

이렇게 (K4)를 수정하면 철이의 믿음은 인식적 정당성 조건이 만족되지 않으므로 F iff F가 되어서 문제가 해결된다.

그런데 혹 이런 생각이 들지 않는가? 왜 <저기에 나무가 있다>를 거짓으로 만드는 방법이 꼭 그 상황에서 나무를 없애는 것이어야 하는가? 나무가 있던 장소에 높은 탑과 같이 나무가 아닌 다른 물체가 있는 것으로 가정하면 안 되는가? 만일 무언가가 있었다면 비록 철이는 여전히 그 명제를 믿었을 것이고 그렇다면 F iff F가 되어 굳이 (K4)를 수정하지 않아도 되기 때문이다. 이러한 문제는 (K4)에서 사용하는 조건문이 반사실적 조건문이기 때문에 발생하는 것이다. 그러면 반사실적 조건문이 가지고 올 수 있는 문제를 좀 더 자세히 살펴보기로 하자.

(2) 반사실적 조건문의 문제

앞에서도 언급한 것처럼 "만일 P이면 Q이다"가 반사실적 조건문이라고 말하는 것은, P가 실제로 참일 경우, P가 거짓이면서 **현실 세계와 가장 가까운 세계를 상상**하고 그 세계에서 Q가 참이면 조건문 전체가 참이고 Q가 거짓이면 조건문 전체가 거짓이라는 것이다. 이러한 반사실적 조건문에서 모든 경우에 '현실 세계와 더 가깝다'는 것을 쉽게 판별할 수 있는 것은 아니다. 위의 예 12에서, <저기에 나무가 있다>를 거짓으로 하는 가장 가까운 세계가 그 자리에 나무 자체를 없애는 것인지 아니면 나무가 있던 자리에 다른 물체가 있다고 가정하는 것인지는 판단하기가 매우 어렵다. 만일 나무가 있던 자리에 다른 물체가 있었다면 철이는 여전히 <저기에 나무가 있다>는 명제를 믿었을 것이다. 어차피 철이가 그 명제를 믿은 것은 나무의 모습을 분명히 보고 믿은 것이 아니었기 때문이다. 그러면 철이의 믿음은 상식적으로 앎도 아니고 (K4)의 3)번 조건도 만족시키지 못하므로 F iff F가 되어서 (K4)에 대한 문제가 되지 않으며 따라서 굳이 (K4)를 수정할 필요가 없어진다.

이러한 문제는 앞에서 언급했던 많은 예에서 발생한다. 굴뚝의 연기와 관련된 예 10에서 <굴뚝에 연기가 난다>를 거짓으로 하는 경우를 벽난로에 불을 때지 않은 것으로 상정했는데 이것이 유일한 방법은 아니다. 벽난로에 불을 때고 있는데 굴뚝이 막혀서 연기가 굴뚝이 아닌 다른 곳으로 빠져나가고 있는 경우를 상상할 수 있다. 그러면 철이는 <굴뚝에 연기가 난다>는 명제를 믿을 것이므로 이 경우에는 오히려 (K4*)에 대한 문제점이 될 수 있다. 왜냐하면 앎인데 (K4*)의 4)번 조건이 만족되지 않아서 T iff F가 되기 때문이다.

예 11인 쌍둥이 형제의 예에서도 동일한 문제가 발생한다. 앞의 설명에서는 <철이가 민이를 우연히 보았다>를 거짓으로 하는 가정으로 쌍둥이 형제인 돌이가 지나가는 것을 채택했지만 그것만이 이 명제를 거짓으로 만드는 것은 아니다. 실제로 지나갔던 철이 대신, 아무도 안 지나갔다든지 아니면 민이와 전혀 닮지 않은 경이가 지나갔다고 하면, 철이는 그 상황에서 "나는 민이를 우연히 보았다"는 믿음을 형성하지 않았을 것이다. 그렇다면 이 가정하에서는 앎이 아닌데 (K4)의 세 조건을 모두 만족시키고 있으므로 F iff T가 되어 (K4)에 대한 반례로 해석될 여지도 있는 것이다.65)

마지막으로 (K3)에 가장 큰 문제가 되었던 <모든 사람은 죽는다>와 같은 보편명제의 문제를 (K4*)는 순조롭게 해결한다고 앞에서 설명을 했지만 그것도 그리 간단하게 단정 지을 수 있는 것은 아니다. 앞의 설명에서는 <모든 사람은 죽는다>가 거짓이 될 경우, 즉 안 죽는 사람이

---

65) 물론 이 예는 (K4*)를 적용하면 정당성 조건이 만족되지 않으므로, F iff F 가 되어 반례가 되지 않는다.

생겼을 경우, 언론에서 이 사람에 대하여 보도할 것임을 너무 당연하게 이야기했지만 그것이 그렇게 당연한 것은 아니다. 죽지 않는 사람이 늑대 소년처럼 산 속에서 파묻혀 사는 사람이거나 언론에 노출되기를 싫어하는 사람이라면 죽지 않는 사람이 생긴다고 하더라도 꼭 언론에 의해서 널리 보도되지는 않을 수도 있다. 이러한 경우에는, <모든 사람은 죽는다>가 거짓이라도 이를 계속해서 믿게 될 것이므로 T iff F가 되어 (K4*)의 문제점이 될 수도 있다.

그렇다면 반사실적 조건문을 한 조건으로 사용하고 있는 (K4)나 (K4*)가 제대로 평가되기 위해서는 반사실적 조건문에서 말하는 "현실 세계와 가장 가까운 세계"라는 개념을 정확히 설명할 수 있어야 한다. 이 설명이 없이는, 어떤 상상을 현실 세계와 가장 가까운 세계로 간주하느냐에 따라서 그 예가 (K4*)에 대한 반례가 될 수도 있고 안될 수도 있기 때문이다. 다시 말하면, 주어진 명제를 거짓으로 하는 방식에 있어서 어떤 것을 채택하느냐에 따라 (K4*)를 뒷받침하는 예가 될 수도 있고 (K4*)를 반박하는 예가 될 수가 있다는 것이다. 이는 필요에 따라서 자신에게 유리한 해석을 끌어서 쓸 수 있는 여지가 있다는 뜻이므로, (K4*)가 앎에 대한 완전한 분석이 되기 위해서 이 문제가 깨끗하게 선결되어야 한다.

반사실적 조건문에 대한 논의는 (K4*)에 대한 결정적인 반례는 아니다. 반사실적 조건문에서 현실 세계와 가장 가까운 세계를 선정하는 기준을 정하기가 **쉽지 않다**는 것이지 **불가능하다**는 것은 아니기 때문이다. 그러면 (K4*)에 대한 가장 강력한 반례는 무엇일까? 다음의 예를 살펴보기로 하자.

(3) 예 13 – 모조 기와집 (K4*에 대한 반례)[66]

순이는 쾌청한 날씨에 한적한 국도를 달리고 있었다. 모든 것이 정상적이며 순이는 주위의 경치를 여유 있게 바라볼 수 있었다. 길거리에는 다양한 색의 지붕을 가진 기와집들이 여러 개 있었다. 그중 붉은 기와집을 보고 순이가 다음과 같은 믿음을 갖게 된 경우를 각각 생각해 보자.

(o) 저것은 붉은 기와집이다.
(p) 저것은 기와집이다.

놀랍게도 순이가 국도를 달리며 본 기와집들은 대부분 영화 촬영을 위해서 정교하게 만들어 놓은 모조 기와집이었으며, 공교롭게도 순이가 지적한 붉은 기와집만이 모조가 아닌 실제의 기와집이었다.[67] 게다

---

66) 이 예는 Kripke의 출판되지 않은 논문에서 최초로 사용된 예를 각색한 것이며, 비슷한 예를 Feldman(2003), pp.89-90에서도 발견할 수 있다.

67) 이 경우, 순이가 (p)를 안다고 할 수 있는가에 대한 직관은 철학자들에 따라 갈라진다. 예를 들어 골드만과 김기현의 경우, 순이가 실제 기와집을 지적한 것은 우연적인 요소가 많이 작용한 것이고 동일한 상황에서 모조 기와집을 지적할 수도 있었으므로 설령 순이가 지적한 집이 진짜 기와집이었다고 하더라도 순이는 그것이 기와집임을 알고 있는 것은 아니라고 판단하며, 이를 (K3)에 대한 문제점으로 사용한다. [Cf. Alvin Goldman, "Discrimination and Perceptual Knowledge", *The Journal of Philosophy*, 1976, pp.121-123; 김기현(1998), pp.62-63.]
반면에 펠드만의 경우, 모조 기와집의 예에 주변적 환경에 의한 우연적인 요소가 있는 것은 사실이나 게티어 유형의 핵심은 관련된 명제가 참이 되는 경로와 정당성이 확보되는 경로가 다르면서 우연히 두 가지가 다 만족되는 것인데 모조 기와집의 예에서는 정당성을 제공해 주는 경험적 내용이 그 명제를 참으로 하는 사실로부터 온 것이므로 (즉 두 경로가 일치하므로) 게티

가 그 동네에는 붉은 모조 기와집을 지을 수 없도록 법으로 규정되어 있다고 가정하자. (물론 순이는 이 규정을 모르고 있다.) 이 경우, (o)와 (p)를 (K4*)에 적용해 보도록 하겠다. 먼저, (o)와 (p)는 둘 다 참이며, 순이가 경험을 통해 정당하게 믿고 있다. (o)가 거짓이면서 현실 세계와 가장 가까운 가능 세계는 순이가 본 실제 기와집을 주변에 있는 것과 같은 모조 기와집으로 바꾸는 것이다. 그런데 그 동네에는 붉은 모조 기와집을 만들 수 없으므로 이 가능 세계에서 순이는 (o)를 믿지 않을 것이다. 반면에, (p)를 거짓으로 만드는 가까운 가능 세계는 순이가 지적한 실제 기와집을 모조 기와집으로만 바꾸어 주면 된다. 국도를 달리면서 보고 있는 순이는 실제 기와집과 모조 기와집을 구분할 수 없으므로 그 가능 세계에서 순이는 여전히 (p)를 믿게 될 것이다. 다시 말해서, 실제 기와집을 모조 기와집으로 바꾸는 과정에서 지붕의 색이 바뀌어야 하기에 (o)는 믿지 않게 되겠지만 모조 기와집과 실제 기와집을 구분하지는 못하므로 (p)는 여전히 믿을 것이다. 그렇다면 (o)는 (K4*)의 넷째 조건을 만족시키므로 순이에게 지식이 되며 (p)는 (K4*)의 넷째 조건을 만족시키지 못하므로 지식이 될 수 없다. 하지만 이 설명에 따르면 같은 상황에서 순이는 저것이 붉은 기와집인지는 알지만 기와집인지는 모른다는 받아들이기 곤란한 결과가 나온다. 왜냐하면 (o)는 (p)를 논리적으로 함축하기에 어떤 사람이 (o)를 알면서 (p)를 모를 수는 없기 때문이다. 어떻게 지적된 건물이 붉은 기와집임을 알면서 기와집임을 모를 수 있겠는가? 하지만 (K4*)는 이러한 불합리한 결과를 도출하므로 올바른 앎의 분석일 수 없다.[68]

어 유형이 아니게 되고 따라서 순이는 저기에 기와집이 있다는 것을 안다고 판정한다.

68) 이 비판에 대하여 신빙성 있는 지표 접근방식을 옹호하는 사람들은 다음과

4. 게티어 문제에 대한 정리

이제까지 게티어 문제를 설명하고 이 문제를 해결하기 위해서 제시된 여러 이론들을 검토하였다. 게티어 문제는 한 명제가 참이 되는 경로와 정당성을 부여받는 경로가 일치하지 않으면서 우연히 참과 정당성이 일치하는 명제를 믿는 경우에 발생함을 보았다. 이 문제를 해결하기 위하여 거짓 접근방식, 무상쇄자 접근방식, 인과적 접근방식 그리고 신빙성 지표 접근방식 등 네 가지 해결 시도를 고려해 보았다.

거짓 접근방식과 무상쇄자 접근방식의 기본적인 공통점은 주어진 명제를 정당화하는 과정에서 거짓인 명제가 끼어 있기 때문에 게티어 문제가 생긴다는 것이다. 따라서 게티어 문제를 해결하기 위해서는 주어진 명제를 정당화하는 과정에서 거짓인 명제가 개입하지 말아야 한다는 조건을 앎의 필요조건으로 해야 한다는 것이었다. 하지만 이 해결방식은 모든 문제를 해결하지 못하고 있다. 앞에서 언급한 것처럼 게티어 문제가 발생하는 과정에서 반드시 거짓인 명제가 정당화 과정에 개입하는 것은 아님을 안가진과 차소유 III의 예와 화병의 예에서

같은 답변을 제시할 것이다. (o)를 거짓으로 하는 현실 세계와 가장 가까운 가능 세계는 순이가 지적한 기와집을 붉은색이 아닌 모조 기와집으로 바꾼 세계가 아니라 붉은 모조 기와집으로 바꾼 세계여야 한다는 것이다. 왜냐하면 붉은색을 그대로 두는 것이 현실 세계에 더 가깝다고 볼 수 있기 때문이다. 하지만 앞에서 언급한 대로 그 동네는 모조 기와집이 붉은색일 수 없으므로 현실 세계에서 통용되는 법규정이 이 가능 세계에서는 지켜지지 않게 된다. 따라서 그만큼 현실 세계에서 멀어지는 것이다. 그렇다면 이 두 세계 중 어느 가능 세계가 현실 세계와 더 가까울까? 개인적인 생각으로는, 주변적인 내용을 변경시키지 말고, (o)를 거짓으로 하는 경우를 상상하는 것, 즉 붉은색이 아닌 모조 기와집을 상상하는 것이 더 적절하다고 본다. 하지만 위에서도 언급한 것처럼, 반사실적 상황에 대한 직관은 사람들마다 차이가 나는 것도 사실임을 인정한다.

보았다.

거짓 접근방식의 문제를 극복하기 위해서 제안된 것이 무상쇄자 접근방식이다. 이 접근방식에 따르면 어떤 명제에 대한 믿음이 앎이 되기 위해서는 상쇄자가 없어야 한다는 것이었다. 상쇄자의 조건 중 하나가 거짓이 아니어야 하므로 정당화를 시켜 주는 과정에서 거짓인 명제가 끼어 있다면 상쇄자가 자동적으로 발생하게 된다는 의미에서 거짓 접근방식과 같은 맥락에 있는 게티어 문제의 해결책이라고 볼 수 있다. 하지만 책을 훔친 민이의 예에서와 같이 우리가 안다고 할 수 있는 경우에도 예상치 못한 의외의 상쇄자가 있을 수 있음을 확인하였다.

인과적 접근방식과 신빙성 있는 지표 접근방식은 게티어 문제를 해결하려는 접근방식이 위의 두 방식과는 다르다. 전통적 앎의 분석인 (K)에 네 번째 조건을 첨가하여 문제를 해결하려 했던 거짓 접근방식 및 무상쇄자 접근방식과는 달리 인과적 접근방식과 신빙성 있는 지표 접근방식은 (K)의 3)번 조건인 인식적 정당성 조건을 삭제하고 그 자리에 참과 믿음 사이의 인과적 연결을 첨가하여 게티어 문제를 해결하려고 했다. 하지만 위의 논의에서 살펴본 것처럼 인식적 정당성 조건이 없을 경우 반례가 생김을 쌍둥이의 예와 어두운 곳에서의 경험의 예를 통해서 확인하였다.

인과적 접근방식은, 게티어 문제가 참이 되는 경로와 정당성이 생기는 경로의 괴리에서 생긴다는 점을 감안하여 주어진 명제를 참으로 하는 사실이 그 명제에 대한 믿음과 적절한 인과적 관계를 맺고 있어야 앎이 된다는 것이다. 하지만 인과적 접근방식의 가장 큰 문제점은 "모든 사람은 죽는다"와 같은 보편명제가 우리의 앎에서 제외되어야 한다는 점이다. 왜냐하면 우리가 이런 보편명제를 믿게 되는 것은 "모든 사람은 죽는다"는 사실로부터 기인하는 것이 아니라 영이도 죽고, 철이도 죽고 각각의 사람이 모두 죽는다는 개별적 사실로부터 귀납적 방법을 통하여 믿게 되는 것이기 때문이다. 하지만 귀납은 개별명제와 보편명제 사이의 논리적 관계이지 인과적 관계가 아니므로 보편명제에 대한 우리의 앎을 인과적 접근방식으로는 설명하기 어려운 것이다.

이러한 문제점을 보완하여 등장한 것이 신빙성 있는 지표 접근방식이다. "A가 B를 야기한다"와 같은 인과적 관계를 설명하는 방법 중 하나가 "A가 일어나지 않았으면 B가 일어나지 않았을 것이다"와 같은 반사실적 관계로 설명하는 것이며 신빙성 있는 지표방식은 (K3)에서 등장한 명제를 참으로 하는 사실과 그 명제에 믿음 사이의 인과적 관계를 "만일 그 명제가 참이 아니라면, 그 명제를 믿지 않았을 것이다"와 같은 반사실적 조건문으로 수정한 것이다. 하지만 반사실적 조건문을 도입하면서 그것이 가지고 있는 다양한 직관들에 대한 명쾌한 설명이 요구되었고, 게다가 모조 기와집의 예와 같은 반례까지 제시되어서 신빙성 있는 지표 접근방식도 게티어 문제를 해결하기에는 역부족임을 앞에서 보았다.

지금까지의 검토가 맞는다면 아직도 게티어 문제는 해결되지 않은 채로 우리에게 남아 있다고 할 수 있다. 게티어 문제에 오랫동안 매달리면서 인식론자들은 문제가 해결되지 않는 이유 중의 하나가 전통적 '앎'의 세 조건 중 대표적인 인식적 조건이라고 할 수 있는 '인식적 정당성'에 대한 이해가 부족해서가 아닌가 하는 생각을 갖게 되면서 1970년대 중반부터 인식론자들의 관심은 '앎'의 분석에서 '인식적 정당성'에 대한 분석으로 서서히 옮겨지기 시작하였다.

게티어 문제를 다룰 때에는 상식적인 선에서 '인식적 정당성'에 대한 판단을 결정하였다. 하지만 게티어 문제가 생기는 이유로 정당성에 대한 기준이 분명하게 제시되지 않음을 생각할 수도 있다. 게티어 문제에서 제공된 정당성의 근거들은 그것이 앎이 되기에는 충분치 못한 근거라고 여겨질 수도 있기 때문이다. 그렇다고 정당성의 기준을 너무 강하게 잡으면 정당성 조건을 통과하는 믿음들이 상대적으로 적어질 것이고 따라서 우리의 지식이 줄어드는 또 다른 난점이 생기는 것이다. 따라서 올바른 인식적 정당성의 기준을 잡는 일은 매우 중요한 일이며 게티어 문제의 해결책이 계속 실패로 돌아가기 시작하면서 인식론자들은 인식적 정당성에 대한 분석으로 눈을 돌리기 시작하였다.

제 3 장

인식적 정당성에 대한 이론들

1. 인식적 정당성에 대한 배경 설명

　인식적 정당성에 대한 논의는 어떤 조건을 만족시켰을 때 명제에 대한 한 사람의 믿음이 정당화되는가를 설명하려는 것이다. 다시 말해서, 우리가 갖게 되는 믿음 중에는 근거 있는 믿음도 있고 인식적으로 비합리적인 믿음들도 있는데, 이를 구분하는 기준에 대한 논의가 인식적 정당성에 대한 논의이다. 인식적 정당성에 대한 대표적인 이론으로는 토대론(foundationalism), 정합론(coherentism), 증거론(evidentialism) 그리고 신빙론(reliabilism) 등이 있다. 이러한 이론을 검토하기 전에 '인식적 정당성'에 대한 배경적 설명을 먼저 하겠다.

　첫째로, 내가 어떤 믿음에 정당성을 갖는다는 것은 그 믿음을 갖는 것이 합리적이라는 의미이다. 우리가 주목해야 하는 것은 여기서 말하는 합리성이 **인식적 합리성**이라는 것이다. 예를 들어 설명하는 것이 이해에 도움이 될 것이다. 배가 난파되어 선원들이 무인도에서 구조를 기다리는 상황에 처해 있다고 가정해 보자. 무전기는 고장이 나서 구조를 요청할 수 없으며 무인도의 위치를 고려하면 이 근처로 지나다니는 정기 운항선은 없다고 판단된다. 이 상황에서 선원들이 구조가 되리라는 희망을 버리면 오래 버티기는 어려울 것이므로, 이러한 의미에서 그들은 구조되리라고 믿는 것이 합리적이다. 하지만 여기서 말하는 합리성은 인식적인 합리성이 아니라, 생명을 유지하는 데 도움이 된다는 의미에서 **실천적인 합리성**이라고 할 수 있다. 다시 말해, 구조되리라고 믿는 것이 그들의 생존 가능성을 높여준다는 의미에서 합리적이라는 것이다. 하지만 인식적 정당성에서 이야기하는 인식적 합리성이란 주어진 명제를 믿는 것이 삶에 어떠한 도움을 줄 수 있느냐에 의해서 결정되는 것이 아니라 그 믿음을 뒷받침하는 근거를 충분히 가지고 있느냐에 의해서 결정되는 것이다. 따라서 선원들이 구조되리라고 믿는 것은 실천적인 견지에서는 합리적일지 모르나 주어진 근거가 그들의 믿음을 뒷받침해 주지 않으므로 인식적으로는 비합리적이며 따라서 인식적으로 정당하지 못하다고 판단할 수 있다. 이러한 점에서, 인식적 정당성에서 관심을 갖는 합리성이란 명제에 대한 믿음이 근거에 의해서 충분히 뒷받침되는가 여부를 가리는 인식적 합리성임을 잊지 않아야 한다.

둘째로, 인식적 정당성은 도덕적 정당성과 마찬가지로 **규범적·평가적 개념**이다. 나의 행위가 도덕적으로 정당하다, 즉 옳다는 것은 단순히 사실에 대한 서술이 아니라 나의 행위에 대한 일종의 평가이며 옳은 행위란 일반적으로 내가 행해야 하는 도덕적 의무이기도 하다. 마찬가지로 내가 어떤 명제를 믿는 것이 정당하다는 것은 있는 사실에 대한 단순한 서술이 아니라 그러한 믿음을 가지는 것이 바람직하다는 평가적인 요소를 가지고 있으며, 그 믿음을 가지는 것이 바람직하다는 것은 그 명제를 믿는 것이 우리의 인식적 의무라는 것을 나타내고 있다. 이러한 면에서 인식적 정당성에 대한 논의는 윤리학의 논의와 많은 부분에서 유사점을 발견할 수 있다.

셋째로, **거짓인 명제에 대해서도 인식적으로 정당화될 수 있다.** 이는 게티어가 자신의 반례를 제시할 때에도 전제했던 것으로 인식적으로 정당한 믿음이 거짓일 수 있는 이유는 경험적·귀납적 근거를 통해서도 믿음에 대한 정당성이 확보될 수 있기 때문이다. 경험에 의존한 믿음은 착시 현상과 같이 있는 그대로를 경험하지 못하는 경우가 있으며 귀납적인 근거 역시 그 믿음의 참을 보장해 주지는 못하므로 그 믿음을 충분히 뒷받침하는 근거가 있다 하더라도 그 믿음의 대상인 명제가 거짓인 경우가 있는 것이다.

넷째로, 폴리(Richard Foley)가 말하는 **명제적 정당성**(propositional justification)과 **사고적 정당성**(doxastic justification)의 구분을 이해할 필요가 있다.1) 명제적 정당성이란 어떤 명제가 인식 주체에게 정당한가의 문제로 여기서 정당성이란 속성을 갖게 되는 대상은 명제이다. 이 입장에 따르면 내가 어떤 명제에 대한 정당성을 갖기 위해서 내가 그 명제를 믿고 있어야 하는 것은 아니다. 윤리적인 예를 가지고 유추하여 설명해 보겠다. 내가 만약 10억 원을 불우한 이웃을 돕는 데 제공한다면 그 행위는 도덕적으로 정당한 행위일 것이다. 그렇다고 해서 내가 실제로 10억 원을 기부했다는 것을 함축하지는 않는다. 나에게는 10억 원이란 큰돈이 없다. 그렇다면 여기서 평가된 행위는 실제로 일어난 행위가 아니라 일어날 수 있는 가상의 행위이다. 실제로 행해진 행위가 아니라도 옳고 그름을 판단할 수 있듯이 실제로 그 명제를 믿고 있지 않아도 그 명제에 대한 인식적 근거를 인식 주체가 가지고 있는지 여부를 판단할 수 있다.

---

1) Richard Foley, *The Theory of Epistemic Rationality*, Harvard Univ. Press, 1987, pp.81-83, 175-186.

내가 어떤 명제에 대하여 명제적 정당성을 가지고 있다고 하더라도 그 명제를 믿는 것이 항상 정당한 것은 아니다. 그 명제에 대한 충분한 근거를 가지고 있어도 그 근거를 통해서 명제를 믿는 것이 아니라 엉뚱한 이유로 그 명제를 믿게 되었다면 나의 믿음은 정당한 믿음이 될 수 없다. 이 경우, 나는 그 명제에 대한 명제적 정당성을 가지고 있음에도 불구하고 그 명제에 대한 나의 믿음은 정당하지 못하게 된다. 여기서 정당성이란 속성을 갖게 되는 대상은 명제가 아니라 믿음이다. 이렇듯 실제로 형성된 믿음에 대한 정당성 여부를 사고적 정당성이라 한다. 사고적 정당성은 인식 주체가 그 명제에 대한 충분한 근거를 가져야 할 뿐만 아니라 **믿음**을 형성하는 방식도 적절해야 한다. 다시 말해서, 사고적 정당성의 경우에는 올바른 방식의 믿음 형성이 인식적 정당성의 한 조건이 되는 것이다.

지금까지 인식적 정당성을 이해하는 데에 도움이 될 만한 배경적 지식 네 가지를 설명하였다. 이제부터는 인식적 정당성에 대한 이론을 구체적으로 살펴보기로 하겠다.

2. 토대론

1) 토대론의 도입 배경: 무한 후퇴의 문제

토대론(foundationalism)의 가장 기본적인 주장은 정당화된 믿음에 두 가지 종류가 있다는 것이다. 하나는 **기초적 믿음**(basic belief)으로 그 믿음의 정당화가 다른 정당화된 믿음에 의존하지 않는 믿음이다. 다른 하나는 **비기초적 믿음**(non-basic belief)으로 그 믿음의 정당화가 적어도 부분적으로는 다른 정당화된 믿음에 의존하는 믿음을 말한다. 토대론에서 기초적 믿음과 비기초적 믿음을 나누는 이유는 인식적 정당성의 무한 후퇴 문제(the problem of infinite regress)를 해결하기 위해서이다.

일반적으로 우리가 가지고 있는 믿음의 근거는 다른 믿음에 적어도 부분적으로 의존한다. 만일 명제 A에 대한 믿음의 정당성이 B라는 다른 명제에 대한 믿음에 의존한다면, A를 믿는 것이 정당하기 위해서는 명제 B를 믿는 것도 정당해야 할 것이다. B를 믿는 것이 정당하려면 이를 뒷받침하고 있는 명제 C를 믿는 것 또한 정당해야 한다.

예를 들어, 나는 오늘 은행에 갈 것이라는 명제를 정당하게 믿고 있다고 하자. 오늘 내가 은행에 갈 것이라는 믿음이 정당한 이유는 오늘이 자동차세를 납부해야 하는 마지막 날이고, 내가 직접 은행에 가서 세금을 납부하는 것 이외에는 다른 방법이 없으며, 나는 공과금을 낼 때 기간을 넘겨서 벌금 무는 것을 몹시 싫어한다는 근거를 가지기 때문이다. 오늘이 자동차세를 납부해야 하는 마지막 날이라는 나의 믿음이 정당한 이유는 오늘이 12월 31일이며 자동차세 납부기간은 매년 6월 30일과 12월 31일이라는 근거를 내가 가지고 있기 때문이다. 오늘이 12월 31일이라는 근거는 어제가 12월 30일이었고, 달력에도 오늘이 12월 31일이라고 나와 있다. 이와 같이 한 명제에 대한 내 믿음의 정당화는 내가 가지고 있는 다른 정당한 믿음에 의존하는 경우가 많으며, 그 다른 정당화된 믿음의 정당성도 또 다른 정당한 믿음에 의존하게 된다.

이와 같이 정당성의 근거를 계속 추적해 간다면 다음과 같은 네 가지 경우의 수가 나온다.

a) 이러한 정당성의 근거를 찾아가면 계속해서 새로운 명제[2])에 대한 믿음이 근거로 제시되며 이 과정이 무한히 계속된다.

b) 이러한 후퇴는 정당하지 않은 명제에 대한 믿음으로 종착된다.

c) 이러한 후퇴는 어느 지점에서 이미 앞에서 제시된 믿음으로 되돌아오는 순환이 된다.

d) 이러한 후퇴는 다른 믿음에 의존하지 않는 정당한 믿음에서 끝난다.

만일 a)에서와 같이, 정당성의 근거를 찾아가는 과정이 무한히 계속된다면 "내가 오늘 은행에 갈 것이다"라는 명제에 대한 믿음은 정당화될 수 없다. 왜냐하면 이 믿음의 정당성을 궁극적으로 제공할 수 있는 종착역이 있어야 내가 오늘 은행에 갈 것이라는 믿음이 정당할 것이기 때문이다. 다시 말해서, 어떤 명제에 대한 믿음이 다른 믿음에 의해서 정당화되려면 그 과정의 끝이 있어야 한다는 것이다. 즉, A가 B에 의해서 정당화되고 B가 C에 의해서 정당화되며 또 C는 D에 의해서 정당화된다면, 이 과정이 끝나는 지점이 있어야 그 지점으로부터 궁극적으로 A에 대한 정당성이 부여된다는 것이다. 이 과정이 무한히 계속된다면 A의 궁극적인 근거는 없는 것이나 마찬가지이므로 이 경우에 A를 믿는 것이 정당하다고 말할 수는 없을 것이다.

그렇다고 b)에서처럼 이러한 후퇴의 종착역이 정당하지 않은 믿음이면 곤란할 것이다. 정당하지 않은 믿음을 궁극적인 근거로 한 믿음은 정당할 수 없기 때문이다. 만일 정당하지 않은 믿음에 근거한 믿음이

---

2) 여기서 '새로운' 명제라고 굳이 밝힌 이유는 다음과 같다. 만일 후퇴가 계속되던 중에 그 명제에 대한 정당성을 뒷받침해 주는 어떤 믿음이 이미 앞에서 나왔던 것이라면 이는 c)의 순환적 상황과 동일해지기 때문이다.

정당화될 수 있다면 어떠한 명제라도 정당화될 수 있을 것이다. 예를 들어 <화성에 외계인이 있다>는 명제를 믿는 것이 정당화되기 위해서는 <화성에 외계인이 있으며 김건모는 여자이다>와 같은 정당하지 않은 명제를 근거로 삼으면 되기 때문이다.

만일 c)에서 보는 것처럼, 정당성의 근거가 순환적이어서 믿음 A는 믿음 B에 의해서 정당화되고 믿음 B는 믿음 C에 의해 정당화되며 믿음 C는 믿음 A에 의해서 정당화된다면, 이 또한 바람직한 결과는 아니다. 이러한 순환을 적용하면 믿음 A는 결국 믿음 A에 의해서 정당화되는 격인데, 이는 믿음 A가 다른 믿음에 의해서 정당화되지 못함을 역으로 보여주고 있는 것이라 할 수 있다.

그렇다면 이러한 정당성의 후퇴를 해결할 수 있는 유일한 방법은 한 믿음의 정당성이 궁극적으로는 다른 믿음에 의존하지 않고 정당화되는 것이며 이것이 바로 d)의 입장이다. 만약 다른 믿음에 의존하지 않고 정당화될 수 있는 믿음이 있다면 그러한 믿음이 다른 믿음들을 정당화시킬 수 있는 궁극적인 기초가 될 것이다.

위와 같은 설명에서 보면, 한 명제에 대한 믿음이 다른 믿음에 의해서 정당화된다고 가정할 때 발생할 수 있는 네 가지 가능성 중 가장 무난한 답은 d)가 된다. 나머지 세 가지 경우는 다른 믿음에 의존하는 명제의 정당성에 대한 설명을 제대로 하지 못하는 것처럼 보이기 때문이다. 따라서 이러한 정당화의 후퇴 문제를 해결하기 위하여 제시된 것이 다른 믿음에 의존하시 않고 정당화되는 기초적 믿음의 상정이며 이것이 토대론의 핵심적인 내용이라고 할 수 있다. 즉 토대론은 무한 후퇴의 문제를 해결하는 여러 가능성 중 가장 무난한 답을 선택한 것이라고 볼 수 있다.

이러한 토대론의 입장을 흔히 피라미드적 구조라고 설명한다.3) 한 믿음이 정당화되는 것은 그 믿음을 지지하고 있는 다른 정당화된 믿음들 때문이며 궁극적으로 이들을 뒷받침하고 있는 믿음들은 다른 정당화된 믿음에 의존하지 않는 믿음들, 즉 기초적 믿음이란 것이다.

2) 토대론의 기본적 내용

무한 후퇴의 문제를 해결하는 데에 가장 용이한 대답을 선택한 토대론은 기본적으로 다른 믿음에 정당성을 의존하지 않는 믿음을 인정하지 않을 수 없다. 이러한 믿음을 **기초적 믿음**이라고 한다. 그리고 적어도 부분적으로 그 믿음의 정당성을 다른 믿음에 의존하는 경우, 우리는 그러한 믿음을 **비기초적 믿음**이라고 부른다. 이러한 기초적 믿음과 비기초적 믿음의 구분이 토대론의 가장 대표적인 특징이라고 할 수 있다.

토대론의 기본적 입장을 간단히 표현하면 다음과 같다.

a) 정당화된 믿음 중에는 다른 믿음에 그 정당성을 의존하지 않는 기초적 믿음이 있다.
b) 비기초적 믿음의 정당성은 적어도 부분적으로 기초적 믿음에 의존한다.

위의 a)와 b)를 토대론의 기본적 내용이라고 했을 때, 우리가 토대론

---

3) 이러한 표현을 처음 쓴 사람은 소사이다. Ernest Sosa, "The Raft and the Pyramid: Coherence versus Foundations in the Theory of Knowledge", *Midwest Studies in Philosophy*, vol. 5: *Studies in Epistemology*, 1980. Reprinted in *Empirical Knowledge*, ed. by Paul Moser, University Press of America, 1986.

에 대한 구체적인 사항들을 정확히 이해하려면 몇 가지 궁금증을 해소해야 한다. 먼저 기초적 믿음이 토대론의 가장 핵심적인 내용이라고 볼 때, 도대체 어떤 종류의 믿음들이 기초적 믿음이 될 수 있는가에 대한 논의가 있어야 한다. 둘째로, 기초적 믿음은 다른 정당한 믿음에 의존하지 않고 어떻게 정당화되는가를 토대론자들은 설명해야 한다. 이상에서 어떤 믿음들이 기초적 믿음이 될 수 있고 그러한 기초적 믿음이 어떻게 정당화되는지에 대한 대답이 제공되면, 마지막으로 어떻게 비기초적 믿음이 기초적 믿음에 의하여 정당화될 수 있는지에 대한 설명이 필요하다. 이 세 가지 질문을 요약하면 다음과 같다.

Q1) 어떤 종류의 믿음이 기초적 믿음이 될 수 있는가?

Q2) 기초적 믿음은 어떻게 정당화되는가?

Q3) 비기초적 믿음은 기초적 믿음으로부터 어떻게 정당화되는가? 즉, 비기초적 믿음은 기초적 믿음과 어떤 관계에 있어야 기초적 믿음을 근거로 정당화된다고 할 수 있는가?[4]

이 세 가지 질문에 대답을 하면서 토대론이 주장하는 내용을 좀 더 구체적으로 살펴보도록 하겠다.

---

4) 모든 비기초적 믿음이 기초적 믿음에 의해서만 정당화되는 것은 아닐 것이다. 비기초적 믿음의 정당성이 경우에 따라서는 다른 비기초적 믿음에 의존할 수 있다. 하지만 일단은 비기초적 믿음이 기초적 믿음을 근거로 정당화될 수 있어야, 그렇게 정당화된 비기초적 믿음이 다른 비기초적 믿음을 정당화시킬 수 있을 것이다.

3) 어떤 종류의 믿음이 기초적 믿음이 될 수 있는가?

기초적 믿음이란 믿음 체계의 토대가 되는 믿음들이며, 다른 믿음들의 정당성이 이러한 기초적인 믿음에 의존하게 된다. 따라서 토대론이 성공적으로 완성되려면 기초적 믿음들은 다른 비기초적 믿음들을 위한 튼튼한 토대가 되어야 한다. 만일 기초적 믿음이 흔들리게 되면 그것에 기초한 다른 믿음들의 정당성 또한 흔들리기 때문이다. 이런 의미에서 기초적 믿음은 의심의 여지가 없는 확실한 것이어야 한다. 그래야 그러한 든든한 정당성을 다른 믿음들도 전달받을 수 있는 것이다.

이러한 생각은 의심의 여지가 없는 확실한 지식을 찾으려 했던 데카르트의 생각과 일맥상통하며 이런 의미에서 데카르트를 고전적 토대론의 대표자로 꼽는다. 데카르트는 수학적 체계에서 공리(axiom)에 해당하는 출발점을 철학에서도 찾아보려고 시도하였으며, 방법적 회의를 통하여 꿈을 꾸거나 전능한 악마에게 속는다고 하더라도 꿈을 꾸는, 혹은 속고 있는 내가 존재한다는 사실은 의심할 수 없다는 결론을 내렸다. 그것이 바로 널리 알려진, "나는 생각한다, 고로 나는 존재한다"라는 명제이다.[5]

기초적 믿음이 갖추어야 하는 또 하나의 조건은 그러한 기초적 믿음이 많아야 한다는 것이다. 데카르트의 제1명제처럼, 확실성을 가진 명제가 수적으로 많지 않다면 토대론자들이 생각하는 믿음의 피라미드 구조에 하층부를 채울 수가 없기 때문이다. 기초적 믿음은 다른 믿음

---

5) 토대론에서 기초적 믿음을 찾는 방식과 데카르트가 의심의 여지가 없는 제1 명제를 찾는 이유는 같다고 볼 수 있지만, 토대론에서 관심을 갖는 명제는 경험적 명제인 반면 데카르트의 제1명제인 "나는 생각한다, 고로 나는 존재한다"는 경험적 직관을 통해서 얻어진 것은 아니라는 점에서 차이점이 있다고 할 수 있겠다.

들의 정당성에 근거를 제공하는 믿음이므로 그 숫자가 풍부해야 다른 많은 믿음들을 정당화시킬 수 있다. 우리가 정당하게 믿고 있는 비기초적 믿음들이 매우 많으므로 이들 믿음들을 정당화시키려면 기초적 믿음도 많아야 한다는 것이다.

따라서 기초적 믿음은 의심의 여지가 없는 틀림없고 확실한 속성을 가지고 있으면서 수적으로 많이 확보할 수 있는 그러한 것이어야 함을 위에서 확인하였다. 그러면 이러한 기초적 믿음의 후보로 일반적인 감각적 믿음(ordinary perceptual belief)과 현상적 믿음(appearance belief)을 제시하고 이들 믿음들이 과연 기초적 믿음이 될 수 있는지를 살펴보기로 하겠다.

(1) 일반적인 감각적 믿음

우리가 가지고 있는 믿음들의 대부분은 경험을 통해서 형성된다. 그리고 우리가 경험하는 대부분의 것은 공간을 차지하고 있는 대상에 대한 경험이다. 그렇다면 우리가 가지고 있는 많은 믿음을 정당화하기 위해서는 공간적 대상으로부터 직접적으로 야기되는 일반적인 감각적 믿음을 기초적 믿음이라고 생각하는 것이 바람직해 보인다.

일반적인 감각적 믿음이란 "저기에 나무가 있다", "밖에서 개가 짖는다"와 같이 경험을 통해서 우리가 갖게 되는 믿음을 말한다. 이러한 믿음은 다양하고도 많으므로 기초적 믿음이 되기 위한 조건 중 하나인, '많은 수를 가짐'도 만족시킬 수 있다. 따라서 많은 다른 믿음들이 이러한 기초적 믿음에 의해서 정당성을 부여받을 수 있을 것이다.

하지만 이러한 감각적 믿음은 기초적 믿음이 요구하는 다른 한 조건을 만족시키지 못한다. 그 조건은 바로 의심의 여지가 없는 확실성이다. "저기에 나무가 있다"는 믿음은 데카르트가 요구했던 것처럼 의심의 여지가 없는 확실한 것이 아니다. 데카르트가 방법적 회의를 하기 위해서 끌고 들어왔던 꿈이나 전능한 악마를 상정하지 않더라도 우리의 감각적 경험이 확실성을 보장하지 못한다는 사실은 여러 예를 통해서 지적할 수 있다.

예를 들어, 신기루를 보면서 "저기에 물이 있다"고 믿지만 막상 그 자리에 가면 물이 없음을 확인할 수 있다. 마찬가지로 "저기에 나무가 있다"라는 시각적 경험을 하더라도 막상 내게 그러한 경험을 하게 한 것은 진짜 나무가 아니라 크리스마스트리를 만들기 위해서 만든 플라스틱 인조 나무일 수도 있는 것이다.

"밖에서 개가 짖는다"는 경험 또한 의심의 여지가 없는 것은 아니다. 설령 개가 짖는 듯한 경험을 내가 했다고 하더라도, 그것은 실제로 개가 짖는 것이 아니라 환청일 수도 있고, 개인기가 뛰어난 어떤 사람이 개 짖는 흉내를 내는 것일 수도 있으며, 개 짖는 소리를 녹음해서 틀어 놓은 것일 수도 있다.

이와 같이 경험을 통해서 형성된 믿음이 확실성을 결여하고 있다는 말은 곧 경험을 근거로 하여 믿게 된 명제의 참이 경험에 의해서는 보장되지 못한다는 의미이다. 위에서 물이나 나무를 '경험'했지만 <저기에 물이 있다>나 <저기에 나무가 있다>라는 명제가 거짓이 되는 경우도 있다는 것이다. 마찬가지로 개가 짖는 듯한 경험을 근거로 <밖에서 개가 짖는다>라는 명제를 믿더라도 그 명제가 반드시 참이 되는 것은 아니라는 뜻이다.

이런 의미에서 일반적인 감각적 믿음은 숫자가 풍부하다는 면에서 장점을 가지고 있는 것은 사실이다. 하지만 기초적 믿음은 다른 많은 비기초적 믿음의 근거가 되어야 한다는 측면에서 의심의 여지가 없는 확실성이 요구되나, 위의 논의에서 본 것처럼, 일반적인 감각적 믿음은 확실성을 보장받지는 못한다는 단점이 있다.

(2) 현상적 믿음

그러면 경험을 통해서 확실성을 보장받는 믿음은 어떤 것이 있을까? <저기에 나무가 있다>나 <밖에서 개가 짖는다>라는 것이 의심의 여지가 있음을 인정할 때, 도대체 의심의 여지가 없는 확실한 명제는 무엇일까?

우리는 여기서 잠시 근대 철학의 핵심인 '나'와 외적 대상에 대한 관계를 되짚어 볼 필요가 있다. 이 책의 서두에서 인식론의 문제는 근대로 접어들면서 '나'가 강조되었을 때 분명히 드러나기 시작하였다고 언급한 적이 있다. '나'로부터 출발해서 '나' 밖에 있는 외적 사물을 과연 있는 그대로 경험할 수 있을 것인가가 인식의 문제를 다루면서 중요한 관심사로 대두되었다. 대표적으로 버클리는 "존재하는 것은 지각되는 것이다(Esse est percipi)"라고 주장하면서 오로지 경험되는 내용만이 있는 것이라는 입장을 취한다. 이는 인식에서 확실성의 결여가 존재의 문제에까지 영향을 끼친 것으로 해석할 수 있다. 하여튼 공간을 차지하고 있는 대상에 대해서는 확실성을 보장받으며 인식을 하는 것이 불가능하다는 생각은 분명했던 것 같다. 이러한 입장은 칸트에게도 이어져서, 있는 그대로의 것은 우리가 직접적으로 인식할 수 없는 것으로 보았으며 이를 칸트는 물자체(Ding an sich)라고 하였다.

공간을 차지하고 있는 객관적 대상에 대하여 의심의 여지가 없는 확실한 인식이 불가능하다면 과연 어떤 것이 확실성을 보장받을 수 있는 것일까? 객관적 대상에 대한 인식은 확실하지 않으므로 확실성을 보장받을 수 있는 것은 '나' 속에 있는 내용, 즉 지각되는 내용이라고 생각하는 것이 옳을 것이다. 이것이 바로 **현상적 믿음**이다.6)

바로 위에서 언급했던 예를 가지고, 과연 경험을 통해서 확실성을 보장받을 수 있는 믿음이 어떤 것인지를 확인해 보자. 내게 어떤 경험이 있었고 이를 근거로 <저기에 나무가 있다> 혹은 <밖에서 개가 짖는다>는 믿음을 형성하였지만 이들 믿음은 확실하지를 못했다. 그렇다면 그런 경험을 통해서 우리가 확실하게 믿을 수 있는 것은 <저기에 나무가 있는 것처럼 보인다>와 <밖에서 개가 짖는 것처럼 들린다>일 것이다.

그러면 "이러이러하게 보인다(들린다)"는 식의 믿음은 왜 틀림이 없을까? 위의 예에서 내가 본 것이 실제로 플라스틱으로 만든 인조나무라고 하더라도 그것이 내게 나무가 있는 것처럼 보이는 것은 여전히 사실이다. <저기에 나무가 있는 것처럼 보인다>는 명제는 저기에 나무가 있다는 것을 함축하지 않는다. 따라서 저기에 나무가 없어도 <저기에 나무가 있는 것처럼 보인다>는 확실하다. 왜냐하면 <저기에 나무가 있다>라는 것은 **외부 세계에 대한 판단**인 반면 <저기에 나무가 있는 것처럼 보인다>는 것은 **나의 내면에 들어 있는 경험적 내용**이기 때문이다. '나'로부터 벗어나는 순간 확실성을 보장받지 못한다는 사실을 받아들인다고 하더라도 나의 의식 속에 있는 내용은 틀림없다. 이것이 바로 버클리가 확실성을 보장받을 수 있다고 생각한 'percipi'이다.

<밖에서 개가 짖는 것처럼 들린다>도 같은 방식으로 설명될 수 있다. 설령 개의 소리를 잘못 들었거나 개의 소리를 낸 주체가 사람 또는 녹음테이프였다고 하더라도, 여전히 <밖에서 개가 짖는 것처럼 들린

---

6) 지각되는 내용을 바로 현상적 믿음이라고 하는 것은 사실 성급한 결론이다. 하지만 이에 대한 자세한 논의는 다음 장으로 미루도록 하겠다.

다>는 확실하다. 설령 개가 없었다고 해도, 개가 짖는 것처럼 들리는 것은 여전히 참이며 의심의 여지가 없기 때문이다. 이와 같이, '~처럼 보인다', '~처럼 들린다', '~처럼 느껴진다' 등의 표현으로 된 믿음을 일반적인 감각적 믿음과 구별하여 **현상적 믿음**이라고 한다.

그러면 왜 이런 믿음을 현상적 믿음(appearance belief)이라고 하는가? 'P로 보인다'[7]를 영어로 표현하면, "It appears to me that P"이며 실제로 P를 주장하는 것이 아니라 P로 여겨진다는 의미의 'appear'라는 단어를 사용하고 있어서 이런 종류의 믿음을 appearance belief라고 하는 것이다. 경우에 따라서는 '내게 붉게 보인다'는 말을 영어로 표현할 때, "It seems to me that there is something red"라고 하는 대신 "I am appeared to redly"라고 말하기도 하는데 이는 that절 안에 있는 'something'이 마치 공간을 차지하고 있는 어떤 것이 있는 것처럼 오해를 주지 않게 하기 위해서 something이란 표현을 제거하고 사용하는 것이다.

현상적 믿음에 대하여 한 가지 설명을 첨가하고자 한다. 내게 붉게 보인다고 해서 내가 꼭 저기에 붉은 것이 있다고 믿을 필요는 없다. 즉 "내게 붉게 보인다"와 "붉은 것이 있음을 내가 믿는다"는 의미가 다를 뿐만 아니라 논리적인 함축관계도 없다. 예를 들어, 내게 붉게 보인다고 하더라도 흰 물체에 붉은 조명이 비추고 있음을 내가 알고 있다면 "내게 붉게 보인다"는 것은 받아들이면서도 저기에 붉은 것이 있음을 믿지는 않을 것이기 때문이다.

이러한 현상적 믿음은 일반적인 감각적 믿음과 달리 확실성을 보장 받을 수 있으며 내게 어떻게 보인다는 식의 믿음도 수적으로 충분히

---

7) 여기서 P는 명제를 나타낸다.

많다고 볼 수 있다. 우리가 경험을 할 때마다 이렇게 저렇게 보인다는 식의 믿음을 형성할 수 있기 때문이다. 이런 면에서 Q1), 즉 "어떤 종류의 믿음이 기초적 믿음이 될 수 있는가?"에 대한 대답으로는 현상적 믿음이 가장 무난하다고 할 수 있겠다.8) 이와 같이 Q1)에 대하여 현상적 믿음이라고 대답하는 입장을 '**고전적 토대론**(classical foundationalism)' 혹은 '**데카르트적 토대론**(Cartesian foundationalism)'이라고 칭한다.

4) 기초적 믿음은 어떻게 정당화되는가?

앞에서 현상적 믿음이 기초적 믿음이 되기에 가장 적절하다는 논의를 했다. 이는 확실성을 보장받을 수 있기 때문이다. 그러면 우리는 이러한 현상적 믿음이 **어떻게** 정당화되는지를 생각해 보아야 한다. 토대론에서 기초적 믿음은 다른 비기초적 믿음에 대한 정당성의 근거가 되기 때문에 이러한 기초적 믿음이 정당한 믿음이 아니라면 다른 믿음에 대해서도 정당성을 부여할 수 없기 때문이다.

그런데 토대론에 따르면, 기초적 믿음이란 다른 믿음에 의해서 정당성을 부여받지 않는 믿음을 말한다. 그러므로 기초적 믿음은 그 정당성의 근거를 다른 믿음에 둘 수 없다. 그러면 기초적 믿음의 정당성을 어떻게 설명할 것인가?

가장 먼저 떠오르는 가능성은 '**스스로 정당화됨**(self-justified)'이다. 만일 A가 B에 의해서 정당화되고 B도 C에 의해서 정당화된다고 가정해 보자. 이때 만일 C가 토대론에서 말하는 기초적 믿음이라면 C는 다

---

8) 이 부분에 대한 비판적 고찰은 뒤에서 다루도록 하겠다.

른 믿음에 정당성을 의존할 수 없으므로 스스로 정당화된다고 생각하였다. 따라서 기초적 믿음에 대한 설명을 다음과 같이 제시할 수 있다.

> **(BB)** 어떤 명제 P가 S에게 **기초적 믿음**이 되기 위한 필요충분조건은 P에 대한 S의 믿음이 스스로 정당화되는 것이다.

그렇다면 어떤 조건이 만족될 때 어떤 명제에 대한 믿음이 스스로 정당화될 수 있을까? 한 믿음이 스스로 정당화될 수 있는 이유는 그 믿음이 의심 불가능하거나(undubitable), 틀릴 수 없는 경우(infallible) 또는 남에 의해서 교정될 수 없는 경우(incorrigible)이기 때문이라는 것이다. '의심의 여지가 없는 확실한 것'과 '틀림없음'에 대해서는 Q1)을 다루면서 여러 번 언급했으므로 다시 여기서 언급할 필요는 없을 것이다.

'남에 의해서 교정될 수 없음'은 이렇게 설명될 수 있다. 예를 들어, 내가 어떤 물체를 보고 <저것은 붉다>라고 믿었다고 가정하자. 물론 그 물체로부터 야기된 경험을 통하여 내게 붉게 보인 것은 사실이지만 그 물체는 흰색이고 단지 붉은 조명이 그 물체에 비춘 것이다. 이 경우, 그것이 흰색이며 붉은 조명 때문에 붉게 보이는 것임을 알고 있는 사람은, "아니야, 저것은 붉지 않고 흰색이야"라고 나의 믿음을 교정해 줄 수 있다. 이와 같이 일반적인 감각적 믿음은 남에 의해서 교정될 수 있는 여지가 있다.

하지만 현상적 믿음의 경우에는 남에 의한 교정이 불가능하다. 동일한 상황에서 <저것은 내게 붉게 보인다>고 믿는다고 가정하자. 설령 그것이 흰색 물체이고 붉은 조명 때문에 붉게 보인다고 하더라도 이 상황에서, "아니야, 저건 네게 붉게 보이지 않아"라고 말하는 것은 어색하다. 아무리 그것이 흰색이었다고 하더라도 당사자가 아닌 사람이 내 머릿속에 있는 경험의 내용을 확인하고 그것이 틀렸음을 알려줄 방법은 없기 때문이다. 이런 의미에서 토대론의 기초적 믿음이 되는 현상적 믿음은 남에 의해서 교정될 수 없는 특성 또한 갖고 있다고 보아야 할 것이다.

'스스로 정당화됨'을 '의심할 수 없음', '틀림없음', '남에 의해 교정될 수 없음'으로 설명을 했는데 이들 설명의 공통점은 이러한 속성을 가지고 있는 명제를 믿을 경우, 그것이 참이라는 사실을 보장할 수 있다는 것이다. 역으로 말하면, 일반적인 감각적 믿음처럼 의심의 여지가 있는 명제를 믿게 될 경우에는 그 믿음의 대상이 되는 명제의 참이 보장되지 않음을 확인할 수 있었다. 그것이 바로 의심할 여지가 있는 것이었고, 틀릴 수 있는 이유였으며 그렇기에 다른 사람에 의해서 교정될 수도 있는 것이었다.

그렇다면, '스스로 정당화됨'의 핵심은 그 명제를 믿었을 경우 그 명제가 거짓일 가능성이 없다는 점이라고 할 수 있겠다. 그렇기에 의심할 수 없고, 틀림없으며 남에 의해서 교정될 수도 없는 것이다. 이러한 아이디어를 살려서 '스스로 정당화됨'을 분석하여 보겠다.

> (SJ) 어떤 명제 P에 대한 S의 믿음이 **스스로 정당화**되는 필요충분조건은 필연적으로, S가 P를 믿는다면 P는 참이다.

(SJ)를 간단히 표현하면 다음과 같다.

> (SJ) "$_sB_P$가 스스로 정당화됨" iff $\square(_sB_P \rightarrow P)$[9]

여기서 주의해야 할 사항은 (SJ)에서의 '필연성'이 P에 대한 S의 믿음과 P의 진리치의 **관계**에서 성립하는 관계 개념이라는 것이다. 그러면 왜 '필연성'이란 조건이 필요한 것일까? 만일 '스스로 정당화됨'의 조건을 단순히 $(_sB_P \rightarrow P)$로 제시한다면 P가 우연히 참이 되는 것을 방지할 수 없다. 제2장에서 앎의 필요조건으로 정당성 조건을 설명할 때, 어떤 명제를 알기 위해서 그 명제를 믿는 것에 대한 정당성이 필요한 이유는 아무 근거 없이 믿게 된 명제가 우연히 참이 될 경우 우리는 그것을 안다고 하기 어렵기 때문이라고 설명한 적이 있다. 이러한 우연적인 참 믿음으로부터 앎을 구분하기 위해서 인식적 정당성이 필요조건이 되어야 한다는 것이었다. 그런데 이러한 정당성에 대한 이론인 토대론에서 정당한 믿음인 기초적 믿음을 설명함에 있어서 우연적 참을 배제하지 못한다면 문제가 되는 것은 분명하다.

좀 더 구체적으로 왜 '필연성'이 필요한지를 생각해 보자. 철이의 애인이었던 순이는 철이와 이별하기로 결심을 하고 어제 철이를 만나서 단호하게 그만 만나자는 말을 전했다. 철이는 울며 매달려 보았지만 이미 식어 버린 순이의 마음을 돌릴 수가 없었다. 객관적으로 보기에는 순이와의 관계가 이제 모두 끝나 보였으나 이를 받아들이기 힘든 철이는 단순한 희망사항을 통해서 <순이가 철이를 계속 만날 것이다>를 여전히 믿고 있었다. 철이의 이러한 믿음은 아무런 근거가 없는 정

---

9) 여기서 '$\square$'는 '필연적'이란 의미를 가지고 있다.

당하지 않은 믿음이다. 하지만 철이 모르게, 순이가 집으로 돌아가는 도중, 친구 영이와 헤어진 돌이가 인생을 비관하여 자살했다는 말을 전해 듣고 철이도 사고를 칠 가능성이 있다는 우려에서 철이를 계속해서 만나기로 결심하였다.

이 경우, <순이가 철이를 계속 만날 것이다>라는 철이의 믿음은 아무런 근거 없이 희망사항을 통해서 믿는 것이므로 정당하지 않지만 (SJ)는 만족을 시킨다. 이와 같이 (SJ)에서 필연성 조건이 결여되면 아무거나 믿어도 그것이 참이 되기만 하면 모두 기초적 믿음이 되는 문제가 생긴다. 따라서 (SJ)를 만족시키려면, <순이가 철이를 계속 만날 것이다>를 철이가 믿을 경우, 그것이 실제로 참인 것만 가지고는 안 되고 반드시 참이어야 한다. 즉 철이가 그 명제를 믿으면서 그 명제가 거짓인 경우가 불가능해야 한다. 하지만 설령 그 명제가 실제로는 참이라고 하더라도 거짓일 가능성은 충분히 있다. 돌이의 자살 사건만 없었어도 순이는 자신의 마음을 바꾸지 않았을 것이고, 따라서 위의 명제는 거짓이 되었을 것이다. 이와 같이, 필연성 조건이 포함되면 믿고 있는 명제가 우연히 참이 되는 경우로는 (SJ)를 만족시키지 못하므로 기초적 믿음에 대한 설명으로 큰 문제가 없게 된다.

그러면 앞에서 언급했던 현상적 믿음들이 과연 이러한 조건을 만족시키는지 살펴보도록 하자. 감각적 경험을 근거로 <나무가 있는 것처럼 보인다>는 명제를 내가 믿었다면 그것이 거짓인 경우는 생각할 수 없다. 왜냐하면 설령 그것이 실제 나무가 아니더라도 내게 나무로 보이는 것은 사실이기 때문이다.

반면에 일반적인 감각적 믿음은 (SJ)를 만족시키지 못한다. <저기에 나무가 있다>는 명제를 내가 믿더라도 이는 거짓일 수 있다. 내가 지금 헛것을 보고 있을 수도 있고, 진짜 나무가 아닌 크리스마스트리용

인조 나무를 보고 있을 수도 있기 때문이다.

(SJ)는 기초적 믿음의 기본적 성격을 잘 설명해 주고 있다. 어떤 명제에 대한 믿음이 거짓일 수 없다면 그러한 믿음들은 다른 믿음들에 정당성을 부여하는 기초적 믿음으로서의 역할을 충분히 해낼 수 있기 때문이다. 그러면 우리가 설명하고자 하는 궁극적인 대상은 '기초적 믿음'이므로 (BB)와 (SJ)를 통합하여 '스스로 정당화됨'을 매개로 하는 기초적 믿음의 설명을 다음과 같이 제공할 수 있다.

> (BBSJ) 어떤 명제 P가 S에게 **기초적 믿음**이 되기 위한 필요
> 충분조건은 필연적으로, S가 P를 믿는다면 P는 참이
> 다.

이제, (BBSJ)가 기초적 믿음에 대한 적절한 기준이 될 수 있는지에 대하여 생각해 보기로 하겠다.

(1) (BBSJ)에 대한 반례 – 삼각형의 예

(BBSJ)는 약간의 수정을 필요로 한다. 이 조건을 만족시키면서 기초적 믿음이라고 볼 수 없는 경우가 있기 때문이다.[10] (BBSJ)에게 골칫거리를 제공하는 예는 수학적이거나 논리적인 명제들이다. 수학적이거나 논리적인 명제들은 참일 경우, 필연적으로 참이다. 즉, 거짓일 가능성이 전혀 없다. 그런 의미에서 수학적으로 참인 명제들은 (BBSJ) 필요충분조건의 오른쪽을 만족시킨다. 왜냐하면 수학적 명제는 필연적

---

10) 기초적 믿음이 되지 못할 뿐만 아니라 정당한 믿음조차 못 되는 경우이다.

으로 참이므로 S가 그 명제를 믿었을 때 거짓이 될 수 없기 때문이다.

하지만 수학적이거나 논리적인 명제를 믿는 것이 항상 정당한 것은 아니다. 다음의 예를 생각해 보자. 어떤 초등학교 1학년 학생이 우연히 <삼각형의 내각의 합은 180도이다>라는 수학적 명제를 믿었다고 가정하자. 그 학생이 이 내용을 선생님이나 믿을 만한 사람으로부터 그 내용을 들은 것이 아니라 우연히 벽에 쓰인 낙서를 보고 믿은 것이다. 만일 <철수는 똥개이다>라는 낙서를 그 학생이 보았을 경우, 그가 철수를 전혀 알지 못하는 상황에서도 아무 생각 없이 그것을 믿을 만큼 단순하다면 <삼각형의 내각의 합은 180도이다>라는 그의 믿음은 정당한 믿음이 아니라고 보아야 할 것이다. 모든 기초적 믿음은 정당한 믿음이므로 만일 그 초등학생의 믿음이 정당하지 않다면 그것은 기초적 믿음이 될 수 없다.

그럼에도 불구하고, <삼각형의 내각의 합은 180도이다>는 여전히 필연적으로 참이다. 즉, (BBSJ)에서 P에다가 <삼각형의 내각의 합은 180도이다>를 대입했을 경우, 기초적 믿음은 아니면서 필요충분조건의 오른쪽을 만족시켜서 F iff T가 나오게 된다. 이는 (BBSJ)에 대한 반례가 된다.

(2) 삼각형의 예에 대한 (BBSJ)의 수정

이를 해결하기 위해서는 (BBSJ)를 조금 수정해야 한다. 수학적 명제의 경우에서, 이러한 반례가 나올 수 있는 이유는 'P에 대한 S의 믿음'이 아무런 역할을 하지 않은 채, 후건에 해당하는 명제 P가 필연적으로 참이 되기 때문이다. 이런 현상을 방지하기 위해서 다음과 같이 수정하고자 한다.

> (BBSJ*) 어떤 명제 P가 S에게 **기초적 믿음**이 되기 위한 필
> 요충분조건은
> 1) 필연적으로, S가 P를 믿는다면 P는 참이고,
> 2) 필연적으로, S가 P의 부정을 믿는다면 P는 거짓
>   이다.

그러면 (BBSJ*)는 삼각형의 예를 어떻게 해결하는가? 위의 반례에 대한 해결책의 핵심은 (BBSJ*)의 2)번 조건에 있다. 즉, 삼각형의 예는 2)번 조건을 만족시키지 못하기 때문에 F iff F가 되어 더 이상 반례가 되지 않는다는 것이다.

그 초등학생은 아무런 근거 없이 벽에 쓰인 <삼각형의 내각의 합은 180도이다>를 믿어 버린 것이다. 그 상황에서 그 아이는 벽의 낙서가 "삼각형의 내각의 합은 180도가 아니다"라고 쓰여 있었어도 그 내용, 즉 P의 부정을 믿었을 것이다. (BBSJ*)의 2)번 조건을 만족시키려면 이 경우에, P, 즉 <삼각형의 내각의 합은 180도이다>가 거짓이 되어야 한다.[11] 하지만 설령 그 초등학생이 P 명제의 부정, 즉 <삼각형의 내각의 합은 180도가 아니다>를 믿는다 하더라도, P는 여전히 참이다. 따라서 삼각형의 예는 (BBSJ*)의 2)번 조건을 만족시키지 못하므로 이 예는 (BBSJ*)에 더 이상 반례가 되지 못한다.

여기에서 우리는 기초적 믿음의 후보라고 생각한 현상적 믿음들이 (BBSJ*)의 2)번 조건을 만족시키는지도 확인해 보아야 한다. 만일 현

---

11) 여기서 조심해야 할 것은 2)번 조건이 말하는 것이 S가 P의 부정을 믿을 때 P의 부정이 거짓이 되기를 요구하는 것이 아니라, P 자체가 거짓이기를 요구하는 점이라는 것이다.

상적 믿음들이 2)번 조건을 만족시키지 못한다면 빈대 잡으려다 초가 삼간을 다 태우는 우를 범하는 것일 수도 있기 때문이다.

다행스럽게도 현상적 믿음들은 (BBSJ*)의 2)번 조건을 만족시킨다. <저기에 나무가 있는 것처럼 보인다>를 예로 들어 설명해 보자. 필연적으로, 내가 <저기에 나무가 있는 것처럼 보인다>를 믿는다면 그것은 참이다. 하지만 만일 내가 이 명제의 부정을 믿는다고 가정하자. 이 상황에서 내게 나무가 있는 것처럼 보이지 않을 것이다. 그렇다면 P 명제, 즉 <저기에 나무가 있는 것처럼 보인다>는 거짓이 된다. 앞에서도 언급한 것처럼 현상적 명제의 진리치는 실제로 저기에 나무가 있느냐에 의해서 결정되는 것이 아니라 내게 나무가 있는 것처럼 보이느냐의 문제이므로 내게 나무가 없는 것처럼 보인다면 <저기에 나무가 있는 것처럼 보인다>는 거짓이 된다. 그러면 현상적 믿음들은 (BBSJ*)의 2)번 조건을 만족시키므로 기초적 믿음의 조건을 통과한다고 볼 수 있다.

(3) (BBSJ*)에 대한 반례 1 - 가려움증의 예[12]

다음의 이야기는 현상적 믿음이면서 (BBSJ*)의 1)번 조건을 만족시키지 못하는 예이다. 만일 어떤 현상적 믿음이 (BBSJ*)의 1)번 조건을 만족시키지 못한다면 이는 기초적 믿음이 되지 못하므로 현상적 믿음이 기초적 믿음이 된다는 앞에서의 설명과 상충하게 되며 따라서 (BBSJ*)에 대한 비판이 될 수 있다.

나는 등이 가려워서 여러 번 긁다가 피부과를 찾아가 보았다. 내가 자신의 증상을 설명하자 의사가 자세히 진찰을 하더니 내게 나타나는

---

12) 이 예는 (BBSJ*)에 대한 반론일 뿐만 아니라 (BBSJ)에 대한 반론도 될 수 있다. 왜냐하면 이 예가 문제를 삼고 있는 조건은 (BBSJ*)의 1)번 조건인데 그 조건은 (BBSJ)에도 포함되어 있기 때문이다.

현상은 가벼운 통증이라고 설명하였다. 병원을 다녀온 이후로 나는 같은 증상이 있을 때마다 다음과 같은 믿음을 형성하였다.

P 내게 가벼운 통증이 느껴진다.

P는 "이러이러하게 보인다, 들린다, 느껴진다"에 해당하는 현상적 믿음이다. 하지만 의사는 의도적으로 철이이게 거짓말을 하였다. 사실 내가 느끼는 것은 가려움증이 맞는데 자신이 발표할 논문에 대한 자료를 얻기 위해서 일부러 가벼운 통증이라고 말했던 것이다. 이 예는 (BBSJ*)에 대한 반례가 되어 보인다. 왜냐하면 <내게 가벼운 통증이 느껴진다>는 명제에 대한 믿음은 현상적 믿음이고 따라서 기초적 믿음이어야 하지만, 내가 P를 믿으면서 P는 거짓이기 때문이다. 따라서 (BBSJ*)를 기준으로 볼 때, 이 예는 T iff F에 해당하므로 (BBSJ*)에 대한 반례가 되어 보인다.

(4) 가려움증의 예에 대한 대답

가려움증의 예로부터 (BBSJ*)를 변호하는 방법은 두 가지가 있다. 하나는 그 예가 말하는 것을 그대로 다 인정하되 그것이 기초적 믿음임을 부정하는 것이다. 그러기 위해서는 이제까지 분명하게 설명되지 않았던 부분에 대한 명료화가 필요하다.

우리는 앞의 3)항에서 기초적 믿음이 되기에 가장 적절한 대상을 현상적 믿음이라고 설명하였다. 하지만 우리는 현상적 믿음을 "이러이러하게 보인다, 들린다, 느껴진다"의 형태를 취하는 믿음이라는 정도만을 지적했을 뿐 정확히 어떤 기준을 만족시켜야 현상적 믿음이 되는가에 대한 논의를 전개하지는 않았었다. 만일 "이러이러하게 보인다, 들린다, 느껴진다"의 형태를 취하는 믿음이 현상적 믿음이라고 이해한다면 다음과 같은 주장이 가능하다. 그것은 바로 모든 현상적 믿음이 다 기초적 믿음일 필요는 없다는 것이다. 즉 기초적 믿음이 되기 위해서는 그것이 현상적 믿음이어야 하지만, 현상적 믿음이라고 해서 다 기초적 믿음이라고 받아들일 필요는 없다는 점이다.

그렇다면 위의 예에서 P에 대한 믿음 역시 <내게 가벼운 통증이 느껴진다>는 현상적 믿음의 형식을 취하고 있기는 하지만 그것 자체가 꼭 기초적 믿음일 필요는 없다. 그렇다면 P에 대한 믿음은 기초적 믿음도 아니고 (BBSJ*)의 1)번 조건도 만족시키지 못하고 있으므로 F iff F가 되어 (BBSJ*)에 대한 반례가 되지 못한다.

과연 무엇을 근거로 <내게 가벼운 통증이 느껴진다>는 믿음이 기초적 믿음이 아니라고 설명할 수 있을까? 기초적 믿음이 무엇인가를 다시 한 번 생각해 보자. 기초적 믿음이란 그것의 정당성을 다른 믿음에 의존하지 않는 믿음을 말한다. 그런데 가려움증의 예에서, P에 대한 나의 믿음은 의사의 진단에 관한 믿음을 근거로 얻어졌다고 볼 수 있다. 따라서 P에 대한 믿음의 정당성은 "당신이 경험하고 있는 증상은 가벼운 통증이다"라는 의사의 말에 대한 믿음에 의해서 확보되고 있다. 역으로 말해서, 의사의 그러한 말이 없었다면, P에 대한 철이의 믿음은 정당화되기 어려웠을 것이다. 그렇다면 P에 대한 나의 믿음은 그 정당성을 다른 믿음에 의존하고 있으므로 이는 기초적 믿음이 아니게 되는 것이다.

이러한 답변을 정리하면 다음과 같다. 먼저 "이러이러하게 보인다, 들린다, 느껴진다"는 모양을 가진 믿음들을 현상적 믿음이라고 할 때, 모든 현상적 믿음이 기초적 믿음이 되는 것은 아니다. 이런 현상적 믿음 중에는 다른 믿음에 근거하여 추론을 통해서 정당성을 확보하는 경우도 있는 것이다. 따라서 가려움증의 예에서 제시된 P에 대한 믿음은 현상적 믿음이라고 인정하더라도 이는 기초적 믿음이 아니게 된다는 것이다.

위의 반례에 대하여 대답하는 또 다른 하나의 방법은 P에 대한 믿음을 기초적 믿음이라고 유지하되, 문장(sentence)과 명제(proposition)를 구분하여 설명하는 것이다. 문장이란 문법에 맞게 쓰인 일련의 기호인 반면 명제는 그러한 문장에 의해서 표현되는 내용이다. 그렇다면 믿음의 대상이 되는 것은 기호 차원의 문장이 아니라 그 기호에 의해서 표현되는 내용, 즉 명제이다.

우리는 가려움증의 예에서 P 자체를 명제로 보았는데 좀 더 자세히 살펴보면, 나는 의사로부터 당신이 경험하고 있는 것은 '가벼운 통증'이라는 말을 전해들은 것이다. 위의 예에서는 너무나 당연하게 '가벼운 통증'이란 언어적 표현이 우리가 일반적으로 의미하는 가벼운 통증이라고 생각하고 논의를 전개했지만 그것은 그렇게 당연하게 볼 문제가 아닐 수도 있다. 의사는 내가 느끼는 증상, 즉 가려움증을 표현하는 방식으로 '가벼운 통증'이란 표현을 선택했으므로 엄밀히 말하면 의사가 말한 '가벼운 통증'은 가려움증을 의미한다고 말해야 할 것이다. 그렇다면 내가 의사로부터 들어서 믿게 된 "내게 가벼운 통증이 느껴진다"는 것이 실제로 표현하는 명제는 <내게 가려움증이 느껴진다>일 것이다. 그렇다면 내가 믿고 있는 명제는 P가 아니라 <내게 가려움증이 느껴진다>이며 이는 거짓이 아니므로 (BBSJ*)의 1)번 조건을 위반하지 않는다. 이러한 논의를 받아들이면, 첫째 해결책과는 달리, 이 대답에서는 P가 아닌 <내게 가려움증이 느껴진다>가 현상적 믿음으로 기초적 믿음이 되고 이는 (BBSJ*)의 조건을 만족시키므로 T iff T의 형태가 되어 반례로 성립하지 않는다.

(5) (BBSJ*)에 대한 반례 2 − 말벌의 예[13]

내 방에 큰 괘종시계가 있다고 가정해 보자. 그 시계는 정각에 종을
칠 때마다 붉은 빛이 번쩍 비추도록 되어 있다. 그래서 나는 시계가 종
을 칠 때마다 붉은 빛이 번쩍거린다고 믿는다. 어느 날, 내 방에 큰 말
벌이 들어와서 코앞을 왔다 갔다 하는 바람에 그것만 신경을 쓰고 있
는 사이에 시계에서 종 치는 소리가 들렸다. 나는 코앞에 있는 말벌 때
문에 시계를 제대로 볼 수는 없었지만 관습적으로 <내게 붉게 보인다>
는 명제를 믿었다.

그런데 사실은 내가 모르는 사이에 시계가 고장이 나서 종소리가
났음에도 붉은 빛이 번쩍거리지는 않았다. 이 경우, 내게 붉게 보인다
는 현상적 믿음을 가지고 있지만 붉은 빛이 실제로 난 것은 아니므로
그 믿음은 거짓이 된다. 그렇다면, <내게 붉게 보인다>는 믿음은 현상
적 믿음으로 기초적 믿음이 되지만 (BBSJ*)의 1)번 조건을 만족시키
지 못한다. 왜냐하면 내가 이 명제를 믿고 있지만 실제로 붉은 빛이 시
계에서 번쩍거리지는 않았으므로 <내게 붉게 보인다>는 거짓이 되기
때문이다. 그렇다면 T iff F가 되어 (BBSJ*)에 대한 반례가 될 수 있다.

(6) 말벌의 예에 대한 대답

말벌의 예에 대해서도 두 가지 경우를 나누어서 설명할 수 있다. 하
나는 실제로 시계에서는 붉은 빛이 번쩍이지 않았지만, 일종의 조건반

---

13) 이 예 역시 가려움증의 예와 마찬가지로 (BBSJ)에 대한 문제 제기로도 이해
   될 수 있다.

사 비슷한 것에 의해서 내게 붉게 보이는 경우를 생각할 수 있다. 단지 붉게 보이는 경험이 시계의 붉은 빛으로부터 야기되지 않았을 뿐이지 내게 붉게 보이는 것은 사실인 경우가 있을 수 있다는 것이다. 이러한 경우라면 (BBSJ*)의 1)번 조건이 만족된다. 실제로 내게 붉게 보였기 때문이다. 그러면 T iff T가 되기에 더 이상 (BBSJ*)에 대한 반례가 되지 않는다.

하지만 이와 같이 조건반사가 모든 경우에 일어나는 것은 아닐 것이다. 다시 말해서, 실제로 붉게 보이는 경험을 하지 않고도 <내게 붉게 보인다>는 믿음을 가질 수 있다는 것이다. 이러한 경우에는, 가려움증의 예에서와 마찬가지로, 여기서 <내게 붉게 보인다>에 대한 믿음은 현상적 믿음이기는 하나 기초적 믿음이 아니라 다른 믿음에 의존하여 정당성을 부여받는 추론된 믿음이라고 주장하는 것이다. 이 상황에서 <내게 붉게 보인다>를 내가 믿게 되는 계기는 직접 붉은 것에 대한 시각적 경험을 한 것이라기보다는 종소리를 듣고 <시계 종소리를 들으면 내게 붉게 보인다>라는 조건문을 사용하여 <내게 붉게 보인다>는 명제를 믿게 된 것이라고 볼 수 있다. 이는 다음 믿음으로부터 추론된 것이므로 더 이상 기초적 믿음이 아니게 된다. 그러면 F iff F이므로 이 역시 (BBSJ*)에 대한 반례가 되지 않는다.

Q2)에 대한 논의, 즉 기초적 믿음은 어떻게 정당화되는가에 대한 논의를 접기 전에 한 가지 지적하고 싶은 것이 있다. Q1)에 대한 논의 끝부분에, '고전적(데카르트적) 토대론'에서는 Q1), 즉 "어떤 믿음이 기초적 믿음인가?"에 대하여 현상적 믿음만이 기초적 믿음이 될 수 있다는 입장을 밝힌 바 있다. 그렇다면 고전적 토대론자들이 Q2)에 대해서는 무엇이라고 대답할까?

지금까지 언급한 대로, 기초적 믿음은 스스로 정당화된다고 생각하였다. 기초적 믿음이 다른 믿음에 의존하지 않고 스스로 정당화된다고 생각한 이유는 이러한 기초적 믿음이 의심의 여지가 없는 확실성을 가지고 있기 때문이다. 이러한 '스스로 정당화됨'을 설명하는 방식 중 하나가 (SJ*)였다. 이것이 고전적 토대론자들의 Q2)에 대한 기본적인 입장이라고 보면 좋을 것이다.

5) 비기초적 믿음은 기초적 믿음으로부터 어떻게 정당화되는가?

이제까지 다룬 내용은 주로 기초적 믿음에 대한 이야기였다. 즉 기초적 믿음의 후보로 어떤 종류의 믿음을 들 수 있으며, 도대체 기초적 믿음은 어떻게 정당화되는가에 대한 논의를 전개한 것이다. 토대론에 있어서 기초적 믿음에 대한 설명이 중요한 것은 사실이지만 믿음의 숫자로 보면 기초적 믿음보다는 비기초적 믿음이 훨씬 더 많을 것이기 때문이다. 그렇다면 기초적 믿음으로부터 비기초적 믿음이 어떻게 정당화되는가를 설명하는 것도 매우 중요하다.

고전적 토대론자의 대표자라고 할 수 있는 데카르트는 수학적 모델을 본받아서 비기초적 믿음이 기초적 믿음으로부터 연역적으로 도출되어야지 정당성을 부여받을 수 있다고 생각하였다. 즉, 비기초적 믿음이 기초적 믿음을 근거로 정당하게 되려면 기초적 믿음이 비기초적 믿음을 논리적으로 함축해야 한다는 것이다. 이러한 입장은 바로 문제점이 드러난다. <내게 붉게 보인다>는 현상적 믿음으로부터 <여기에 붉은 것이 있다>는 우리의 일반적인 믿음이 논리적으로 도출되지 않는다. 지금 내게 붉게 보이는 것이 참이라고 하더라도 여기에 붉은 것이 없을 가능성은 있다. 예를 들어, 어떤 물건이 흰색이면서 그 위에 붉은 조명이 비추고 있는 경우를 생각할 수 있기 때문이다.

만일 기초적 믿음과 비기초적 믿음 사이의 관계를 연역이라고 생각하면 기초적 믿음으로부터 비기초적 믿음이 다른 보조 전제 없이 직접 논리적으로 도출되는 경우는 없으므로 비기초적 믿음 중 정당화된 믿음이 하나도 없을 수 있다. 이는 토대론자들도 받아들이기 어려운 결론이다.

이러한 곤경을 극복하기 위해서 제안된 것은 보조 전제를 하나 첨가하는 것이다.

논증1)

    P1 내게 붉게 보인다.

    ―――――――――――――――――

    C 내 앞에 붉은 것이 있다.

논증1)은 연역적 논증이 아니므로, 전제의 참이 결론의 참을 보장할 수 있는 타당한 논증을 만들기 위해서 숨은 전제를 첨가해 보기로 하겠다.

논증2)

    P1 내게 붉게 보인다.
    P2 내 주위 조건은 정상적이다.
    P3 만일 내 주위 조건이 정상적이라면, 내게 붉게 보일
         때 내 앞에 붉은 것이 있다.

    ―――――――――――――――――

    C 내 앞에 붉은 것이 있다.

이제 논증2)는 전제의 참이 결론의 참을 보장한다. 즉, 전제가 모두 참이라면 결론도 반드시 참이 되는 타당한 논증으로 전제와 결론의 관계가 연역적 관계가 되었다. 따라서 P2와 P3을 첨가한다면 내게 붉게 보인다는 현상적 믿음으로부터 내 앞에 붉은 것이 있다는 비기초적 믿음을 정당화할 수 있다.

앞에서 제시했던, 흰 물건에 붉은 빛이 비추는 경우는 P2에 의해서 배제될 수 있다. 왜냐하면, 물체 위에 붉은 빛이 비추어지고 있다면 이는 내 주위 조건이 정상적이지 않은 상황, 즉 우리가 흔히 처해 있는 조건이 아니라는 것이다.

하지만 이러한 시도에는 다른 문제점이 있다. P1, P2 그리고 P3으로부터 C가 정당화되기 위해서는 P1과 더불어 P2와 P3도 정당한 믿음이어야 한다. P1은 기초적 믿음으로 정당한 믿음이라고 인정한다 하더라도 P2와 P3에 대해서는 별개의 근거가 필요하다. 만일 P2나 P3이 정당화된 믿음이 아니라면 이를 근거로 하는 C도 당연히 정당성을 부여받을 수 없기 때문이다.

그렇다면 P2나 P3도 기초적 믿음이거나, 다른 기초적 믿음으로부터 정당성을 부여받은 비기초적 믿음이어야 할 것이다. 하지만 P2나 P3은 현상적 믿음이 아니므로 기초적 믿음이 아니다. 그러면 P2를 뒷받침할 수 있는 근거는 "내 주위 조건이 **정상적으로 보인다**"는 기초적 믿음이어야 할 것이다. 하지만 "내 주위의 조건이 **정상적으로 보인다**"는 것으로부터는 P2가 연역에 의해서 도출되지 않는다.

P2를 기초적 믿음의 형태인 "내 주위의 조건이 **정상적으로 보인다**"로 수정하면 어떻게 될까?

논증3)

> P1 내게 붉게 보인다.
>
> P2 내 주위 조건은 정상적으로 보인다.
>
> P3 만일 내 주위 조건이 정상적으로 보인다면, 내게 붉게 보일 때 내 앞에 붉은 것이 있다.
> _____
>
> C 내 앞에 붉은 것이 있다.

안타깝게도 논증3)에서는 P3이 거짓이다. 내 주위의 조건이 정상적으로 보여도 실제로는 비정상적인 상황일 수 있다. 예를 들어, 게티어 유형의 예에서 양의 탈을 쓴 늑대가 동물원에 있는 경우, 그 상황은 매우 비정상적인 경우였음에도 내게는 주위의 조건이 정상적으로 보였을 수 있으며, 그 상황에서 내게 양이 있는 것처럼 보였지만 실제로 내가 보고 있는 것은 양이 아니었음을 기억할 필요가 있다. 따라서 내게 주변 조건이 정상적으로 보인다고 하더라도 붉게 보이면서 실제로 내 앞에 붉은 것이 없는 경우를 충분히 생각해 낼 수 있다.

위의 논의에서 볼 때, 비기초적 믿음이 기초적 믿음에 의해서 정당화되는 방법을 연역으로 한정하면 우리가 정당하게 믿는 많은 비기초적 믿음의 정당성을 설명하지 못하게 될 것이다. 따라서 Q3) 즉 비기초적 믿음이 기초적 믿음으로부터 어떻게 정당화되는가에 대한 대답으로 '연역'을 제시한 데카르트 식의 고전적 토대론은 유지되기 어려울 것이다.

그러면, 비기초적 믿음이 기초적 믿음에 의해서 정당화될 수 있는 관계는 연역 이외에 또 무엇이 있을까? 일반적으로 제시되는 것이 '귀

납'과 '최선의 설명으로의 추론(inference to the best explanation)' 등
이다. 귀납이나 최선의 설명으로의 추론은 연역적인 논증은 아니지만
전제가 결론을 충분히 뒷받침하는 논증이라고 일반적으로 여겨진다.
귀납에 대해서 여기서 굳이 설명할 필요는 없다고 보이며, '최선의 설
명으로의 추론'에 대해서만 간단히 언급을 하도록 하겠다. 논증1)을 다
시 한 번 검토해 보자.

논증1)
P1 내게 붉게 보인다.

―――――――――――――――

C 내 앞에 붉은 것이 있다.

이 논증은 연역적이지는 않지만 전제가 결론을 상당히 뒷받침해 주
는 논증으로 일상적으로 P1을 근거로 C를 받아들인다면 많은 경우에
정당하다고 여겨질 것이다. 그 이유는 다음과 같다. <내게 붉게 보인
다>라는 현상을 설명하기 위한 여러 가지 경우를 생각해 보자.

a) 내 앞에 붉은 것이 있다.
b) 내 앞에 푸른 것이 있다.
c) 내 앞에 노란 것이 있다.
d) 내 앞에 아무것도 없다.

물론 이 밖에도 무수한 경우를 제시할 수 있지만 논의의 편의를 위
해서 이 네 가지의 경우만을 비교해 본다면, a)부터 d)까지의 선택지

중에서 P1이 발생함을 가장 잘 설명하는 것은 a)이다.[14] b), c)와 d)는 왜 내게 붉게 보이는지를 설명하지 못한다. 그렇다면 이러한 선택지 중에서 가장 P1을 잘 설명하는 것으로 추론을 하는 것이 비기초적 믿음의 정당성을 전달하는 방법이 된다는 것이다. 즉, 내게 붉게 보인다는 기초적 믿음으로부터 내 앞에 붉은 것이 있다는 비기초적 믿음이 정당화되는 이유는 "내 앞에 붉은 것이 있다"는 가정이 내게 붉게 보인다는 현상을 가장 잘 설명하고 있기 때문이다.

하지만 최선의 설명으로의 추론이 모든 것을 이렇게 간단하게 설명할 수 있는 것은 아니다. 위의 경우에서도, 새로운 경쟁자들을 도입하면 a)가 P1에 대한 최선의 설명인지가 불분명해진다.

e) 내 앞에 흰 것이 있고 그 위에 붉은 조명이 있다.
f) 신이 나로 하여금 붉게 보이게 만들었다.

a)는 b), c), d)에 비해서 분명히 P1을 설명하는 데에 우위에 있지만 e)와 f)보다도 P1을 더 잘 설명하는지는 그리 분명하지 않다. 이 자리에서 최선의 설명으로의 추론에 대한 자세한 논의를 하지는 않을 것이지만,[15] 이 부분에 대한 대답이 제시되지 않는 한, 기초적 믿음으로부

---

14) 물론 이렇게 설명을 하는 것은 지나치게 상황을 간단하게 만드는 감이 있으나, 여기서는 '최선의 설명으로의 추론'에 대한 기본 개념을 설명하고자 하는 것임을 밝혀둔다.

15) 최선의 설명으로의 추론에 대한 논의는 다음의 글들에서 자세히 되고 있다. Gilbert Harman, "The Inference to the Best Explanation", *Philosophical Review*, 1965; Paul Thagard, "The Best Explanation: Criteria for Theory Choice", *The Journal of Philosophy*, 1978; Peter Railton, "Probability, Explanation and Information", *Synthese*, 1981; Jonathan Vogel, "Cartesian Skepticism and Inference to the Best Explanation", *The Journal of Philo-*

터 비기초적 믿음이 정당화되는 것에 대한 설명은 여전히 완성되지 못한 것으로 보아야 할 것이다.

6) 고전적 토대론의 문제점

지금까지 논의된 바에 따르면 고전적 토대론은 세 가지 질문에 대하여 다음과 같이 대답한다.

> Q1) 어떤 종류의 믿음이 기초적 믿음이 될 수 있는가?
> ― 이러이러하게 보인다는 식의 현상적 믿음
> Q2) 기초적 믿음은 어떻게 정당화되는가?
> ― 스스로 정당화된다.
> Q3) 비기초적 믿음은 기초적 믿음으로부터 어떻게 정당화되는가?
> ― 연역에 의해서 정당화된다.

Q1)에 대하여 고전적 토대론은 현상적 믿음이 기초적 믿음에 가장 부합한다는 설명이다. 그 이유는 기초적 믿음이 정당한 믿음 전체를 지탱하는 토대에 해당하기에 이들 명제에 대한 믿음은 의심의 여지가 전혀 없이 확실해야 한다고 생각했기 때문이다.

현상적 믿음이 확실성을 보장받을 수 있다는 장점은 있지만 치명적인 단점 또한 포함하고 있다. <내게 붉게 보인다>, <내게 개가 짖는 것처럼 들린다>는 믿음은 일반적으로 사람들이 형성하는 믿음이 아니

sophy, 1990; P. Lipton, *Inference to the Best Explanation*, Routledge, 1991.

다. 객관적 대상, 즉 **외부 세계**(external world)에 대한 판단과 대비되는 내 안에 있는 **내적 상태**(inner state)를 표시하기 위하여, 혹은 공간을 차지하고 있는 **존재에 대한 서술**과 그러한 **존재에 대한 인식**을 구분하기 위하여 현상적 믿음을 철학적 도구로 사용하는 것은 사실이다. 하지만 이러한 도구는 일반인들에게까지 널리 알려진 것은 아니며 이는 일반인들이 흔히 형성하는 믿음은 아니라는 점을 보여준다.16)

예를 들어, 우리가 붉은 경험을 할 때, 우리는 바로 <저기에 붉은 것이 있다> 내지는 <저것은 붉다>는 식의 믿음을 형성한다. 마찬가지로 밖에서 개가 짖는 경험을 할 때, 우리는 <내게 개가 짖는 것처럼 들린다>는 식의 믿음을 갖는 것이 아니라 <개가 짖는다>고 단정을 한다. 일반적으로 말해서, 우리가 F라는 경험을 했을 때, 우리는 <내게 F로 보인다>는 믿음으로부터 <저기에 F가 있다>는 것을 믿는 것이 아니라, F라는 경험에서 바로 <저기에 F가 있다>를 직접적으로 믿게 된다.

그렇다면 현상적 믿음은 일반인들이 많이 갖고 있지 않은 믿음이다. 기초적 믿음이 가져야 할 조건 중 하나로 그 숫자가 충분히 많아야 한다는 것이었는데 기초적 믿음의 후보자인 현상적 믿음의 수가 실제적으로 많지 않다면 이는 기초적 믿음이 되기에 적절치 않다고 볼 수 있다.17)

---

16) 이런 논의는 여러 책에서 찾아볼 수 있다. 대표적으로 Richard Feldman, *Epistemology*, Prentice Hall, 2003, pp.57-59와 Matthias Steup, *An Introduction to Contemporary Epistemology*, Prentice Hall, 1996, pp.107-108에서 이와 같은 지적을 하고 있다.

17) 과연 사람들이 현상적 믿음을 생략하고 직접 <저것은 F이다>와 같은 믿음을 곧바로 형성하느냐의 문제는 그리 간단한 것은 아니다. 현상적 믿음이 기초적 믿음으로 적합하지 않다는 이러한 반론에 대하여 대답하는 한 가지 방법은 우리가 무의식적으로 현상적 믿음을 형성한다고 지적하는 것이다. 그 과정이 너무나 자연스러워서 우리가 그 믿음에 대하여 자각할 필요를 못 느끼

이러한 문제점 지적에 많은 토대론자들이 공감을 하고 있으며, 대안으로 일반적인 감각적 믿음을 기초적 믿음으로 제시하곤 한다. 그렇게 되면, 기초적 믿음에 의심의 여지가 없는 확실성, 틀림없음, 남에게 교정될 수 없음 등의 조건을 기초적 믿음이 가져야 하는 조건에서 제외해야 한다. 앞에서 길게 설명했던 것처럼 <저것은 F이다>, <내 앞에 F가 있다>와 같은 형식을 가진 외부 세계에 대한 믿음들은 확실성을 보장받지 못하기 때문이다.

만일 Q1)에 대한 대답을 현상적 믿음에서 일반적인 감각적 믿음으로 수정한다면, Q2)에 대하여 "스스로 정당화된다"는 대답도 버려야 할 것이다. 왜냐하면 일반적인 감각적 믿음은 의심의 여지가 있는 믿음, 즉 틀릴 수 있는 믿음이므로 그것 자체로 믿기만 하면 정당화된다는 식의 설명을 하기가 어려울 것이기 때문이다. 만일 일반적인 감각적 믿음이 기초적 믿음이라고 한다면 그러한 믿음들은 어떻게 정당화된다고 할 것인가?

최근 논의에서 가장 일반적으로 대답되는 방식은 **경험**이 일반적인 감각적 믿음을 정당화한다는 것이다. 우리가 F라는 대상을 보았을 때, 아직 <저기에 F가 있다> 혹은 <저것은 F이다>라는 판단을 하기 이전의 감각적 경험 상태가 일반적인 감각적 믿음에 대한 근거가 될 수 있다는 것이다.

하지만 이러한 대답은 아주 많은 설명을 요구한다. 대표적으로 봉주르는 이와 같은 설명에 반기를 든다.[18] 그에 따르면 감각적 경험 자체

는 것뿐이며, 만약 당사자에게 "네게 F로 보이느냐?"라고 물어본다면 그 사람은 신실하게 "네"라고 대답할 것이다. 그러면 우리가 제2장에서 다루었던 '믿음'의 조건, 주어진 명제 P를 신실하게 받아들이는가를 만족시키고 있다고 볼 수 있다. 이에 대한 자세한 내용은 제4장에서 논의하도록 하겠다.

18) Laurence BonJour, *The Structure of Empirical Knowledge*, Harvard Univ.

가 감각적 믿음에 대한 근거가 되려면 둘 중 하나여야 한다. 그 감각적 경험 자체가 내용을 가지고 있는 또 하나의 믿음이거나 내용이 없는 단순 경험이어야 한다는 것이다. 하지만 그 경험이 내용을 가진 믿음이라면 그 믿음도 정당성을 요구받아야 하므로 정당성에 대한 설명이 필요하다. 반면에 경험은 내용을 가진 믿음이 아니라고 한다면 그것 자체의 정당성을 요구받지는 않지만 어떻게 내용도 없는 경험이 정당성을 부여할 수 있는지에 대한 설명이 있어야만 한다. 이러한 논증은 토대론에서 정합론으로 관심을 전이시키는 역할을 했다고 볼 수 있다. 이러한 반론을 포괄하는 논지는 바로 아래의 7)항 '토대론 전체에 대한 공격'에서 다루어질 것이다. 그리고 이에 대한 답변은 제4장에서 경험을 근거로 한 믿음이 어떻게 정당화되는가를 다루면서 제공하도록 하겠다.

마지막으로 Q3)에 대한 고전적 토대론의 입장이 유지되기 어렵다는 것은 이미 5)항에서 충분히 논의했다. 현상적 믿음을 기초적 믿음으로 하면서 연역만으로 우리의 일상적인 믿음을 정당화시키려는 노력은 성공할 가능성이 없으며 오히려 우리를 회의주의(skepticism)로 몰고 가게 될 것이다. 따라서 5)항에서 언급한 것처럼 귀납이나 최선의 설명으로의 추론과 같은 방식도 비기초적 믿음이 기초적 믿음으로 정당성을 부여받을 수 있는 방식으로 인정되어야 한다.

이와 같이 고전적 토대론의 입장은 Q1), Q2) 그리고 Q3)에 대한 대답에서 조금씩 수정이 필요하다. 그래서 현상적 믿음 대신 일반적인 감각적 믿음을 기초적 믿음으로 하고, 기초적 믿음에 의심의 여지가 없는 확실성을 요구하지 않으며, 스스로 정당화되는 것이 아니라 경험

Press, 1985, pp.69, 75.

에 의해서 정당화됨을 인정하고, 또 비기초적 믿음이 연역뿐만 아니라 귀납과 최선의 설명으로의 추론 등에 의해서도 정당화될 수 있다는 입장을 취하는 것이 바로 **온건한 토대론**(modest foundationalism)이다. 위에서 살펴본 것처럼 온건한 토대론의 입장도 해결해야 할 문제가 많은 것은 사실이나, 일단 고전적 토대론이 가지고 있는 문제점의 일부를 대답할 수 있다는 장점 때문에 비교적 널리 수용되는 이론이라고 볼 수 있다.

그러면 토대론을 마무리하면서 토대론에게 가장 짐이 되는 반론을 다루어 보도록 하겠다. 이는 토대론의 근거인 기초적 믿음에 대한 불신을 제기하는 것으로 기초적 믿음이란 것이 성립할 수 없다는 주장이다. 토대론을 도입하면서 설명했던 것처럼 토대론의 가장 핵심적인 주장은 다른 믿음에 정당성을 의존하지 않으면서 정당화되는 기초적 믿음이 존재한다는 것이다. 만일 기초적 믿음이 설 자리가 없다면 토대론이 설 수 있는 근거는 없어지는 셈이 되며 이것이 토대론에서 정합론으로 관심을 전환시키는 계기가 된다. 그러면 과연 기초적 믿음이 성립할 수 없는 것인가? 이에 대한 최종적인 논의는 제4장에서 다루어지겠지만 여기서는 정합론자들이 제기하는 문제만 설명하기로 하겠다.

7) 토대론 전체에 대한 공격

토대론의 성패는 결국 기초적 믿음이 있느냐 여부에 의해서 결정된다. 기초적 믿음이란 그 믿음의 정당성을 다른 믿음에 의존하지 않는 정당한 믿음인데 이러한 기초적 믿음의 도입은 무한 후퇴의 문제를 해결하는 데 가장 무난한 대답이기 때문이었다. 무한 후퇴의 문제에 대한 다른 대안들, 즉 정당하지 않은 믿음으로 귀결되거나, 믿음들의 정당성이 순환적이거나 아니면 정당성의 의존이 무한히 계속된다는 입장들은 별로 바람직한 대답이 되지 않아 보였다. 따라서 그 믿음에 정당성을 다른 믿음에 의존하지 않는 기초적 믿음이 있어야 우리가 보유하고 있는 믿음의 정당성을 해결할 수 있기에 토대론자들은 기초적 믿음이 있음을 당연시 한 것이다. 즉, 그들에게는 "기초적 믿음이 과연 있느냐?"가 주된 관심사가 아니라 그러한 기초적 믿음이 있음을 가정할 때, 과연 어떤 종류의 믿음이 그러한 기초적 믿음의 역할을 가장 잘 할수 있겠느냐는 질문을 던진 것이며 그것이 바로 Q1)이었다.

하지만 다음의 예를 고려해 보면 기초적 믿음이 있는지가 그리 자명하지는 않을 것이다. 내 앞에 느릅나무가 있다고 가정해 보자. 일반인들은 그 나무를 시각적으로 경험하고 <저것은 나무이다>[19]라고 믿을 것이며 식물에 대해서 어느 정도의 배경 지식을 가진 사람들만이 <저것은 느릅나무이다>는 명제를 믿을 것이다. 전자를 철이라고 하고 후자를 돌이라고 했을 때, 왜 철이와 돌이는 같은 대상을 보면서 다른 믿음을 형성할까? 우리의 주된 관심사는 인식적 정당성이므로 이 부분에 초점을 맞추어 다시 질문을 던지면 왜 같은 대상을 보고도 철이는 <저것은 나무이다>는 것을 믿는 것만 정당하고 <저것은 느릅나무이다>는 것은 정당하지 않은 반면, 돌이에게는 이 두 명제를 믿는 것이 모두 정당할까? 이 질문에 대한 대답으로 가장 자연스러운 것은 철이와 돌이의 배경 지식적 차이를 근거로 그들의 정당성 차이를 설명하는 것이다.

---

19) 여기서 기초적 믿음을 현상적 믿음으로 볼 것이냐, 일반적인 감각적 믿음으로 볼 것이냐는 그리 중요하지 않다. 어느 쪽을 선택해도 비슷한 종류의 문제가 발생하기 때문이다. 이 자리에서는 온건한 토대론을 따라서 일반적·감각적 믿음을 기초적 믿음으로 여기고 논의를 전개하겠다.

a) 이러이러한 경험을 하면 그 경험의 대상은 나무이다.

b) 이러이러한 경험을 하면 그 경험의 대상은 느릅나무이다.

돌이는 a)와 b) 모두를 배경 지식으로 가지고 있다. 따라서 그러한 경험을 하였을 때, <저것은 나무이다>와 <저것은 느릅나무이다>를 믿는 것이 모두 정당하다. 하지만 철이는 a)만 배경 지식으로 가지고 있을 뿐 b)는 모르고 있다. 따라서 철이에게는 <저것은 나무이다>는 것을 믿는 것만 정당할 뿐, <저것은 느릅나무이다>는 명제를 믿는 것은 정당하지 않게 된다.

그런데 a)와 b)는 모두 믿음의 대상인 명제이다. 그렇다면 우리가 기초적 믿음이라고 생각했던 <저것은 나무이다>와 같은 명제에 대한 믿음도 다른 믿음에 정당성을 의존하지 않는 기초적 믿음이 아니라 a)와 유사한 믿음에 정당성을 의존하는 비기초적 믿음이 되는 것이다.

이러한 종류의 지적은 토대론에게 치명적이다. 우리가 감각적 경험을 통해서 얻는 믿음들은 a)나 b)와 같은 배경 지식을 요구하기 때문이다. 예를 들어, 콜라병을 보고 우리는 쉽게 저것은 콜라병이라고 판단하지만 아프리카의 부시맨은 그것이 콜라병이라는 판단을 하지 못할 것이다. 마찬가지로 나무가 무엇인지 모르는 어린아이는 나무를 보고도 저것이 나무라는 것을 정당하게 믿지 못할 것이다. 그렇다면 우리가 어떤 믿음을 정당하게 갖기 위해서는 로크가 말하는 백지 상태에서 출발하는 것이 아니라 일정한 배경 지식을 가져야 한다. 이런 배경 지식은 곧 정당화된 믿음이므로 일반적인 감각적 믿음도 다른 믿음에 의존하지 않고 스스로 정당화되는 것이 아니라 그 정당성을 다른 믿음에 의존한다고 보아야 할 것이다.[20]

이러한 주장을 받아들인다면, 토대론이 설 수 있는 자리는 없다. 무한 후퇴의 문제를 해결하기에 가장 적절한 대답이라는 측면에서 토대론이 출범하였는데 막상 그 내용을 살펴보니 토대론이 전제로 하고 있는 기초적 믿음이 그렇게 당연한 것이 아님을 확인할 수 있었다. 그러면 무한 후퇴의 문제를 어떻게 할 것인가? 어차피 토대론 말고는 다른 뾰족한 대안이 없었던 것 아닌가?

이러한 곤경에서 새로운 제안을 들고 나온 입장이 정합론이다. 정합론은 무한 후퇴의 문제에서 세 번째 대안, 즉 정당성의 의존은 궁극적으로 앞에서 제시한 믿음으로 되돌아오는 순환적 성격을 가진다는 대답을 제공한다. 일견, 올바른 이론이라고 보기엔 어려운 이 입장이 어떻게 설득력 있는 이론으로 구성되는지를 다음 절에서 살펴보기로 하자.

3. 정합론

1) 정합론의 유형들

토대론이 가지는 가장 큰 특징이 기초적 믿음과 비기초적 믿음을 구분하는 것이라면 정합론(coherentism)의 특징은 이러한 구분을 인정하지 않는 것이라고 할 수 있다. 토대론과 대비하여 정합론의 기본적인 아이디어는 믿음만이 다른 믿음을 정당화할 수 있다는 것이다.[21] 그리

---

20) 이러한 주장에 대한 토대론의 대답은 제4장에서 진행하도록 하겠다.

21) 1990년대에 접어들면서 정합론자들 가운데서도 믿음만이 다른 믿음을 정당화할 수 있다는 입장을 버리는 사람들이 생겨나기 시작했다. 대표적으로 Kvanvig and Riggs, "Can a Coherence Theory Appeal to Appearance States?", *Philosophical Studies*, 1992의 경우를 들 수 있다.

고 인식적 정당성의 구조를 피라미드와 같은 구조로 보는 토대론과는 달리 정합론에서는 인식적 정당성의 구조를 서로 얽혀 있는 거미줄이나 뗏목과 같은 구조로 본다. 거미줄이나 뗏목을 보면 어느 것이 더 기초적이고 어느 것이 덜 기초적인지를 이야기하기 곤란하며 한 부분이 허물어지면 전체가 허물어지는 구조를 가지고 있다고 생각하면 된다. 정합론에 따르면, 한 사람이 가지고 있는 믿음의 정당성은 그 사람이 가지고 있는 믿음 체계 내의 다른 믿음들과 정합적인 관계에 있느냐 여부에 따라서 결정된다는 것이다.

정합론 내에도 여러 가지 다른 입장이 있다. 정합론의 유형을 살펴보면, 크게 **긍정적 정합론**(positive coherentism)과 **부정적 정합론**(negative coherentism)으로 나눌 수 있고, 긍정적 정합론 내에서도 **단선적 정합론**(linear coherentism)과 **총체적 정합론**(holistic coherentism)이 있다.

긍정적 정합론이란 어떤 믿음이 정당화되기 위해서는 그 사람이 가지고 있는 믿음 체계 내의 믿음이 그 믿음을 뒷받침하는 관계에 있어야 한다. 단 토대론과 다른 점은 궁극적으로 기초가 되는 믿음을 상정하지 않는다는 것이다. 반면에 **부정적 정합론**이란 한 믿음이 믿음 체계 내의 다른 믿음들에 의해서 뒷받침될 때 정당화되는 것이 아니라 다른 믿음들과 충돌하지 않는 한 정당화됨을 인정하는 것이다.

단선적 정합론이란 믿음 체계 내의 믿음들 중 특정한 믿음들이 한 믿음을 정당화해 준다는 입장이다. 반면, **총체적 정합론**에 따르면, 믿음 체계 내의 전체 믿음이 한 믿음과 정합적 관계에 있어야 그 믿음이 정당화된다는 것이다. 단선적 정합론의 입장은 무한 후퇴의 문제를 그대로 안고 있는 것으로 보인다. A가 B에 의해서 정당화되고 B가 C에 의해서 정당화되며 C가 A에 의해서 정당화된다면 궁극적으로 A는 A

자신에 의해서 정당화되는 것이므로 이런 방식으로 정당화를 설명하는 것이 인정된다면 어떤 믿음이든지 정당화되지 않는 것은 없을 것이다.

하지만 단선적 정합론이 이렇게 간단하게 부정되는 것은 아니다. 위의 예에서의 가정은 A가 B 하나에 의해서만 정당화되고, B는 C 하나에 의해서만 정당화되는 식으로 한 믿음을 정당화시켜 주는 근거가 하나만 있다는 것이었다. 하지만 일상적인 믿음의 정당화는 이렇게 간단하지 않다. 예를 들어서 A는 B와 C와 D에 의해서 정당화되고, B는 D와 E와 F에 의해서 정당화되며, C는 G, H에 의해서 정당화되고 D가 A와 G에 의해서 정당화된다면 A-B-D-A의 순환이 있기는 하지만 우리가 무한 후퇴의 문제를 다룰 때 생각했던 것처럼 큰 문제는 아닌 것으로 보인다. 게다가 이와 같이 정당성에 의존하는 믿음들이 서로 얽히고설킨다면 이런 의미에서의 단선적 정합론과 총체적 정합론은 큰 차이가 없게 될 것이다.

총체적 정합론은 그 이론이 가지는 함축 중 하나가 우리의 일상적인 직관과 맞아떨어지지 않는다. 총체적 정합론에 따르면, 우리가 믿고 있는 믿음 체계 전체가 정합적일 경우에 그 믿음 체계 내에 있는 모든 믿음이 정당화되는 것이다. 이 경우, 어떤 믿음이 더 정당화되고 어떤 믿음이 덜 정당화되는 식의 정도 차이가 있을 수 없다. 왜냐하면 전체적 정합론의 입장은 믿음 체계 전체가 한꺼번에 통째로 정당화되는 것이기에 그 믿음 체계 내에 있는 모든 믿음들이 동등하게 정당화된다고 인정해야 할 것이다. 하지만 우리의 직관에 따르면 우리가 정당하게 믿고 있는 믿음들 중에는 더 정당한 믿음이 있고 상대적으로 덜 정당한 믿음이 있다.[22]

예를 들어, <황선홍이 건국대학교 출신이다>라는 것은 내게 아주 근거가 충분한 믿음이다. 2002년 월드컵에서 그가 폴란드와 첫 골을 넣을 때, TV 해설자가 그는 건국대 출신이라고 말을 했고, 건국대 총장님과 기념사진을 찍은 것도 보았으며, 월드컵이 끝났을 때 유상철, 이영표, 현영민 선수들과 건국대학교 어떤 행사에서 직접 보기도 했기 때문이다. 반면에 <이종범이 건국대학교 출신이다>라는 것을 믿는 것도 내게 정당하기는 하지만 이종범에 대해서는 그가 어느 대학 출신인지에 대한 언론에서의 보도를 접한 적이 없고 최근에 건국대학교의 행사에서 그를 본 적도 없다. 다만 어디서인가 비교적 믿을 만한 사람으로부터 그가 건국대학교 출신이라는 것을 들은 적이 있을 뿐이다. 그렇다면 <황선홍이 건국대학교 출신이다>와 <이종범이 건국대학교 출신이다>라는 두 믿음은 모두 내게 정당한 믿음이지만 그 정당성의 정도에서는 분명히 차이가 난다. 하지만 이러한 정당성의 정도 차이를 총체적 정합론은 설명할 수 없다.

부정적 정합론은 한 믿음이 정당화되기 위해서 그 믿음을 뒷받침할 만한 긍정적인 근거를 요구하는 것이 아니라 그것을 받아들이지 말아야 할 이유만 없으면 정당한 믿음으로 인정될 수 있다는 것이다. 이러한 입장은 새로운 믿음 체계를 형성하는 데에 사용하는 방식이라기보다는 이미 수립된 믿음 체계를 수정하거나 보완할 때 주로 적용된다.[23] 즉, 내가 가지고 있는 믿음 체계에 새로운 믿음을 첨가할 것인가를 고려할 때, 그 믿음이 기존의 믿음들과 충돌하지만 않으면 새로운

---

22) 그렇다고 하나는 정당하고 다른 하나는 정당하지 않다는 뜻은 아니다. 둘 다 정당한 믿음인데, 한 믿음에 대한 근거가 다른 믿음에 대한 근거보다 더 많은 경우가 있을 수 있다는 것이다.

23) 이런 입장을 취하는 가장 대표적인 철학자가 바로 하만일 것이다. (Cf. Gilbert Harman, *Change in View*, MIT Press, 1986.)

믿음을 첨가해도 좋다는 것이다.

하지만 이러한 입장은 새로운 믿음에 대한 아무런 근거가 없을 때 문제가 된다. 예를 들어, <지금 서울의 인구가 짝수이다>라는 명제를 고려해 보자. 나는 이 명제에 대하여 긍정적인 근거도 없고 부정적인 근거도 없다. 그렇다면 내가 이미 가지고 있는 믿음 체계 내의 믿음들과도 서로 충돌하지 않을 것이므로 부정적 정합론에 따르면 이 명제를 믿는 것이 정당하게 된다. 일단 이 명제를 믿는 것이 정당하게 된 후, <지금 서울의 인구가 홀수이다>라는 명제를 고려한다고 해보자. 물론 이 명제에 대해서도 아무런 근거가 없다. 하지만 이제는 이 명제가 정당화될 수 없다. 왜냐하면 내 믿음 체계 내에 <지금 서울의 인구는 짝수이다>라는 믿음이 이미 포함되어 있기 때문이다.

그런데 만일 내가 <지금 서울의 인구는 홀수이다>라는 명제를 먼저 고려했다면 그 명제를 믿는 것이 정당화되고 <지금 서울의 인구는 짝수이다>가 정당화되지 못했을 것이다. 하지만 이 두 명제에 대한 나의 인식적 상황은 정확히 똑같다. 즉 두 명제에 대해서 아무런 근거를 가지고 있지 않다. 그러면 부정적 정합론의 입장에서 볼 때 둘 중 어떤 명제를 믿는 것이 정당한가의 문제는 어떤 것을 먼저 고려하느냐에 의해서 결정되는데 명제에 대한 고려 순서는 그 명제에 대한 믿음의 정당성과 아무런 연관이 없다. 따라서 부정적 정합론은 우리의 직관과 어긋나는 결과를 가지고 오게 되는 난점이 있다.

2) 정합론의 기본적 내용

이제까지 정합론의 여러 형태를 살펴보았다. 정합론이 지니는 가장 기본적인 입장은 토대론에서 주장했던 기초적 믿음의 존재를 부정하는 것이다. 정당한 믿음들 중에서 스스로 정당화된 믿음은 없고 그 사람이 가지고 있는 다른 믿음들에 의해서 정당화가 된다는 것이다. 그리고 그 정당화를 판단하는 가장 중요한 요소가 '정합성'이라는 것이다. 그러면 다시 정합론의 기본적 입장으로 돌아와서 정합론자들이 자신의 이론을 완성하기 위해서는 어떤 부분들을 설명해야 하는지에 대한 논의를 해보겠다.

정합론의 기본적 입장은 다음과 같다.

> (C) S가 P를 믿는 것에 인식적 정당성을 갖는 필요충분조건은 P가 S의 믿음 체계 내에 있는 다른 믿음들과 정합적인 관계에 있는 것이다.

이러한 내용은 정합론이 가지고 있는 기본적 틀이며 정합론이 완성되려면 다음의 질문들에 대하여 대답이 이루어져야 한다.

> Q1) S의 믿음 체계 내에는 어떤 믿음들이 포함되는가?
> Q2) 한 명제에 대한 믿음이 그가 가지고 있는 믿음 체계와 어떤 관계에 있을 때 정합적이라고 할 수 있는가?

이 두 문제는 얼핏 보기에는 대답하기 그리 어렵지 않아 보인다. 하지만 각각의 질문을 깔끔하게 해결하는 것은 매우 어렵다. 우리가 너무나 당연하게 이해하고 있다고 생각하는 '믿음'이란 단어도 생각보다 어려운 개념이고, '정합성'은 더더욱 설명하기 쉽지 않다. 하지만 '믿음

체계 내의 믿음'과 '정합성'을 설명하기 이전에 정합론에 대해서 일반
적으로 제기되는 고립의 문제를 먼저 이야기해 보자.

3) 고립의 문제

정합론이 주장하는 것처럼 믿음 체계 내에 있는 믿음들의 정합성이
인식적 정당성을 결정하는 유일한 기준이라면 우리의 세계와 전혀 무
관하면서도 정합적인 믿음들로 구성된 믿음 체계가 있을 경우, 그 믿
음 체계 내에 속한 모든 믿음들은 정당화되어야 한다. 하지만 그러한
믿음 체계 내의 믿음들이 아무리 정합적이라 하더라도 그 믿음 체계
내에 "최민수의 팔은 열 개다"라는 믿음이 포함되어 있다면 이 믿음이
상식적으로 정당화되기는 어렵다. 물론 "최민수의 팔은 열 개다"라는
믿음이 다른 믿음들과 정합적이려면 그 믿음 체계 내에 있는 다른 믿
음들이 우리가 일반적으로 가지고 있는 믿음들과는 현격하게 다를 것
이다. 하지만 아무리 정합성을 만족시킨다고 하더라도 최민수의 팔이
두 개라는 객관적인 사실과 일치하지 않는 믿음까지 정당하다고 보기
는 어렵다는 것이다. 이러한 문제를 '**고립의 문제**(isolation problem)'
라고 한다. 즉 세상과 고립된 믿음들에 대해서도 정합론은 정당하다는
판단을 내려야 하는 경우가 있다는 것이다.

이러한 고립의 문제를 좀 더 일반화하여 설명하면 다음과 같다. 우
리가 가지고 있는 믿음들은 상당부분 경험을 통해서 형성되며 공간을
차지하고 있는 외적 세계와 관련된 내용들을 포함하고 있다. 하지만
정합론에 따르면 외적 세계로부터 내용이 입력된 믿음 체계의 믿음들
만이 정당화될 수 있다는 조건이 없다. 이 세상과 아무런 관련이 없는
믿음들의 집합들로만 구성된 믿음 체계가 있다고 하더라도 그 믿음들

사이의 정합성만 있다면 그 믿음들이 정당화된다는 것이다. 이는 정합론이 외적 세계로부터 철저히 고립된 믿음들도 정당성을 인정할 수 있음을 함축하기에 '고립의 문제'라고 부르는 것이다.

이러한 문제 제기의 이면에는 다음과 같은 생각이 전제되어 있다. 서로 다른 두 개의 믿음 체계가 있을 때 우리는 어떤 것이 **더 나은** 체계인가를 논의할 수 있으며 그러한 판단의 기준은 어느 쪽이 사실과 더 가까운가에 의해서 결정될 것이다. 하나의 믿음 체계는 외적 세계의 사실들에 대한 충분한 반영을 하는 반면 다른 믿음 체계는 외적 세계와 반대되는 내용들로 구성되어 있다고 가정해 보자. 그런데 이들 믿음 체계가 각각 내적인 정합성은 동일하게 만족시킨다면, 정합론은 각각의 믿음 체계 내에 있는 믿음들의 정당성을 인정해야 한다. 하지만 우리는 외적 세계에 대한 정확한 정보를 가지고 있는 믿음 체계가 더 나은 체계라고 판단할 수 있을 것이다. 이러한 반론의 핵심은 '정합성'이 인식적 정당성을 설명하는 데에 적절치 않다는 것이 아니라, **정합성만 가지고는 불충분**하다는 것이다.[24]

그러면 고립의 문제를 좀 더 구체적으로 다루어 보도록 하자. 고립의 문제의 핵심은 우리의 세계와 완전히 무관한 명제들에 대한 믿음도 정합론은 정당함을 인정하는 경우가 생길 수 있다는 것이다. 이를 논증으로 나타내면 다음과 같다.

---

24) 사실 이러한 종류의 지적은 상식적인 실재론을 전제로 하고 있으며 외적 세계에는 접근할 수 없다는 관념론자들에게는 적절한 비판이 안 될 수도 있다. 하지만 이 자리에서 실재론과 관념론의 대립을 논의하기에는 그 주제가 너무 방대하므로 여기서는 상식적인 차원에서의 실재론을 전제로 논의를 진행하겠다.

논증1)

> P1 만일 정합론이 옳다면, 우리의 세계와 완전히 고립
> 된 명제들에 대한 믿음도 정당화될 수 있다.
>
> P2 어떠한 정당화된 믿음도 우리의 세계와 완전히 고립
> 되어서는 안 된다.
> ────────────────────────────────────
> C 그러므로, 정합론은 옳지 않다.

이 논증은 후건부정법(Modus Tollens)[25]의 형태로 타당한 논증이다. 따라서 전제가 참이라면 결론도 반드시 참이 된다. 그러면 논증1)의 전제는 받아들여질 수 있는가? 이 질문에 대답을 하기 위해서는 '우리의 세계와 완전히 고립된'의 의미가 무엇인지를 좀 더 정확히 이해해야 한다.

'우리의 세계와 완전히 고립된'의 의미가 거짓이라는 뜻일 수 있다. 우리는 상식적으로 우리가 믿는 명제가 사실과 일치하면 참이고 사실과 일치하지 않으면 거짓이라고 하므로,[26] 우리의 세계와 완전히 고립되었다는 것은 사실과 일치하지 않는다는 의미에서 거짓이라고 해석할 수 있다. 이에 따라 논증1)을 재해석해 보도록 하겠다.

───────────

25) 후건부정법의 형식은 다음과 같다.

> P1 만일 P이면 Q이다.
> P2 Q가 아니다.
> ──────────────
> C 그러므로, P가 아니다.

26) 이런 입장을 진리대응설(Correspondence Theory of Truth)이라고 한다. 진리대응설에 따르면, 한 명제의 진리치는 그것이 사실과 일치하느냐 여부에 의해서 결정된다는 것이다.

논증2)

> P1 만일 정합론이 옳다면, 거짓인 명제에 대한 믿음도 정당화될 수 있다.
>
> P2 어떤 거짓인 명제도 정당화될 수 없다.
>
> ___
>
> C 그러므로, 정합론은 옳지 않다.

논증2)에서는 두 번째 전제가 명백히 거짓이다. 게티어가 자신의 예를 전개할 때에도 밝혔던 것처럼 거짓인 명제를 믿는 것도 정당할 수 있다. 우리가 정당하게 믿고 있는 많은 명제들 중에는 과학이 발전하면서 거짓으로 판명날 것도 있을 것이다. 예를 들어, <지구는 편평하다>는 믿음을 갈릴레이 이전의 사람들은 정당하게 믿었지만 후에 거짓으로 판명되었다. 따라서 논증2)로 해석하면, 정합론에 대한 올바른 비판이 될 수 없다.

'우리의 세계와 완전히 고립된'을 단순한 상상에 의해서 만들어졌다는 의미로 사용되었다고 이해할 수도 있다. 고립의 문제가 야기되는 계기는 사실과 괴리된 내용의 명제를 믿는 것이 정합론에서는 정당화될 수 있기 때문이었다. 그렇다면 여기서 말하는 '우리의 세계와 고립된' 명제에 대한 믿음은 결국 사실에 근거하지 않고 단순히 우리의 상상에 의해서만 형성된 믿음이라고 볼 수 있는 것이다. 이를 염두에 두고, 논증1)을 재구성해 보자.

논증3)

    P1 만일 정합론이 옳다면, 단순한 상상에 의해서 만들어
        진 명제들에 대한 믿음도 정당화될 수 있다.
    P2 단순한 상상에 의해서 만들어진 어떠한 명제도 정당
        화될 수 없다.

    C 그러므로, 정합론은 옳지 않다.

이 문제에 대한 가장 설득력 있는 대답은 다음과 같다. 고립의 문제
는 세계에 대해 가지고 있는 우리의 정보를 완전히 무시하고 믿음 체
계가 형성되었을 때 생기는 것이므로 믿음 체계 내에 반드시 우리가
경험을 통해 얻는 믿음들을 포함시키도록 요구하는 것이다.27) 이를 **관
찰적 요구**(observational requirement)라 한다. 관찰적 요구를 받아들이
면 "최민수의 팔은 열 개다"라는 믿음은 정당화될 수 없다. 관찰적 요
구에 따르면, 우리의 믿음 체계 내에는 최민수와 관련된 경험적 내용
도 포함되어야 하는데 그에 대한 경험적 내용은 위의 믿음과 정합적이
지 않기 때문에 위의 믿음은 정당하지 않게 된다. 따라서 관찰적 요구
를 받아들이면 P1을 부정할 수 있게 되며 따라서 고립의 문제로부터
정합론을 지켜낼 수 있다.

이러한 해결책이 지니는 한 가지 문제점은 관찰적 요구를 받아들일
경우, 그 이론은 더 이상 철저한 정합론이 아니라는 것이다. 왜냐하면
정합성 이외의 다른 요소, 즉 관찰적 요구가 인식적 정당성을 결정하

---

27) Laurence BonJour, *The Structure of Empirical Knowledge*, Harvard Univ.
    Press, 1985, pp.139-143.

는 데 작용했기 때문이다. 정합론이 꼭 정합성만을 가지고 인식적 정당성을 설명해야 하는 것은 아니다. 인식적 정당성의 문제를 설명할 때, 중요한 것은 올바른 이론이 무엇인가이지 그 이론의 이름이 무엇인가는 아니기 때문이다.

하지만 관찰적 요구의 첨가는 시사하는 바가 크다. 관찰적 요구를 받아들인다는 것은 어떤 믿음 체계를 형성하고 유지함에 있어서 경험을 통해서 얻어진 믿음이 반드시 포함되어야 함을 의미한다. 이는 정합론에서 주장하듯이, 모든 종류의 믿음이 뗏목이나 거미줄처럼 평등한 관계로 연결된 것이 아니라 더 근원적이고 기초적인 믿음이 있으며 그것이 바로 경험을 통해서 얻어지는 믿음이라는 것이다. 그렇다면 관찰적 요구는 다시 토대론적인 요소를 부활시키는 것이라고도 볼 수 있다. 이 부분에 대한 자세한 논의는 정합론을 마무리하고 증거론으로 넘어가는 과정에서 좀 더 상세히 하도록 하겠다.

4) 어떤 믿음이 믿음 체계 내에 포함되는가?

정합론이 설명해야 하는 것 중 하나는 한 사람이 가지는 믿음 체계를 어떻게 설명하느냐의 문제이다. 언뜻 보면, 믿음 체계란 한 사람이 가지고 있는 믿음 전체라고 설명하면 간단할 것 같지만, 깊이 따져보면 생각보다 복잡한 부분이 많다는 것을 알 수 있다. 제2장에서 앎의 조건으로의 믿음을 설명할 때는 어떤 명제 P가 인식 주체 S에게 주어졌을 때 S가 P를 신실하게 받아들이면 S가 P를 믿는 것이라고 간단하게 설명했다. 하지만 정합론에서 말하는 믿음 체계를 정확히 설명하기 위해서는 좀 더 자세한 구분이 필요하다.

지금 내가 머릿속에서 생각하면서 진지하게 받아들이는 명제가 있다면, 그 명제는 당연히 내가 지금 믿고 있다고 할 수 있다. 하지만 내가 **지금 머릿속에 떠올리고 있는 명제**만을 믿음으로 인정하면 믿음의 범위가 매우 좁아진다. 인간이 한순간 머릿속에 떠올릴 수 있는 믿음의 수는 그리 많지 않다. <거북선의 발명자는 이순신이다>라는 명제는 우리가 믿고 있는 명제 중의 하나이기는 하지만 방금 전까지만 해도 우리의 머릿속에서 생각하고 있는 명제는 아니었다. 그렇다면 지금 당장 머릿속에서 생각하고 있지는 않지만 **머릿속에 기억된 믿음**들도 믿음 체계 내에 포함을 시켜야 할 것이다. 이러한 믿음들을 구분하기 위하여 지금 현재 머릿속에서 떠올리고 있는 믿음을 **현재적 믿음**(occurrent belief)이라고 부르고, 지금 현재 머릿속에서 떠올리고 있지는 않지만 그 명제를 고려하면 현재적 믿음이 될 수 있는 그러한 믿음을 **성향적 믿음**(dispositional belief)이라고 한다.

하지만 성향적 믿음들도 여러 종류이다. 간단한 자극에 의해서 쉽게 기억으로부터 꺼낼 수 있는 믿음이 있는 반면, 상당한 배경 지식이 주어져야 겨우 기억할 수 있는 믿음도 있으며, 과거에 분명히 믿었지만 이제는 기억 속에서 완전히 사라져서 믿고 있다고 하기는 어려운 명제들도 있을 것이다. 물론 기억 속에서 완전히 사라진 명제는 믿음 체계에서 제외되겠지만 상당히 깊숙하게 저장되어 있어서 쉽게 표면으로 나오기 어려운 믿음들까지도 믿음 체계 내에 포함시켜야 할지에 대해서는 쉽게 결정 내리기가 어려우리라고 생각한다.

예를 들어 생각해 보자. 철이에게, "초등학교 1학년 때 담임선생님 성함이 무엇이니?" 하고 물어보았을 때, "김영희 선생님이세요"라고 바로 대답할 수 있다면 <철이의 초등학교 1학년 담임선생님은 김영희 선생님이다>는 철이에게 성향적 믿음이라고 볼 수 있다. 그렇다면 철이가 그 질문에 대답하지 못했을 때 이 명제는 철이에게 성향적 믿음이 아니라고 해야 할까?

　그렇게 단순하지는 않다. 만일 철이가 위의 질문에는 대답을 하지 못했지만, "초등학교 1학년 때 담임선생님 성함이 김영희 선생님 맞니?"라고 질문을 받았을 때 철이의 기억 속에 저장된 <철이의 초등학교 1학년 담임선생님은 김영희 선생님이다>이란 믿음이 기억날 수도 있다. 이 명제는 분명히 철이의 머릿속에 기억되었던 것이 사실이지만 그것이 철이의 의식 속에 살아나기 위해서는 아주 적절한 질문이 동반되어야 한다. 이 경우, 즉 앞의 질문에서는 기억해 내지 못했지만 두 번째 질문에 의해서 이 명제를 기억해 내었을 경우 철이에게는 <철이의 초등학교 1학년 담임선생님은 김영희 선생님이다>라는 명제가 성향적 믿음이라고 해야 할 것인가? 이 질문에 대한 대답은 첫 질문에서 철이가 바로 정답을 말했을 때보다는 답하기 어렵다.

　게다가 두 번째 질문에 대답을 못했다고 하면 과연 <철이의 초등학교 1학년 담임선생님은 김영희 선생님이다>는 철이의 기억 속에서 사라졌다고 해야 할 것인가? 예를 들어, 두 번째 질문에 대해서 대답을 못한 철이가 집에 가서 초등학교 졸업 앨범을 찾아본 후 그 선생님의 성함이 김영희 선생님임을 기억했다고 하자. 분명히 이 명제는 철이의 머릿속에 기억되어 있었는데 거의 지워졌다가 앨범을 통해서 다시 회생되었다고 생각한다. 즉, 이 명제를 철이가 생전 처음으로 머릿속에 저장한 것은 아니라는 것이다. 이 경우에도 철이가 <철이의 초등학교 1학년 담임선생님은 김영희 선생님이다>를 성향적 믿음으로 가지고 있다고 해야 할까?

　머릿속에 기억된 믿음들 중에서 어떤 계기를 통하여 기억이 살아날 수 있어야 그것을 그 사람의 성향적 믿음으로 볼 것인가는 정합론에서 매우 중요한 문제이다. 왜냐하면 믿음 체계 내에 어떤 믿음들이 포함되어 있느냐에 따라 새로운 믿음의 정당성이 달라질 수 있기 때문이다. 이와 같이 믿음 체계를 형성하는 믿음의 기준이 분명히 제시되지 않는 한 정합론은 아직 완성되었다고 하기 어려울 것이다.

5) 정합의 의미와 문제점

정합론이 가지는 가장 큰 고민거리는 '정합'의 의미를 설명하는 것이다. 왜냐하면 정합론의 핵심은 결국 어떤 조건을 만족시켜야 믿음들 간의 관계가 정합적인가를 설명하는 것이기 때문이다. '정합'의 의미를 설명하는 것은 간단한 일이 아니다.

여러 믿음들이 정합적인 관계에 있다는 것은 적어도 그들이 논리적 일관성을 지니는 관계, 즉 그 믿음들이 모두 함께 참이 될 수 있다는 것이다. 하지만 '정합'의 의미로 논리적 일관성이나 무모순성만을 제시하는 것은 불충분하다. 서로 아무런 관계가 없는 명제들을 모아서 하나의 믿음 체계를 구성했을 경우에도 논리적인 모순은 없으므로 이러한 소극적인 의미의 정합성은 만족될 것이기 때문이다.

그렇다면 정합성을 만족시키기 위해서는 논리적 무모순성에 어떤 조건이 첨가되어야 할 것인가? 토대론에서 언급했던 연역, 귀납 그리고 최선의 설명으로의 추론 등이 고려될 수 있을 것이다. 만일 S가 가지고 있는 믿음 체계 내의 믿음들 중에서 A와 B가 함께 C를 연역적으로 함축하거나 귀납적으로 뒷받침한다면 A, B, C는 정합적 관계에 있다고 할 수 있을 것이다. 또한 그 믿음들의 관계가 최선의 설명적 관계라면 이것 역시 정합적 관계라고 볼 수 있을 것이다. 하지만 우리가 가지고 있는 믿음 체계는 아주 복잡하고 그 체계 내에 속해 있는 믿음의 수도 매우 많을 텐데 그 관계가 단순히 연역, 귀납 그리고 최선의 설명으로의 추론만으로 모두 설명할 수 있을지는 의문이다.

정합론이 가지는 더 큰 문제는 정합의 필요조건으로 생각되는 논리적 일관성이나 무모순성도 사실은 정합의 조건이 될 수 없음을 보여주는 반례가 있다는 것이다. 철이는 기호논리학 시간에 $\sim[\sim P \to (P \to Q)]$가 항진명제라는 선생님의 말을 들었다. 이러한 수업 시간의 설명을 근거로 철이는 $<\sim[\sim P \to (P \to Q)]$는 항진명제이다>라는 믿음을 갖게 되었다. 사실, 위의 명제는 항진명제가 아니라 항위명제이고 선생님이 잠시 착각하여 말을 잘못 전했으며, 철이는 위의 명제가 항진명제인지의 여부를 직접 확인할 만한 실력은 가지고 있지 않다고 가정하자. 이 믿음은 수업 시간에 담당 교수가 진지하게 설명한 내용으로부터 얻어진 것이고 교수의 말을 부정할 만한 아무런 다른 근거를 가지고 있지 않으므로 철이의 믿음은 정당한 믿음이라고 할 수 있다. 하지만 $\sim[\sim P \to (P \to Q)]$는 항위명제이므로 이는 논리적으로 거짓이고 따라서 다른 어떠한 명제와도 함께 참일 수 없다. 즉 이 믿음은 다른 어떤 믿음과도 논리적 일관성을 가질 수 없다. 정합론에 따르면 이 믿음은 다른 믿음들과 정합적인 관계에 있지 않으므로 정당화될 수 없다. 하지만 위에서 본 것처럼 철이의 믿음은 정당하다. 만일 이 반례가 성립한다면, 논리적 일관성이나 무모순성도 정합의 조건이 될 수 없다는 결론이 나온다. 그렇다면 '정합'의 의미를 설명하기는 더욱 난감해진다고 할 수 있다.

게다가 정합론이 가지고 있는 또 하나의 특징은 '모' 아니면 '도'라는 성격을 가지고 있다는 것이다.[28] 정합론에 따르면 개별적인 믿음들이 정당성의 대상이 된다기보다는 그 믿음들이 속해 있는 믿음 체계가

---

28) 단선적 긍정 정합론은 이러한 비판에서 제외될 수 있을 것이다.

통째로 정당성 판별의 대상이 되는 것이다. 만일 그 믿음 체계 내에 논리적 일관성이 결여된 두 믿음이 있다고 가정하면, 단순히 그 두 믿음의 정당성만 문제가 되는 것이 아니라 그 믿음을 포함하고 있는 믿음 체계 전체의 믿음이 정당성을 잃게 되는 것이다. 물론 논리적으로 상충하는 믿음 중 하나를 제거하면 해결이 가능하기는 하지만, 만일 어떤 사람이 자신의 믿음 체계 내에 논리적 모순인 명제들을 모순인 줄 모르고 믿고 있다면 그 사람은 정당한 믿음을 하나도 못 갖는 꼴이 된다. 이는 우리의 직관과 맞지 않는 결과라고 할 수 있다.

이상의 논의에서 알 수 있듯이 정합론도 토대론과 마찬가지로 나름대로의 장점을 가지고 있으면서도 해결해야 할 문제점이 산적해 있다고 할 수 있다. 특히 정합론의 핵심은 '정합'의 의미를 설명하는 것이라 할 수 있는데, 정합의 가장 기본적인 조건이라 생각되는 논리적 일관성마저도 정합의 조건이 될 수 없다면 정합론의 앞길은 매우 험난하다고 보인다.

6) 정합론에 대한 정리

정합론의 도입은 토대론에 대한 비판으로부터 시작되었다. 토대론의 기본적 입장은 자신의 정당성을 다른 믿음에 의존하지 않는 기초적 믿음이 있다는 것이다. 이는 무한 후퇴의 문제를 해결하기에 가장 무난한 입장이라는 설명도 했었다. 하지만 과연 기초적 믿음이 있는가라는 질문을 냉정히 생각해 보면, 그 대답은 생각처럼 간단하지 않다. 우리가 경험으로부터 어떤 믿음을 형성하더라도 관련된 배경 지식이 관여하게 된다. 순수한 경험으로부터만 형성되고 정당성을 부여받을 수 있는 믿음이 있는지는 의심스럽다.

이러한 의심으로부터 출발한 것이 바로 정합론이다. 정합론의 기본적인 입장은 토대론이 제시한 기초적 믿음과 비기초적 믿음의 구분을 부정하는 것이다. 토대론이 제시하는 피라미드 형식의 정당화 구조를 비판하며 정합론은 정당화의 구조를 서로가 서로에게 영향을 주는 뗏목과 거미줄의 구조로 보는 것이다. 정합론에 따르면 무한 후퇴의 문제가 꼭 기초적 믿음으로 귀착되어야만 해결될 수 있는 것은 아니다. 믿음들 사이의 순환적 요소가 있더라도 그것이 단선적인 순환성을 피할 수 있다면 무한 후퇴의 문제를 대답할 수 있다는 것이다.

정합론의 가장 핵심적인 개념은 '정합'이다. 정합론의 성패는 '정합'의 의미를 정확히 설명할 수 있느냐에 달려 있다고 해도 과언은 아니다. 앞에서 살펴본 것처럼 정합의 필요조건으로 생각했던 논리적 무모순성도 정합의 필요조건이 될 수 없음을 확인하면서 '정합'에 대한 설명이 그리 쉽지는 않음을 감지할 수 있었을 것이다. 하지만 이러한 문제는 정합론에만 해당하는 것은 아님을 밝혀둔다.

토대론을 다루면서, 비기초적인 믿음이 기초적 믿음에 의해서 어떻게 정당화되는가를 논의한 적이 있다. 그 당시에도 아주 뚜렷한 대답을 하지는 못했다. 막연하게 연역, 귀납 그리고 최선의 설명으로의 추론 정도가 이 질문에 대한 답변이 되리라는 정도의 설명만을 제공했을 뿐이다. 그렇다면 '정합'의 의미를 설명해야 하는 정합론의 난점은 토대론에게도 유사하게 존재한다고 보아야 할 것이다. 물론 토대론에도 문제가 되므로 정합론이 안심을 해도 된다는 뜻은 아니지만 적어도 이 문제점이 정합론에게만 고유한 문제는 아님을 지적할 필요가 있다.[29]

---

29) 유사한 문제점이 다음에 다루게 될 증거론에도 존재한다. 증거론에서는 설명해야 할 개념이 '맞아떨어짐'이다.

또한 정합론이 '정합'만을 가지고 정당성을 설명할 수 없음은 고립의 문제를 통해서 드러난다. 외부 세계로부터 들어오는 입력이 전혀 없이 상상으로만 형성된 믿음들의 체계는 내부적인 정합성을 유지하더라도 그것이 정당화된다고 보기는 어렵다. 이에 대한 해결책으로 제시된 것이 바로 관찰적 요구이다. 어떤 믿음이 정당화되기 위해서는 그 믿음이 속해 있는 믿음 체계에 외부 세계로부터 입력된 경험적 믿음이 반드시 포함되어야 한다는 것이다. 이러한 관찰적 요구를 수용한다는 것은 믿음 체계를 구성하는 믿음들 사이의 계층적 차이를 인정한다는 뜻이 된다. 이는 토대론적인 요소를 많이 포함하고 있는 셈이다.

결국 핵심적인 쟁점은 과연 기초적 믿음이 있는가이다. 그러면 우리가 여기서 던져야 하는 질문은 과연 기초적 믿음이 있는가 여부가 그렇게 중요한 문제인가 하는 점이다. 기초적 믿음에 대한 입장을 어느 쪽으로든 결정하라는 요구는 토대론자와 정합론자 사이에서는 중요한 문제일지 모르나 인식적 정당성을 설명하는 데에 필수적인 선결문제는 아닐 수도 있다. 그러한 입장이 바로 증거론이다. 증거론은 토대론과 정합론처럼 서로 배타적인 입장이 아니다. 증거론은 토대론적으로 해석될 수도 있고 정합론적으로 해석될 수도 있다. 어찌 보면 박쥐처럼 애매한 입장을 취하고 있다고 생각될 수도 있지만, 긍정적으로 본다면 토대론과 정합론을 포괄하는 이론이라고 말할 수 있다. 그러면 다음 절에서 증거론을 살펴보기로 하자.

4. 증거론

1) 증거론의 기본적 내용

증거론(evidentialism)에 따르면, 인식적 정당화는 전적으로 인식 주체가 가지고 있는 증거에 의해서만 결정된다. '증거론'이란 논문이 발표된 것은 1985년이지만 한 사람이 가지고 있는 증거와 그 사람의 인식적 정당화 상태가 밀접하게 관련되었다는 생각은 이미 널리 퍼져 있었다.30) 널리 알려진 입장을 새삼스럽게 주장하게 된 동기는 그 당시 증거 이외에 인식 의무나, 우리의 인지 능력에 의해서도 인식적 정당성이 영향을 받는다는 주장을 논박하기 위해서였다.31) 증거론이 주장하는 인식적 정당성의 분석은 다음과 같다.

---

30) 예를 들어, George Pappas, "Basing Relations", *Justification and Knowledge*, ed. by G. Pappas, Reidel, 1979, p.51와 Marshall Swain, "Justification and the Basis of Belief", *Justification and Knowledge*, ed. by G. Pappas, Reidel, 1979, p.25, 그리고 Brian Skyrms, "The Explication of 'X Knows That p'", *Knowing*, ed. by Roth and Galis, University Press of America, 1984, p.90 등에서 인식적 정당성과 믿음을 가지고 있는 사람이 가지고 있는 증거가 밀접하게 연결되어 있다는 논의가 되고 있다.

31) 인식 의무를 다하는 것이 인식적 정당성의 필요조건이라는 대표적 이론은 콘블리스의 이론이다. Hilary Kornblith, "Justified Belief and Epistemologically Responsible Action", *The Philosophical Review*, 1983. 이런 입장에 대한 증거론의 답변은 Richard Feldman and Earl Conee, "Evidentialism", *Philosophical Studies*, 1985를 참고할 것.

> (EJ) 어떤 사람 S가 어떤 시점 t에 명제 P를 믿는 것이 정당
> 화되려면 다음과 같은 필요충분조건을 만족시켜야 한다:
> 일련의 증거들 E에 대해서,
> 1) E는 S가 t에 가지고 있는 모든 증거이며,
> 2) P를 믿는 것이 E와 맞아떨어진다.32)

여기서 말하는 '증거'와 '맞아떨어짐'을 어떻게 이해하느냐에 따라서 증거론은 토대론이나 정합론이 될 수도 있다. 예를 들어, 믿음이 아닌 경험적 증거만으로 어떤 믿음에 대한 정당화가 가능함을 인정하면 이는 바로 토대론과 같은 맥락이라 할 수 있고, 증거를 믿음 체계 내의 믿음들이라 하고, 맞아떨어짐을 정합성으로 대치하면 정합론이 되는 것이다. 이런 면에서 볼 때, 증거론은 토대론이나 정합론과 양립 가능한 이론이다.33)

이와 같이, 증거론은 토대론과 정합론이 대립하는 기초적 믿음의 인정 여부를 포괄적으로 해결한다. 즉, 증거론자들은 기초적 믿음이 있는가의 문제에 대해서 토대론자나 정합론자처럼 꼭 대답을 할 필요가 없다는 것이다. 이런 의미에서 토대론자와 정합론자들이 치열하게 싸움을 벌이는 기초적 믿음의 존재 여부가 증거론자들에게는 상대적으로 중요한 질문이 아니게 된다.

이러한 경향은 명시적으로 자신을 증거론자라고 직접적으로 표방하

---

32) Richard Feldman and Earl Conee(1985), p.15.
33) 어니스트 소사는 증거론이 토대론의 한 형태라는 식으로 이야기한다. Ernest Sosa, "Beyond Scepticism, to the Best of Our Knowledge", *Mind*, 1988, p.170.

지는 않으면서 토대론과 정합론을 통합하려는 시도에서도 볼 수 있다, 하크의 경우,34) 토대론과 정합론을 절충한 '토합론(foundherentism)'을 주장하는데, 그 내용은 증거론에 가깝다고 볼 수 있다.

(1) 증거론의 도입 배경

펠드만과 카니가 '증거론'에서 주장하는 내용은 혁신적이고 새로운 이론이기보다는 그 당시 새롭게 대두된 증거론과 양립할 수 없는 이론들, 예를 들어 인식적 정당화가 한 사람이 가지고 있는 증거뿐만 아니라 그 사람의 인지 능력이나, 올바른 믿음을 갖도록 최선을 다하는 그의 자세 등에 의해서도 결정된다는 이론들에 대한 반박이 주목적이었다. 예를 들어, 콘블리스에 따르면, 우리는 진리를 추구하고 올바른 믿음을 갖도록 최선을 다해야 하는 인식적 의무가 있으며 이러한 의무를 만족시키지 못하면서 갖는 믿음은 정당화될 수 없다는 것이다.35) 그런데 한 사람이 가지고 있는 믿음이 그의 증거와 맞아떨어지면서 인식적 의무를 만족시키지 못할 수도 있다는 것이다. 증거론자들은 어떤 사람이 진리를 추구하거나 올바른 믿음을 갖도록 최선을 다하지 않아도 그가 갖고 있는 증거와 그의 믿음이 맞아떨어지기만 하면 정당화된다고 주장하지만 이렇게 인식적 의무를 만족시키지 못하면서 얻어지는 믿음은 정당화되었다고 볼 수 없다는 것이 콘블리스의 주장이다.

펠드만과 카니는 이러한 콘블리스의 주장이 믿음에 대한 정당성의 평가와 그 믿음을 가진 사람의 평가를 혼동해서 나온 것이라고 대답한다. 콘블리스가 주장하는 인식적 의무를 만족시키지 못하는 **사람**은 인

---

34) Susan Haack, *Inquiry and Evidence*, Blackwell, 1993.
35) Hilary Kornblith(1983), pp.34-37.

식적으로 비난을 받아 마땅한 사람이지만 이는 믿음을 형성하는 사람에 대한 평가이지 그 사람이 가지고 있는 **믿음**에 대한 평가는 아니라는 것이다.36) 따라서 콘블리스가 주장하는 인식적 의무의 만족 여부는 어떤 믿음이 정당화되었는가와는 무관하다는 것이다.

윤리학에서의 결과주의(consequentialism)가 주장하는 것과 위의 주장을 연결시켜 생각하면 이해가 쉬워진다. 결과주의의 한 유형에 따르면, 어떤 행위의 옳고 그름은 그 행위가 행위 주체의 가능한 다른 행위와의 결과 비교에 의해서 결정된다. 예를 들어, 어떤 사람이 남을 돕기 위해서 어떤 일을 했는데 그 결과가 예상 밖으로 좋지 못하다면 우리는 그 사람을 도덕적으로 나쁜 사람이라고 비난하지는 않지만, 그 행위는 여전히 옳지 않은 행위이며, 반대로 남을 해치기 위해서 한 행위가 본의 아니게 최선의 결과를 가져왔을 때에는 그 행위는 옳은 행위가 되지만 그 사람의 의도를 아는 한 우리는 그를 도덕적으로 비난한다. 이와 같이 어떤 행위와 그 행위의 행위자를 평가하는 기준이 다르듯이, 믿음과 믿음을 가진 사람에 대한 평가의 기준도 달라야 하는데 콘블리스는 이 두 가지를 혼동한 것이다.

(2) 제대로 된 근거로부터 형성됨

'증거론'이란 논문에서 논의되는 증거론에 대한 다음의 반론은 특별히 언급할 가치가 있다. 이 반론의 요점은 철이가 어떤 명제와 맞아떨어지는 증거를 **단순히 가지고 있다는 것**만으로는 그 명제가 철이에게 정당화된다고 말할 수 없다는 것이다.37) 예를 들어, 철이가 P와 P이면

36) Feldman and Conee(1985), pp.20-22.

37) 이러한 논의는 Hilary Kornblith, "Beyond Foundationalism and the

Q를 믿는 것에 정당성을 가지고 있다고 가정해 보자. 그리고 P와 P이면 Q로부터 Q가 논리적으로 도출된다는 것도 철이가 안다고 하면, 이 경우 증거론은 철이가 Q를 믿는 것에 정당화되었음을 인정할 것이다. 하지만 철이가 Q를 그가 가지고 있는 위의 증거들을 근거로 믿는 것이 아니라 다른 엉뚱한 이유, 예를 들어 Q라는 문장이 갖는 소리에 매료되어 Q를 믿을 경우 Q를 충분히 뒷받침해 주는 증거를 철이가 **가지고 있다 하더라도** 철이의 믿음 Q는 정당한 믿음이라고 보기 어렵다는 것이 반론의 핵심이다. 다시 말하면, 어떤 명제를 뒷받침하는 충분한 증거를 가지고 있다고 하더라도 그 증거를 근거로 믿음을 형성하지 않으면 그 믿음은 정당성을 결여한다는 것이다.

이러한 문제는 (EJ)에서 어떤 믿음이 인식적으로 정당화되기 위하여 실제로 믿음을 형성할 때 올바른 증거를 근거로 믿음을 가져야 한다는 조건이 없기 때문에 생기는 것이며, 상당히 많은 인식론자들이 어떻게 믿음을 형성하느냐가 인식 정당화를 결정하는 데 중요한 역할을 한다고 여기고 있다.38) 이렇게 믿음 형성 과정이 인식 정당화 상태에 영향을 준다는 입장에 따르면, 실제로 형성된 믿음만이 인식적으로 정당화될 수 있는 반면에, (EJ)에 따르면 인식 주체가 어떤 명제를 실제로 믿고 있지 않는다 하더라도 그 명제가 그에게 정당화될 수 있다는 점에

Coherence Theory", *The Journal of Philosophy*, 1980과 Alvin Goldman, "What Is Justified Belief?", *Justification and Knowledge*, ed. by George Pappas, Reidel, 1979, 그리고 Richard Foley, *The Theory of Epistemic Rationality*, Harvard Univ. Press, 1987, pp.81-83, 175-186 등에서 제시된다.

38) 예를 들어, 신빙론자에게는 어떻게 믿음을 형성하느냐가 인식 정당화를 결정하는 데 매우 중요한 조건이다. 왜냐하면 믿음 형성 과정의 신빙성 여부로 인식 정당화를 판별하는 신빙론에 따르면, 같은 명제를 믿더라도 어떤 믿음 형성 과정을 통해서 믿느냐에 따라 그 믿음의 정당화 상태가 달라질 수 있기 때문이다.

서 입장의 차이가 있는 것이다.

(EJ)와 같이 실제로 믿음을 형성하지 않아도 한 사람이 어떤 명제에 대해서 인식적으로 정당화될 수 있다고 생각하는 이유는 다음과 같다. 위의 예에서 철이는 Q를 정당하게 믿기에 충분한 증거를 가지고 있었다. 단지 철이는 엉뚱한 이유로 Q를 믿었기 때문에 문제가 생긴 것이다. 하지만 철이가 엉뚱한 이유로 그 명제를 믿었다는 사실 때문에 철이가 가지고 있는 증거가 Q를 더 이상 뒷받침 못하는 것이 아니다. 이와 같이 증거론에서는 어떤 명제와 한 사람이 가지고 있는 그 명제에 대한 증거 사이의 관계를 인식 정당화로 설명하려는 것이다. 따라서 그 사람이 실제로 그 명제를 믿고 있는지, 또 믿고 있을 때 무엇을 근거로 믿고 있는지는 명제와 증거 사이의 관계와 무관하다는 것이다.

우리가 어떤 행위의 도덕적 정당성을 이야기할 때, 실제로 행해진 행위에 대해서만 이야기하지는 않는다. 예를 들어, 철이에게 지금 실제로 여유 자금으로 1억 원이 없다 하더라도 만일 철이가 1억 원을 자선 단체에 기부한다면 우리는 그 가상의 행위를 옳은 행위라고 생각한다. 우리가 이 가상의 행위를 옳다고 판정할 수 있는 이유는 어떤 행위의 도덕적 정당성이 옳고 그름을 나누는 기준에 의해서 결정되며, 실제로 그 행위가 행해졌는가 여부에 의해서 그 결정이 영향을 받지는 않기 때문이다. 마찬가지로 어떤 명제가 한 사람에게 정당화되었는가의 여부는 명제와 그 사람이 가지고 있는 증거 사이의 관계에 의해서 결정되며, 그 사람이 꼭 그 명제를 믿어야 하는 것은 아니라는 것이 승거론자들의 입장이다.

그러면 증거론자들은 위의 예에서와 같이 철이가 엉뚱한 이유로 Q를 믿는 경우를 어떻게 설명할 것인가? 상식적으로 이 경우에 철이의 믿음 Q는 인식적으로 바람직하지 못한 믿음임에 틀림이 없다. 하지만

(EJ)에 따르면, 철이가 Q를 믿는 것에 인식적으로 정당성을 지닌다. 이러한 문제점을 증거론에서는 '**제대로 된 근거로부터 형성됨**(well-foundedness)'이라는 개념을 도입하여 해결한다. 이 설명에 따르면, 철이가 Q를 엉뚱한 이유로 믿을 때, 그의 믿음은 비록 정당화되었지만 제대로 된 근거로부터 형성된 믿음이 아니므로 인식적으로 바람직한 믿음이 아니라는 것이다. 만일 (K)의 두 번째 조건인 믿음 조건에서 증거를 토대로 믿음을 가져야 한다는 식으로 수정한다면, (EJ)를 수정하지 않고도 증거론은 위의 문제를 해결할 수 있다.[39]

(3) 어떤 것들이 증거로 간주되는가?

법정에서는 증언이나 칼, 지문 그리고 정황 등등이 증거로 채택된다. 하지만 증거론에서는 증거를 **감각적 증거**(perceptual evidence)와 **명제적 증거**(propositional evidence)의 두 종류로 나눈다. 감각적 증거는 오관을 통해 우리에게 경험되는 것으로, 시각적 증거, 청각적 증거, 후각적 증거, 촉각적 증거, 미각적 증거 등이다. 예를 들어, 나무로부터 시각적 자극을 받아서 나무가 있는 것처럼 보이는 경험을 철이가 갖게 된다면, 그러한 나무의 경험은 철이가 가지고 있는 감각적 증거이다. 이러한 감각적 증거에 대한 기억들도 역시 감각적 증거이다.

명제적 증거는 정당화된 믿음, 증언적 증거 그리고 명제적 기억 등으로 이루어진다. 첫째로, 정당화된 믿음, 즉 문자 그대로 정당성을 가진 믿음들은 명제적 증거로 간주된다. 예를 들어, 눈은 희다는 철이의

---

39) Feldman and Conee(1985), pp.23-25. 이에 대한 구체적인 논의는, 김도식, 「전통적 인식론에서 자연화의 대상은 무엇인가?」, 『철학적 분석』 2호, 2000 과 「자연화된 인식론의 의의와 새로운 '앎'의 분석」, 『철학적 분석』 17호, 2008, pp.101-105를 참고할 것.

믿음이 정당화되었다면, 눈은 희다는 정당화된 철이의 믿음은 철이가 가지고 있는 명제적 증거이다. 둘째로, 법정에서는 선서를 하고 증언대 앞에서 하는 이야기만을 증거로 받아들이지만, 증거론자들은 다른 사람으로부터 이야기를 들어서 그 결과로 얻게 되는 믿음을 증언적 증거로 인정한다. 그 한 예로, 철이가 '철학의 이해' 시간에 선생님으로부터 탈레스는 고대 그리스의 철학자라는 설명을 듣고 그 명제를 믿는다면, 그의 믿음은 증언적 증거라고 할 수 있다. 마지막으로, 명제적 기억도 명제적 증거의 한 종류이다. 예를 들어, 철이는 지금도 1984년 한국시리즈 7차전 롯데와 삼성의 경기를 잠실야구장에서 직접 보았다는 사실을 생생하게 기억하고 있다. 그러면, 그 경기를 직접 보았다는 기억도 철이가 가지고 있는 명제적 증거이다.

(4) '증거를 가짐'의 분석

위에서 여러 가지 증거들의 예를 제시했을 때, 그러한 증거들이 철이가 **가지고 있는** 증거들이라는 것에는 의심의 여지가 없었을 것이다. 하지만 철이가 가지고 있는 기억 속에는 철이의 머릿속 한구석에 있으면서 쉽게 철이의 의식 세계로 떠오르지 않는 그러한 기억이 있을 수 있다.[40] 예를 들어, 철이에게 초등학교 1학년 때 담임선생님의 이름이 뭐냐고 물어본다면, 그 대답이 머릿속에서 아른거리면서 정확히 기억이 안 날 수 있을 것이다. 하지만 철이에게 1학년 때 담임선생님이 김영희 선생님이냐고 물어본다면, 철이는 금방 그렇다고 대답할 수 있을 것이다. 그러면, 철이는 그의 1학년 때 담임선생님 이름이 김영희 선생님이

---

40) 이 논의는 정합론을 설명할 때, 한 믿음 체계에 어떤 믿음들이 포함되는가를 다루면서 언급했다.

라는 명제적 증거, 즉 명제적 기억을 가지고 있다고 해야 할 것인가?

만일 철이가 선생님의 이름을 기억해 내기 전에도 그 명제적 증거를 가지고 있다고 인정한다면, 철이가 선생님의 이름을 영원히 기억하지 못하더라도 위의 증거를 근거로 1학년 때 담임선생님의 성이 김씨라고 철이가 믿는 것이 정당화될 것이다. 하지만, 선생님의 이름을 기억하지 못하는 상태에서는 철이가 선생님의 성이 김씨라고 믿는 것에 정당성을 가질 수 없다는 것이 일반적인 생각이다. 따라서 철이가 선생님의 이름을 기억하기 전에, 1학년 때 담임선생님의 이름이 김영희 선생님이라는 명제적 증거를 가지고 있다고 말해서는 안 된다.41) 그러므로 철이의 머릿속에 저장된 모든 기억들을 철이가 증거로 가지고 있다고 말하기는 곤란하다. 그렇다면, 어떤 경우에 머릿속에 저장되어 있는 기억을 증거로 가지고 있다고 할 수 있는가? 펠드만은 다음과 같은 '증거를 가짐'에 대한 분석을 제시한다.

> (HE) 어떤 사람 S가 일정 시점 t에 E라는 증거를 갖고 있음의 필요충분조건은 S가 t에 E를 머릿속에서 생각하고 있음이다.42)

(HE)에 따르면, 철이가 선생님의 이름을 기억해 내지 못할 때에는 선생님의 이름이 김영희라는 명제는 철이의 머릿속에서 생각되고 있지

---

41) 이러한 논의는 Richard Feldman, "Having Evidence", *Philosophical Analysis*, ed. by D. F. Austin, 1988에서 자세하게 진행되며 Alvin Goldman, *Philosophical Applications of Cognitive Science*, Westview, 1993, pp.9-13에서도 언급된다.

42) Richard Feldman(1988), p.95.

않으므로 철이가 그 명제적 증거를 가지고 있지 않지만, 누군가가 그에게 선생님의 이름이 김영희냐고 물어보았을 때는 철이가 선생님의 이름이 김영희라는 명제를 머릿속에서 상기하고 있으므로 그때에는 철이가 그 명제적 증거를 가지고 있다고 말할 수 있다.

(HE)에 대해서 다음과 같은 의문이 제기될 수 있다. (HE)에 따르면, 신라가 삼국을 통일했다는 사실을 철이가 초등학교 때부터 알아왔다고 주장하는 것이 불합리해 보인다. 왜냐하면, 인식 정당화는 앎의 필요조건이며 어떤 믿음이 정당화되기 위해서는 그 믿음을 정당화시켜 주는 증거를 머릿속에서 생각하고 있어야 한다. 따라서 신라가 삼국을 통일했다는 사실을 철이가 초등학교 때부터 알아왔다고 주장하려면 철이가 그 명제를 뒷받침해 주는 증거를 (예를 들어 초등학교 선생님께 배웠다든지, 아니면 교과서에서 보았다든지 등등) 초등학교 때부터 계속 생각하고 있어야 한다. 그러나 철이가 그 증거를 한순간도 잊지 않고 항상 머릿속에서 생각하고 있었던 것은 아니다. 그렇다고 해서 신라가 삼국을 통일했다는 사실을 철이가 초등학교 때부터 알아왔다는 주장을 불합리하다고 생각하는 사람은 아마 별로 없을 것이다. 그러므로 (HE)에 문제가 있다고 주장하는 사람이 있을 수 있다.

이 문제를 펠드만은 **현재적 앎**(occurrent knowledge)과 **성향적 앎**(dispositional knowledge)을 구분함으로써 해결한다.43) 현재적 앎은 지금 현재 머릿속에서 의식하고 있는 앎으로, 신라가 삼국을 통일했다는 사실을 철이가 초등학교 때부터 계속 현재적으로 알아온 것은 아니다. 반면에, 성향적 앎은 그 앎의 대상이 되는 명제를 머릿속에서 생각한다면 현재적 앎이 될 수 있는 그러한 앎을 의미한다. 따라서 신라가 삼

---

43) 이 설명은 정합론을 설명할 때, 현재적 믿음과 성향적 믿음을 구분한 것과 유사한 설명이라고 할 수 있다.

국을 통일했다는 명제를 철이가 머릿속에 떠올리게 된다면 철이는 그 명제를 현재적으로 알고 있다고 말할 수 있으므로, 철이가 초등학교 때부터 그 명제를 성향적으로 알아왔다고 이야기할 수 있다.44)

즉 우리가, 철이는 신라가 삼국을 통일했음을 안다고 말할 때의 앎 이란 성향적 앎을 의미하는 것이다. 성향적 앎의 필요조건은 그 앎의 대상이 되는 명제를 머릿속에서 생각하고 있을 때 그 명제에 대해서 정당성을 갖는 것이며, 생각하고 있는 명제에 대해서 정당성을 가지려 면, 그 명제를 뒷받침하는 증거들도 의식 속에 있어야 하므로, 현재적 앎과 성향적 앎을 구분함으로써 위의 문제점을 (HE)를 수정하지 않고 도 해결할 수 있다.

(5) '맞아떨어짐'의 분석

이 부분이 증거론에서 가장 중요하면서도 어려운 부분이며, 아직 완 성된 분석이 없는 상태이다. 따라서 이 자리에서는 원론적인 이야기에 그치기로 하겠다. 간단히 말해서, 어떤 명제에 대한 믿음이 증거와 맞 아떨어진다는 것은 그 믿음이 증거에 의해서 뒷받침된다는 뜻이다. 예 를 들어, 철이가 나무를 보고 있다면, 그것으로부터 야기된 철이의 감 각적 증거는 여기에 나무가 있다는 철이의 믿음을 뒷받침해 주지만 그 증거가 여기에 동물이 있다는 믿음을 뒷받침해 주지는 못한다. 그러므 로 나무로부터 야기된 감각적 증거는 여기에 나무가 있다는 철이의 믿 음과는 맞아떨어지지만 여기에 동물이 있다는 철이의 믿음과는(만일 어떤 이유로든 이 명제를 믿는다면) 맞아떨어지지 않는다. 이와 같이 어떤 증거가 철이의 믿음을 뒷받침해 주면, 철이의 믿음은 그가 가지

---

44) Richard Feldman(1988), pp.98-99.

고 있는 증거와 맞아떨어지며, 뒷받침해 주지 않으면, 맞아떨어지지 않는 것이다. 물론 이와 같은 설명은 '맞아떨어짐'에 대한 궁극적인 설명일 수 없다. 왜냐하면 이 설명에서는 '맞아떨어짐'을 '뒷받침'이란 단어로 대체한 것에 불과하기 때문이다. '뒷받침'이란 단어가 '맞아떨어짐'보다 이 경우에 이해하기 쉬운 것은 사실이지만, 증거론자에게는 '맞아떨어짐'을 설명해야 하는 숙제가 여전히 남아 있다.

증거론에서의 핵심적인 개념 중 하나인 '맞아떨어짐'을 제대로 설명하지 못한다는 사실로부터 증거론이 논의의 대상이 될 가치조차 없다고 생각하는 사람이 있을지 모른다. 하지만 토대론과 정합론도 비슷한 문제점들을 가지고 있다. 토대론을 주장하는 사람 중 아무도 어떻게 기초적 믿음으로부터 비기초적 믿음이 정당화되는지를 만족스럽게 설명한 사람이 없으며, 정합론에서의 핵심적인 개념인 '정합성'을 깨끗하게 설명한 정합론자들도 아직은 없다. 따라서 토대론, 정합론에 대해서 논의할 가치가 있다고 인정하는 사람은 증거론도 논의할 가치가 있음을 부인해서는 안 된다.

(6) 증거론이 그럴듯한 이유

그러면 증거론이 왜 그럴듯한지를 몇 가지 예를 들어 설명해 보겠다. 첫째로, 위의 나무를 보고 있는 철이의 예에서, 우리는 상식적으로 그 감각적 증거를 근거로 철이가 여기에 나무가 있다는 명제를 믿는다면 그 믿음은 정당성을 갖지만 같은 감각적 증거를 근거로 여기에 동물이 있다는 명제를 믿는다면 그 믿음은 정당성을 갖지 못한다고 생각한다. 증거론은 이 경우에 왜 철이의 첫 번째 믿음은 정당화되고 두 번째 믿음은 정당화되지 않는지를 쉽게 설명할 수 있다. 그 이유는 여기에 나무가 있다는 철이의 믿음이 철이의 증거에 의해서 뒷받침되지만, 여기에 동물이 있다는 철이의 믿음은 그의 증거에 의해서 뒷받침되지 않기 때문이다.

둘째로, 철이가 명제적인 증거를 가질 경우도 생각해 보자. 철이가 비가 많이 오면 땅이 젖는다는 명제와 지금 비가 많이 오고 있다는 명제를 안다고 가정하자. 또 철이가 전건긍정법(Modus Ponens)을 사용할 줄 안다고 가정하자. 그러면 명백하게 철이는 지금 땅이 젖어 있다는 믿음을 갖는 것이 정당화된다. 증거론은 이 경우에 지금 땅이 젖어 있다는 철이의 믿음이 정당화되었다는 것을 어떻게 설명할 것인가?

인식 정당화는 앎의 필요조건이다. 따라서 철이가 비가 많이 오면 땅이 젖는다는 명제와 지금 비가 많이 오고 있다는 명제를 안다면, 철이가 그 명제들을 믿는 것이 정당화된다. 증거론에 따르면, 정당화된 믿음들도 증거에 속하므로 철이의 비가 많이 오면 땅이 젖는다는 믿음과 지금 비가 많이 오고 있다는 믿음은 철이가 가지고 있는 명제적 증거이다. 철이가 전건긍정법을 사용할 줄 안다는 것 자체는 명제적인 앎(knowing that)이 아니라 기술적인 앎(knowing how)일 수 있으므로 그 자체로는 명제적 증거가 아닌 것으로 보일지 모르나, 전건긍정법을 사용할 줄 안다는 것은 비가 많이 오면 땅이 젖는다와 지금 비가 많이 온다는 두 명제로부터 지금 땅이 젖어 있다는 명제를 도출해도 됨을 아는 것이며 그 앎은 명제적인 앎이므로, 이것 역시 철이가 가지고 있는 명제적인 증거라고 할 수 있다.45)

---

45) 모든 기술적인 앎을 명제적인 앎으로 환원할 수 있음을 주장하는 것은 아니다. 예를 들어, 어떤 사람이 자전거를 탈 수 있다고 해서 그 사람이 꼭 자전거 타는 것에 대한 명제적인 앎을 가지고 있지는 않다는 것을 인정한다. 여기서 주장하는 바는 기술적인 앎 중의 일부는 명제적인 앎으로 환원이 가능하다는 것이며, 전건긍정법을 사용할 줄 아는 것은 이렇게 환원 가능한 기

철이의 이 세 가지 명제적 증거, 즉 비가 많이 오면 땅이 젖는다는 믿음과 지금 비가 많이 오고 있다는 믿음, 그리고 지금 땅이 젖어 있다는 명제가 위의 두 명제로부터 논리적으로 도출된다는 믿음은 지금 땅이 젖어 있다는 철이의 믿음을 충분히 뒷받침해 준다고 생각한다.46) 따라서, 철이가 가지고 있는 명제적 증거들은 지금 땅이 젖어 있다는 철이의 믿음과 맞아떨어지므로, 증거론에 따르면 이 철이의 믿음은 정당화되는 것이다. 그러므로 어떤 사람이 명제적 증거를 가진 경우라도 증거론은 그 사람의 믿음이 왜 정당화되었다고 할 수 있는가를 설명할 수 있다.

이렇게 증거론이 그럴듯함에도 불구하고 증거론에 대한 반례가 있음을 주장한 사람들이 있었다. 다음 장에서는 이러한 주장된 반례들을 소개하겠다.

2) 증거론에 대하여 주장된 반례들

(1) 주장된 반례들의 일반적 특성

증거론에 대하여 주장된 반례들은 크게 두 가지로 나뉠 수 있다. 하나는 사람들의 수학적인 능력이 다르듯이, 두 사람이 같은 증거를 가지고 있다 하더라도 증거를 처리하는 능력이 다르면 같은 믿음에 대해서도 다른 정당성을 가질 수 있다는 것이다. 예를 들어, 중학생에게 다음 문제를 풀어 보게 했다고 하자.

술적인 앎 중의 하나라는 것이다.
46) '맞아떨어짐'의 의미가 정확히 설명되지 않았기에 이러한 설명이 임시방편적으로 보일지 모르나, 적어도 증거로부터 인식 주체가 아는 논리적 귀결 (known logical consequence)을 믿는 것은 맞아떨어짐의 충분조건이 된다.

i) $2x - y = 3$

ii) $x + y = 3$

중학생 중에는 이 이원일차방정식을 풀 수 있는 사람이 있을 것이고, 풀 수 없는 사람이 있을 것이다. 이 문제를 풀 수 있는 사람과 풀 수 없는 사람의 차이는 그들이 다른 수학적 능력을 가지고 있다는 사실에서 온다. 다시 말하면, 어떤 사람은 그 문제를 풀고 어떤 사람은 못 푸는 이유가 한 사람에게는 어려운 문제가 주어지고 한 사람에게는 쉬운 문제가 주어졌기 때문이 아니라, 그들이 가지고 있는 능력이 달랐기 때문이다.

마찬가지로, 증거를 처리하는 능력의 차이로 같은 증거를 가지고도 두 사람이 한 믿음에 대해 다른 정당성을 가지고 있다면 이는 증거론에 대한 직접적인 반례가 된다. 왜냐하면, 증거론에 따르면, 인식적 정당성의 문제는 인식 주체가 가지고 있는 증거에 의해 전적으로 결정되기 때문이다. 이러한 유형의 예로, 여기서 '셜록 홈즈의 예', '골드만(Alvin Goldman)의 예', '논리학의 예'를 다루겠다.

다른 하나는, 상식적으로 인식 주체가 어떤 명제를 믿는 것이 정당화되지 않았음에도 증거론은 그의 믿음이 정당화되었다고 주장하는 것처럼 보이는 경우이다. 이러한 유형의 예로 '플란팅가(Alvin Plantinga)의 예'를 소개하겠다.

(2) 셜록 홈즈의 예

셜록 홈즈와 그의 친구인 의사 왓슨이 살인 현장에서 누가 범인인가를 조사하고 있다고 가정해 보자. 현장에서 그들은 같은 것을 보았다.

즉 둘 다 시체가 어디서 발견되었는가를 직접 확인하고, 시체를 처음 발견한 사람으로부터 진술을 들었으며, 마룻바닥에 범인의 신발에서 떨어진 듯한 흙이 한 덩이 있는 것도 함께 보았다. 따라서 그들이 범행 현장에서 얻은 증거는 같아 보인다. 하지만 현장 조사를 마친 홈즈는 잠시 생각하더니 범인은 런던의 남부에서 왔다고 결론지었다. 같은 증거를 가진 왓슨은 도대체 홈즈가 그 결론을 어떻게 알아냈는가 궁금했으나 알 도리가 없었다.

이러한 경우에 명탐정 홈즈가 내린 결론, 즉 범인이 런던의 남부에서 왔다는 홈즈의 믿음은 정당성을 지닌 것으로 보인다. 홈즈의 결론은 단순한 추측으로 나온 것이 아니라 오랜 탐정 생활의 결과로 얻어진 그의 특수한 능력으로부터 나온 것이기 때문이다. 하지만 같은 현장을 보고서도 왓슨은 범인이 런던 남부에서 왔다는 명제를 정당성을 갖고 믿을 수 없었다.[47] 따라서, 이 예에 따르면, 두 사람이 같은 증거를 가지고도 한 명제에 대해서 한 사람은 정당화되고 다른 사람은 정당화되지 않는다. 하지만 증거론에 따르면 두 사람이 같은 증거를 가지고 있으면, 어떤 믿음에 대해서 똑같이 정당화가 되거나 똑같이 정당화되지 않아야 한다. 그러므로 셜록 홈즈의 예가 옳다면, 증거론은 틀릴 수밖에 없다는 결론이 나온다.

---

47) 물론 이 경우에 홈즈는 범인이 런던 남부에서 왔다는 명제를 실제로 믿을 것이고 왓슨은 그런 믿음을 형성하지 않을 것이다. 하지만 앞에서 언급했던 것처럼, 증거론에 따르면, 어떤 사람이 실제로 그 명제에 대한 믿음을 형성했는지 여부는 그 명제가 그 사람에게 정당화되었는지를 결정하는 데 아무런 영향이 없다. 다시 말해서, 홈즈가 위와 같은 상황에서 설령 잠깐 다른 곳에 정신이 팔려서 그 믿음을 실제로 형성하지 않았다 하더라도 그 명제는 홈즈에게 정당화되었으며, 마찬가지로 왓슨이 그 명제를 우연히 믿는다고 하더라도 그 명제는 왓슨에게 정당화되지 않는다.

(3) 골드만의 예

골드만의 예는 필자가 설명한 증거론을 직접적으로 비판하려고 제시한 것이 아니라, '증거비례론(evidence proportionalism)'이란 이론을 비판하려는 의도에서 제시된 것이다.[48] 하지만 그 내용을 조금만 수정하면 증거론에 대한 비판이 될 수도 있다.

갑, 을, 병의 세 형사가 살인 사건을 조사하고 있다고 가정하자. 그들은 같은 증거를 가지고 있다. 예를 들어, 용의자들이 누구이며, 범행 시간의 그들의 알리바이, 그들의 희생자와의 관계 등등을 세 형사가 모두 알고 있다. 어떤 통계적 분석에 따르면, 이 증거들을 입력시켰을 때 용의자 중의 하나인 정이 범인일 확률은 85%이다. 형사 갑은 위와 같은 통계적 분석이 있다는 것조차 모르고, 증거들로부터 짐작으로 정이 범인이라는 결론을 내린다. 형사 을은 위와 같은 통계적 분석이 있다는 것을 알고 그 통계적 분석을 이용하여 갑과 같은 결론을 내렸지만, 을은 그 통계적 분석이 신빙성이 있는지 여부는 모르고 있다. 반면에, 형사 병은 그 통계적 분석을 이용하여 정이 범인이라는 결론을 내렸을 뿐만 아니라 그 분석이 믿을 만한 분석이라는 것을 알고 있다. 이와 같은 경우에 갑, 을, 병은 같은 증거로부터 같은 결론을 도출했지만, 정이 범인이라는 믿음은 병에게만 정당화되고 갑과 을에게는 정당화되지 않는다고 생각된다. 하지만 증거론에 따르면, 갑, 을, 병이 같은 증거를 가지고 있으므로 정이 범인이라는 믿음에 모두 정당화되거나 모두 정당화되지 않아야 한다. 그러므로 골드만의 예가 옳다면 증거론은 올바른 이론일 수 없다.

---

48) Alvin Goldman, *Epistemology and Cognition*, Harvard Univ. Press, 1986, pp.89-93.

(4) 논리학의 예

논리학 선생님과 그 선생님으로부터 기초적인 기호논리학을 배우는 학생에게 다음의 논증이 논리적으로 타당하다고 믿느냐는 질문을 했다.

P1. $P \rightarrow (Q \lor R)$

C. $S \rightarrow [P \rightarrow (Q \lor R)]$

선생님과 학생은 모두 전건긍정법을 사용할 줄 알고, 또 $X \rightarrow (Y \rightarrow X)$가 정리(theorem)임을 안다. 이 두 가지만 알면 위의 논증이 타당하다는 것을 알 수 있다. 선생님은 쉽게 P1로부터 결론을 도출해 낼 수 있으며 따라서 위의 논증이 타당하다고 믿는 것이 정당화된다. 하지만 학생은 전건긍정법을 사용할 줄 알고 $X \rightarrow (Y \rightarrow X)$가 정리임을 알고도 이 논증이 타당하다는 것을 모를 수도 있다. 학생이 그 논증의 타당성을 모른다면 그는 이 논증이 타당하다는 믿음을 갖는 것이 정당화될 수 없다. 이 예 역시 선생님과 학생이 같은 증거를 갖고 있으면서 한 믿음에 대해서 서로 다른 정당성을 갖는 경우이다.

선생님이 논리학에 관한 한 학생보다 훨씬 더 많은 배경 지식을 가지고 있으므로 선생님이 가지고 있는 증거와 학생이 가지고 있는 증거는 같지 않다는 느낌이 들 수도 있다. 물론 선생님이 학생에 비해 논리학에 대해 아는 것이 많은 것은 사실이지만, 이 문제를 풀기 위해서 필요한 지식은 학생도 모두 가지고 있는 듯하다. 그 필요한 지식이란, 첫째로 X → (Y → X)가 정리라는 것이고 둘째는 (Y → X)가 X와 X → (Y → X)로부터 전건긍정법을 통해 도출될 수 있다는 것이다. 이러한 지식은 위에서 학생도 가지고 있다고 가정했었다. 그러므로 논리학의 예 또한 두 사람이 같은 증거를 가지고 있음에도 한 믿음에 대해 다른 정당화 상태를 가지고 있는 예이므로, 이 예가 받아들여질 수 있다면, 증거론은 부정될 수밖에 없다.

(5) 플란팅가의 예

위의 셜록 홈즈의 예, 골드만의 예, 논리학의 예와는 달리, 플란팅가의 예는 두 사람이 같은 증거를 가지고 있으면서 한 믿음에 다른 정당화 상태를 가지고 있는 것이 아니라, 상식적으로 보건대 한 사람이 어떤 믿음을 갖는 것에 정당화되지 않는 것 같음에도 불구하고 증거론은 그 믿음이 정당화된 것으로 간주하는 것처럼 보이는 경우이다.

플란팅가에 의하면, 증거론이란 인식 주체가 어떤 믿음에 보장성 (warrant)[49]을 갖게 될 때에는 그 믿음에 상응하는 증거를 그 주체가 가지고 있다고 주장하는 이론이라는 것이다. 예를 들어, 철이가 여기에 나무가 있다는 믿음에 보장성을 가질 때에는 일반적으로 철이는 그 믿음에 상응하는 증거, 즉 나무로부터 야기된 감각적 증거를 가지고 있다는 것이다. 따라서 대부분의 경우에 나무로부터 야기된 듯한 감각적 증거를 가지고 있으면 철이는 여기에 나무가 있다는 믿음을 갖는 것에

---

49) 플란팅가는 정당성(justification)이라는 말 대신 보장성(warrant)이라는 말을 사용한다(그의 책, *Warrant and Proper Function*, Oxford Univ. Press, 1993, pp.185-193 참고). 그는 정당성과 보장성을 같은 의미로 사용한다고 한다(*ibid.*, p.186). 하지만 그의 보장성이 정당성과 어떻게 다른지는 나중에 설명하기로 하겠다.

보장성을 갖게 된다.

하지만 다음의 경우를 생각해 보자. 철이의 시각적 기능이 제 기능을 다하지 못하여, 철이의 주변적 환경과 관계없이 항상 10분 간격으로 나무로부터 야기된 듯한 감각적 경험을 한다고 가정하자. 즉 철이가 방에서 벽을 보고 있을 때도 10분 간격으로 그러한 감각적 경험을 하고 실내 수영장에서 수영을 하고 있을 때에도 10분 간격으로 나무를 보는 듯한 시각적 경험을 한다고 상상해 보자. 플란팅가의 주장은 이러한 경우에 증거론자들은 여기에 나무가 있다는 철이의 믿음이 보장성을 갖는다고 말해야 한다는 것이다. 왜냐하면, 철이의 그러한 감각적 증거는 비록 그것이 시각적 기능의 고장으로 얻어진 것이라 하더라도 여기에 나무가 있다는 철이의 믿음과 맞아떨어지기 때문이다.50) 하지만 우리 모두, 이 경우에 있어서 여기에 나무가 있다는 철이의 믿음은 보장성을 갖지 못한다는 것에 동의할 것이라고 플란팅가는 말한다. 그러므로 플란팅가는 증거론이 옳지 못하다고 주장한다.

이제까지 증거론에 대한 네 가지의 주장된 반례를 설명하였다. 다음 장에서 이러한 예들로부터 증거론을 어떻게 구할 수 있을까를 논의해 보기로 하겠다.

3) 주장된 반례들에 대한 증거론의 대답

(1) 셜록 홈즈의 예, 골드만의 예, 논리학의 예에 대한 대답

셜록 홈즈의 예, 골드만의 예, 논리학의 예에 대한 증거론의 대답은 주장된 반례에서 사람들(홈즈와 왓슨, 형사 갑, 을, 병, 선생님과 학생)

---

50) *Ibid.*, p.193.

이 같은 증거를 가지고 있는 것처럼 보임에도 불구하고 그들이 가지고 있는 증거가 똑같지는 않다는 것이다. 다시 말하면, 홈즈, 형사 병, 선생님은 추가적인 증거를 소유하고 있다는 것이다. 따라서 증거론을 옹호하는 사람들은 그들이 왜 한 명제에 대해서 서로 다른 정당성을 가지고 있는지 설명할 수 있다고 주장한다.

첫째로, 셜록 홈즈의 예에서 홈즈와 왓슨은 범행 현장에서 같은 감각적 경험을 하고도 명탐정인 홈즈에게 특별한 능력이 있기 때문에 범인이 런던의 남부에서 왔다는 명제를 믿는 것이 정당화되었다고 설명했었다. 그러면 홈즈가 가지고 있는 특별한 능력이란 도대체 무엇인가? 그러한 능력이란 현장에서 발견한 증거로부터 범인은 런던의 남부에서 왔다는 결론을 도출할 수 있는 추론 능력이며, 이러한 능력이란 다름 아닌, 현장에서 수집한 증거와 관련된 배경 지식을 많이 알고 있는 것이라 할 수 있다. 예를 들어, 현장에서 한 덩이의 흙이 마루에 떨어져 있는 것을 홈즈와 왓슨 둘 다 보았지만, 그러한 흙이 오직 런던의 남부에서만 발견된다는 사실은 홈즈만이 알고 있는 지식일 수 있기 때문이다. 인식 정당화는 앎의 필요조건이므로, 이러한 배경 지식도 정당화된 믿음이라 할 수 있으며, 정당화된 믿음은 다름 아닌 명제적 증거이다. 그러므로 홈즈와 왓슨이 현장에서 얻은 감각적 증거는 같을지 모르나 홈즈는 왓슨이 가지고 있지 않은 명제적 증거, 즉 이러한 종류의 흙은 오직 런던 남부에서만 발견된다는 명제적 증거를 가지고 있으므로, 범인이 런던 남부에서 왔다는 명제에 관련된 홈즈가 가지고 있는 증거는 왓슨이 가지고 있는 증거와 같지 않다. 다시 말하면, 그들이 가지고 있는 감각적 증거가 같다 하더라도, 홈즈가 추가적인 명제적 증거를 가지고 있으므로, 그들이 가지고 있는 총체적인 증거는 같지 않다는 것이다. 따라서 셜록 홈즈의 예는 증거론에 대한 반례가 될 수 없다.

비슷한 이야기가 골드만의 예에도 적용될 수 있다. 그 예에서 형사 갑, 을, 병이 같은 증거로부터 용의자 정이 범인이라는 결론을 이끌어 냈지만, 오직 형사 병만이 그 믿음에 정당성을 가진다고 설명했었다. 하지만 그 예를 자세히 살펴보면 형사 갑, 을, 병이 같은 증거를 갖고 있지 않음을 알 수 있다. 그 예에서, 형사 을은 용의자들에 대한 증거들을 입력시켰을 때 정이 범인일 확률이 85%라는 통계적 분석이 있다는 것을 알고 있었지만, 형사 갑은 그 사실을 모르고 있었다. 마찬가지로, 형사 병은 그러한 통계적 분석이 있다는 것을 알 뿐만 아니라 그 통계적 분석이 신빙성 있는 분석이라는 것도 아는 반면에 형사 을은 그 분석이 믿을 만한 것인지 여부에 대해서는 아는 바가 없었다. 다시 한 번 강조하지만, 인식 정당화는 앎의 필요조건이므로, 형사 병이 형사 갑이나 을보다 아는 것이 많다는 것은 그들보다 정당화된 믿음을 더 많이 가지고 있다는 뜻이며, 그것은 형사 병이 그들보다 더 많은 명제적인 증거를 가지고 있다는 의미가 된다. 그러므로 골드만의 예를 처음 설명할 때와는 달리 형사 갑, 을, 병은 용의자 중 정이 범인이라는 명제에 대하여 서로 다른 증거를 가지고 있으므로 이 예 또한 증거론에 대한 반례가 되지 못한다.

논리학의 예는 위의 두 예에 비해서 증거론자들이 대답하기가 좀 더 어려워 보인다. 이 예에서 학생은 주어진 논증이 타당함을 증명하기 위한 모든 증거를 가진 것으로 보이므로 이 경우에 선생님과 학생이 서로 다른 정당화 상태를 가진 이유는 오로지, 논리학 문제를 푸는 데 있어서, 선생님의 능력이 학생보다 탁월했기 때문으로 보인다. 그리고 이러한 능력의 차이는 증거의 차이가 아니므로 이 논리학의 예는 증거론에 대한 진정한 반례라고 여겨질 수 있다.

하지만 이 경우에 선생님이 가지고 있는 탁월한 능력이란 무엇인가?

선생님은 전제와 결론 사이의 관계를 직관할 수 있었고, 학생은 같은 문제를 보고도 그 관계를 알아내지 못한 것이었다. 그러면, 선생님은 어떻게 그 관계를 직관할 수 있었을까? 그는 $[P \to (Q \lor R)] \to \{S \to [P \to (Q \lor R)]\}$이 $X \to (Y \to X)$라는 정리의 한 예임을 알았기 때문에 그 정리와 $P \to (Q \lor R)$로부터 전건긍정법을 통하여 $S \to [P \to (Q \lor R)]$을 논리적으로 도출할 수 있었던 것이며 따라서 위의 논증이 타당하다는 것을 정당성을 가지고 믿을 수 있었던 것이다. 반면에, 학생은 전건긍정법을 사용할 줄 알고, $X \to (Y \to X)$가 정리라는 것을 아는 것에는 선생님과 차이가 없었지만, $[P \to (Q \lor R)] \to \{S \to [P \to (Q \lor R)]\}$이 $X \to (Y \to X)$라는 정리의 예라는 것을 몰랐고 그렇기 때문에 위의 논증이 타당하다는 것을 정당성을 가지고 믿을 수 없었던 것이다. 그렇다면, $[P \to (Q \lor R)] \to \{S \to [P \to (Q \lor R)]\}$이 $X \to (Y \to X)$의 한 예라는 것을 아는 것도 명제적 증거의 하나이므로 결국 선생님과 학생이 같은 증거를 가지고 있다는 주장은 받아들일 수 없게 된다. 왜냐하면, 선생님은 학생이 가지고 있지 않은 추가적인 증거를 가지고 있기 때문이다. 그러므로 이 논리학의 예도 증거론에 대한 반론이 될 수 없다.

이러한 증거론의 대답을 보면서 증거론이 지나치게 높은 지적 수준을 요구하는 이론으로 생각하는 사람이 있을지도 모른다. 논리학의 예에서 보듯이 선생님과 학생이 가지고 있는 증거의 차이는 다름 아닌 $[P \to (Q \lor R)] \to \{S \to [P \to (Q \lor R)]\}$이 $X \to (Y \to X)$라는 정리의 한 예임을 아는가 여부에 의해서 나타났기 때문이다. 그렇다면 논리학의 배경 지식이 없는 철이가 비가 오면 우산을 써야 한다는 조건문과 지금 비가 온다는 정당화된 믿음들로부터 우산을 써야 한다는 믿음을 가질 때도 그가 사용하는 추론이 전건긍정법의 한 사례임을 모르므로 우산을 써야 한다는 철이의 믿음이 정당화되지 않는다고 증거론이 주장하는 것처럼 보일 수도 있기 때문이다.

위의 논리학의 예에서는 선생님과 학생이 가지고 있는 증거의 차이가 $[P \rightarrow (Q \vee R)] \rightarrow \{S \rightarrow [P \rightarrow (Q \vee R)]\}$이 $X \rightarrow (Y \rightarrow X)$라는 정리의 한 사례임을 아는가 여부에 의해서 나타났지만 이는 문제 자체가 논리학의 문제였기 때문이며, 증거론이 일반적으로 그렇게 높은 지적 수준을 요구하는 것은 아니다. 철이가 우산을 써야 한다는 믿음에 정당화되기 위해서 '전건긍정법'이란 용어를 알 필요도 없고, 그가 사용하고 있는 추론 형식이 전건긍정법의 한 예임을 알 필요도 없다. 이 예에서 철이가 우산을 써야 한다는 믿음에 정당화되기 위해서 필요한 증거는 지금 비가 온다와 비가 오면 우산을 써야 한다는 명제들에 대한 정당화된 믿음과 이들 명제로부터 우산을 써야 한다는 결론을 도출해도 좋음을 알면 된다. 따라서 철이가 전건긍정법이 무엇인지를 모른다 할지라도 그가 우산을 써야 한다는 명제를 믿는 것에 정당화될 수 있는 것이다.

혹자는 지금 비가 온다와 비가 오면 우산을 써야 한다는 그 명제로부터 우산을 써야 한다는 결론을 도출해도 좋음을 아는 것을 요구하는 것도 지나친 주문이라고 생각할지 모른다. 하지만 이를 요구하지 않으면 모든 논리적 귀결을 믿는 것이 정당화된다고 해야 하는데 이는 받아들이기 어렵다. 예를 들어, 철이가 <만일 영이가 학생이면 돌이도 학생이다>가 거짓임을 안다고 가정해 보자.51) 이 지식을 근거로 돌이가

---

51) 철이가 조건문은 전건이 참이고 후건이 거짓인 경우에 거짓이라는 것을 알기 때문에 이 조건문이 거짓임을 안다고 상정하지 말고 아주 믿을 만한 철이의 친구가 철이에게 이 명제는 거짓이라고 진지하게 알려주어서 그 명제가 거짓임을 안다고 가정하면 이 예를 이해하기가 쉬워질 것이다.

학생이 아니라는 명제를 믿는 것이 철이에게 자동적으로 정당화된다고 할 수 있을까?[52] 대답은 당연히 부정적이어야 한다. 왜냐하면 철이는 그 조건문이 거짓이라는 사실과 돌이가 학생이 아니라는 명제 사이에 어떤 관계가 있는지를 전혀 모를 수 있기 때문이다. 하지만 돌이가 학생이 아니라는 것은 위의 조건문이 거짓이라는 사실로부터 논리적으로 도출되는 귀결이다. 따라서 모든 논리적 귀결을 믿는 것이 정당화된다면 이 예는 설명될 수 없다.

'논리적 귀결'이니 '전제로부터 결론을 도출'한다는 등의 전문적인 용어들을 사용해서 그렇지, P와 P이면 Q로부터 Q를 믿는 것이 정당화되기 위해서 Q를 위의 두 명제로부터 도출해도 좋다는 것을 알도록 요구하는 것은 지나친 주문이 아니다. 초등학교를 채 입학하지 않은 아이들도 이러한 관계를 어느 정도 터득하고 있음을 알 수 있기 때문이다. 예를 들어, 다음과 같은 엄마와 아이의 대화를 생각해 보자.

아이   엄마, 나 지금 사탕 먹어도 돼요?
엄마   지금 먹으면 밥 맛 없어져서 안 돼요. 저녁 먹으면 사탕 먹어. 저녁을 다 먹고 나서….
아이   엄마, 나 밥 다 먹었어. 이제는 사탕 먹어도 되지?

여기서 아이가 사용하는 추론이 다름 아닌 전건긍정법인 것이다. 물론 이 아이는 전건긍정법이 무엇인지도 모르고 지금 그가 사용하고 있는 추론 형식이 전건긍정법의 한 사례라는 것도 모르고 있다. 하지만

---

52) "만일 영이가 학생이면 돌이도 학생이다"가 거짓임을 $\sim(P \rightarrow Q)$라고 기호화할 수 있으며 이는 $(P \,\&\, \sim Q)$와 논리적 동치이므로 "돌이는 학생이 아니다"를 논리적으로 함축한다.

적어도 이 아이는 '~하면 ~이다'와 같은 형식의 말에서 앞부분이 만족되면 뒷부분도 만족된다는 것을 알고 있으며 이러한 관계를 아는 것이 증거론에서 요구하는 바이다. 따라서 이와 같은 요구는 무리한 것이 아니며, 오히려 모든 논리적 귀결을 믿는 것이 정당화된다는 받아들일 수 없는 주장을 반박하기 위해서라도 꼭 필요한 조건임을 알 수 있다.

(2) 플란팅가의 예에 대한 대답

플란팅가의 예에 대한 논의에 앞서, 플란팅가가 사용하는 보장성(warrant)이 앞에서 사용된 정당화(justification)와는 어떻게 다른가를 먼저 살펴보기로 하겠다. 제2장에서 언급했던 것처럼, 전통적으로 앎이란 정당화된 참 믿음으로 분석되었지만, 게티어의 반례가 이러한 분석이 만족스럽지 못함을 명백하게 보여주었으며, 그 결과로 많은 사람들이 앎의 분석에 네 번째 조건이 필요하다고 생각하였다. 반면에 플란팅가의 보장성이란, 참인 믿음을 앎으로 만들어 주는 조건이다. 따라서 그의 보장성이란 개념은 정당화에다 앎의 네 번째 조건(그것이 무엇인지에 대한 만족스러운 이론은 아직 없지만)이 더해진 개념이다.53) 이러한 의미에서 정당화된 믿음도 플란팅가가 말하는 보장성을 만족시키지 못할 수가 있다. 왜냐하면, 정당화란 앎의 세 번째 조건에 불과하지 네 번째 조건까지 포함하지는 않기 때문이다.

이러한, 정당화와 보장성의 차이를 염두에 두고 플란팅가의 예로 돌아가 보자. 그 예에 따르면, 철이는 주변 환경과 관계없이 10분 간격으

---

53) Alvin Plantinga, *Warrant: the Current Debate*, Oxford Univ. Press, 1993. pp.3-5.

로 나무를 보는 듯한 시각적 경험을 한다. 그러면, 철이가 공원을 걸을 때뿐만 아니라, 책상에서 책을 보고 있을 때나 실내 수영장에서 수영을 하고 있을 때도 10분 간격으로 나무를 보는 듯한 경험을 하는 것이다. 이 경우에도 나무를 보는 듯한 경험과 여기에 나무가 있다는 믿음이 맞아떨어지므로 증거론자들은 여기에 나무가 있다는 철이의 믿음이 정당화되었음을 인정해야 한다고 플란팅가는 생각한다. 하지만 플란팅가가 간과한 사실은 나무를 보는 듯한 경험이 철이가 가지고 있는 증거의 모두가 아닐 수 있다는 사실이다. 만일, 그 경험이 철이가 가지고 있는 증거의 모두라면, 플란팅가의 주장대로 증거론자들은 여기에 나무가 있다는 철이의 믿음이 정당화되었다는 것을 인정해야 할 것이다. 하지만, 철이에게는 감각적 증거 이외에 지금 자신이 실내 수영장에 있다는 믿음과 실내 수영장에는 나무가 없다는 믿음 등의 다른 명제적 증거를, 여기에 나무가 있다는 명제에 대한 반증으로 가지고 있다. 따라서 수영장에 있는 철이에게 처음으로 나무가 있는 듯한 경험이 생겼을 경우에 철이의 반응은 "아 실내 수영장에도 나무가 있구나"라기보다는 "헛것이 보이는 것으로 보니 내가 무척 피곤하구나"일 것이다. 이러한 경험이 계속되어서, 벽을 볼 때도 나무가 보이고, 천장을 보아도 나무가 보이고, 심지어는 걸어가는 사람을 바라볼 때도 나무가 보이면, 철이의 반응은, "참 여러 군데에 나무가 있네"이기보다는, "내 눈에 무슨 이상이 생긴 모양이다"일 것이다. 따라서 철이의 총체적인 증거, 다시 말해서 감각적인 증거 이외에 자신이 지금 실내 수영장에 있다는 믿음과 실내 수영장에는 나무가 없다는 믿음 등등의 증거와 여기에 나무가 있다는 믿음은 맞아떨어지지를 않는다. 따라서 증거론자들도 위의 경우에 여기에 지금 나무가 있다는 철이의 믿음이 정당화되었다는 주장을 받아들여야 할 필요는 없다.

위의 대답에 대하여, 이러한 대답이 가능한 것은 배경을 실내 수영장으로 잡았기 때문이며 배경을 나무가 흔히 있는 공원 같은 곳으로 잡으면 위의 대답이 불가능하므로 플란팅가의 예가 증거론에 대한 반례로서 역할을 할 수 있다고 주장하는 사람이 있을지도 모른다. 예를 들어, 철이가 올림픽 공원을 산책하고 있는데 약 10분 간격으로 나무로부터 야기된 듯한 감각적 경험을 한다고 하자. (플란팅가의 주장에 가장 유리한 예를 만들기 위해서 철이가 아스팔트나 다른 사람 등을 쳐다보고 있을 때는 시각적 기능의 고장에 의한 나무로부터 야기된 듯한 감각적 경험을 하지 않고 그가 나무를 볼 때만 그러한 경험이 생긴다고 가정하자.) 그러면, 실내 수영장에서 벽을 볼 때 나무가 보이는 것과 같이 눈에 띄게 이상한 느낌을 받아서 무언가가 잘못되었다는 생각을 하지는 않을 것이다. 그렇다면, 철이가 가지고 있는 증거란 나무를 보는 듯한 감각적 경험과 철이가 지금 공원에서 산책하고 있다는 명제 등일 것이고 이러한 증거는 여기에 나무가 있다는 명제와 맞아떨어진다는 것을 증거론자들도 부정하지 않을 것이다. 하지만, 철이의 믿음은 실제 나무로부터 야기된 것이 아니라 철이의 시각적 장애로부터 얻어진 것이다. 따라서 철이는 여기에 나무가 있다는 것을 안다고 말할 수 없으며, 그 이유는, 플란팅가에 따르면, 여기에 나무가 있다는 명제에 대해서 철이는 보장성을 갖지 못했기 때문이라는 것이다. 그렇지만, 증거론에 따르면, 여기에 나무가 있다는 철이의 믿음은 정당화된다. 따라서 증거론을 받아들일 수 없다는 것이 플란팅가의 주장이다.

위에서도 지적했듯이, 보장성이 증거론에서 말하는 정당화와는 다른 개념이라는 것을 잊어서는 안 된다. 보장성이란 정당화에 게티어 문제를 해결할 만한 네 번째 조건이 더해진 개념이다. 따라서 증거론자들은 위의 예가 게티어 유형의 예이며(즉 정당화된 참 믿음이면서 앎이 아닌 경우) 철이가 여기에 나무가 있다는 명제를 알지 못하는 이유는 정당화가 되지 않아서가 아니라, 앎의 네 번째 조건이 만족되지 않아서라고 이야기할 수 있다. 설령 철이가 비정상적인 시각적 경험을 통해서 나무로 보이는 경험을 한다 하더라도, 철이 자신이 본인의 시각적 능력에 이상이 생겼다는 것을 모르는 한, 여기에 나무가 있다는 철이의 믿음은 정당화되었음을 인정하는 것이 일반적인 견해라고 볼 때[54] 위의 명제가 플란팅가가 이야기하는 보장성을 못 가지고 있다고 해서 증거론이 틀렸음을 보여주는 것은 아니다.

플란팅가는 위의 예가 적어도 증거론에서 제시하는 정당화의 분석이 플란팅가가 주장하는 보장성에 대한 분석이 될 수 없다는 결론을 내릴지 모른다. 하지만 그러한 결론에는 증거론자들도 동의할 것이다. 왜냐하면, 증거론의 관심은 '정당화'를 어떻게 설명할 것이냐이지 '보장성'을 어떻게 설명할 것이냐가 아니기 때문이다.

이제까지 플란팅가의 증거론에 대한 반론을 여러 모로 검토해 보았다. 하지만 어떠한 경우라도 그의 설명이 증거론을 반박하지는 못함을 우리는 알 수 있었다. 그러므로 위에서 증거론의 반례로 제시되었던, 셜록 홈즈의 예, 골드만의 예, 논리학의 예 그리고 플란팅가의 예가 모두 증거론이 틀렸음을 보여주는 데 실패했음을 설명하였다. 하지만 위의 예들이 증거론이 가지고 있는 문제의 전부는 아니다. 그러면 다음 글에서는 증거론이 가지고 있는 남은 문제점들이 무엇인가를 소개하겠다.

---

54) 적어도 내재론(internalism)을 받아들이는 사람들은 필자의 주장에 동의하리라고 생각한다.

4) 남아 있는 문제점들

(1) (HE)에 대한 문제

앞에서 '증거를 가짐'의 분석으로, 펠드만이 제시한 (HE)를 소개했었다. 하지만 (HE)는 문제점을 가지고 있다. (HE)에 따르면, 내가 아무 명제나 머릿속에서 지금 생각하고 있으면 그 명제는 내가 가지고 있는 증거가 된다. 예를 들어, 내가 지금, 화성에 만 명 이상의 외계인 살고 있다는 명제를 생각하고 있다면 그것이 내가 가지고 있는 명제적 증거이므로 그 증거를 근거로 내가 화성에는 외계인이 살고 있다는 명제를 믿는 것도 정당화된다. 하지만 이런 경우에 화성에 외계인이 있다는 나의 믿음은 정당성을 가지지 못한다. 이러한 문제가 생기게 된 이유는 (HE)가 정당화된 명제가 아닌 아무 명제나 생각하기만 하면 증거가 된다고 인정했기 때문이다. 따라서 어떤 명제가 증거가 되려면 그 명제를 믿는 것이 정당화되어야 한다는 조건을 (HE)에 포함시켜야 한다. 이를 반영하여 (HE)를 고쳐보도록 하자.

> (HE*) 어떤 사람 S가 일정 시점 t에 E라는 증거를 갖고 있음의 필요충분조건은,
> 1) 만일 E가 감각적 증거라면 S가 t에 E를 의식하고 있고,
> 2) 만일 E가 명제적 증거라면 E가 S에게 정당화되어 있으며, S는 t에 E를 머릿속에서 생각하고 있다.

(HE*)에 따르면, 명제적 증거의 경우 그 명제에 대한 정당성을 S가

가져야 하므로, 위의 예에서의 화성에 외계인이 만 명 이상 있다는 명제는 내가 가지고 있는 증거라고 할 수 없다. 그러므로 (HE*)는 위의 문제를 해결한다.

하지만 (HE*)도 문제를 가지고 있다. (HE*)는 (EJ)의 한 필요조건이며, (EJ)는 인식 정당화에 대한 분석이다. 그런데 (HE*)에 '정당화'라는 말이 들어가 있으므로, (EJ)의 첫 번째 조건에 (HE*)를 대치하면 정당화에 대한 분석인 (EJ)의 설명항에 정당화라는 말이 들어가기 때문에 순환적 분석이 된다. 따라서 (HE*)도 있는 그대로는 받아들일 수 없다.55) (HE*)를 성공적으로 수정할 수 있는 한 가지 방법은 (EJ)를 재귀적 분석(recursive analysis)을 사용하여 설명하는 것이다. 즉, 감각적 증거에만 적용될 수 있는 '맞아떨어짐'의 분석을 제시하여 그것을 기초적 조건(basic clause)으로 사용하고 그 조건을 통해서 정당화된 믿음을 다시 명제적 증거로 사용하는, 명제적 증거에 대한 새로운 '맞아떨어짐'을 추가적 조건(additional clause)으로 제시하는 것이다. 하지만 이 작업에 대한 구체적인 묘안이 아직 없다. 따라서 (EJ)의 재귀적인 분석이 완성되기 전까지는 '증거를 가짐'에 대한 분석이 여전히 과제로 남아 있다.

(EJ)를 재귀적인 분석으로 만드는 데 성공해도 (HE*)가 문제가 전혀 없는 것은 아니다. 증거론이 지나치게 높은 지적 수준을 요구한다는 반론을 해결할 때, P와 P이면 Q로부터 Q가 철이에게 정당화되려면 철이가 "Q가 P와 P이면 Q이다로부터 논리적으로 도출된다" 내지는 "P

---

55) 앞에서도 밝혔듯이, 명제적인 믿음이 증거가 되려면 정당화되어야 한다는 것이 상식임에도 불구하고 Feldman이 (HE*) 대신 (HE)를 제시한 이유는 (HE*)를 (EJ)에 대입할 때 (EJ)가 순환적이 되며 이 순환적 분석을 해결하기가 쉽지 않다는 이유 때문이 아니었나 생각한다.

와 P이면 Q로부터 Q를 끌어낼 수 있다" 등의 증거를 가지고 있어야 한다고 주장했다. (HE*)에 따르면 어떤 명제를 증거로 가지고 있기 위해서는 그 명제를 머릿속에서 생각하고 있어야 한다. 하지만 철이가 P와 P이면 Q로부터 Q를 도출할 때 위와 같은 명제를 머릿속에서 명시적으로 생각하고 있는지가 불분명하다. 이러한 논리적 추론을 할 때 철이가 위와 같은 믿음을 무의식적으로 **사용하고** 있을지는 모르지만 머릿속에서 **생각하고** 있지는 않을 수도 있기 때문이다. 따라서 머릿속에서 현재 생각하고 있는 것만 증거로 가지고 있을 수 있다는 주장은 지나치게 강한 주장처럼 보인다. 그러므로 '증거를 가짐'의 분석은 이러한 문제도 해결할 수 있도록 수정되어야 할 것이다.

(2) '맞아떨어짐'의 분석

어떤 믿음과 증거가 맞아떨어진다는 것은 그 증거가 믿음을 뒷받침하는 것이라고 설명하였다. 그러나 어떤 경우에 증거가 믿음을 뒷받침하는지의 문제 역시 그리 쉽게 설명될 수 있는 것은 아니다. 기본적으로 내가 가지고 있는 명제적 증거가 다른 명제를 연역적으로 도출하고 내가 그 연역적 관계를 알고 있다면, 그 명제적 증거는 새로운 믿음을 뒷받침한다고 할 수 있다. 예를 들어, 철이가 비가 많이 오면 땅이 젖는다는 명제와 지금 비가 많이 온다는 명제를 정당하게 믿음으로써 명제적 증거로 가지고 있으며 위 두 명제로부터 전건긍정법을 통해 지금 땅이 젖고 있다는 명제가 연역적으로 도출된다는 것을 안다면, 철이가 가지고 있는 증거들은 지금 땅이 젖고 있다는 명제를 뒷받침한다. 또 연역적 관계뿐만 아니라 귀납적 관계도 뒷받침의 관계라고 말할 수 있다. 예를 들어 여태까지 철이가 관찰한 까마귀는 모두 검은색이었다면,

그 증거는 다음에 관찰될 까마귀도 검은색일 것이라는 명제를 뒷받침한다고 할 수 있다.

연역과 귀납만으로는 뒷받침의 모두를 설명할 수 없다. 예를 들어, 나무로부터 야기된 철이의 감각적 경험을 근거로 여기에 나무가 있다는 철이의 믿음은 정당화되나, 이 철이의 감각적 경험과 여기에 나무가 있다는 명제는 연역적인 관계도 귀납적인 관계도 아니기 때문이다. 토대론과 정합론을 다룰 때처럼 최선의 설명으로의 추론도 맞아떨어짐을 설명하는 하나의 방식이 될 수 있을 것이다. 최선의 설명의 추론을 맞아떨어짐의 한 방식으로 인정하면 경험을 근거로 외부 세계에 대한 감각적 믿음을 형성하는 것에 대한 정당성을 설명할 수 있기 때문이다.

하지만 이 세 가지만으로는 맞아떨어짐에 대한 충분한 설명이 되기는 부족할 것이다. 따라서 증거론이 완성되려면, '맞아떨어짐'이 어떤 의미로 사용되고 있는지를 정확하게 밝혀야 한다. 앞에서도 밝힌 것처럼 이 문제는 단순히 증거론만의 문제가 아니며, 토대론에서 어떻게 비기초적 믿음이 정당화되는가의 문제와 정합론에서 '정합'을 어떻게 설명할 것인가의 문제와 같은 맥락에 있다고 볼 수 있다.

5. 신빙론

1) 신빙론의 기본적 내용

신빙론(reliabilism)은 토대론, 정합론, 증거론과는 인식적 정당성에 대한 접근방식이 다르다. 앞의 세 이론은 기본적으로 한 사람이 믿고 있는 믿음의 정당성이 그 사람이 가지고 있는 근거에 의해서 결정된다는 이론인 반면에 신빙론은 그 사람이 가지고 있는 근거에 의존하는 것이 아니라 그 믿음을 형성하는 믿음 형성 과정(belief-forming process)이 신빙성 있느냐에 의해서 정당성 여부가 결정된다는 것이다. 따라서 신빙론에서 말하는 정당성은 명제적 정당성일 수 없으며 사고적 정당성이어야 한다. 명제적 정당성은 실제로 형성되지 않은 명제에 대해서도 정당성 여부를 판단할 수 있는 반면 신빙론에서는 그 믿음이 어떤 과정을 통해서 형성되었느냐가 중요하므로 이미 형성된 믿음에 대해서만 정당성 여부를 판단할 수 있기 때문이다.56)

신빙론이 주장하는 기본적인 내용은 다음과 같다.57)

> (R) 어떤 믿음 B가 인식 주체 S에게 인식적으로 정당화되기 위한 필요충분조건은 B가 신빙성 있는 믿음 형성 과정을 통해서 형성되는 것이다.

이 입장에 따르면 시각적 경험을 통한 믿음은 일반적으로 참인 명제

---

56) 사고적 정당성을 채택하는 정당성 이론이 가지는 난점 중 하나는 명제적 태도(propositional attitude) 중에서 믿음과 부정에 대한 믿음 이외에 주어진 명제에 대해서 판단을 중지하는 태도의 정당성 여부를 설명할 기준을 제공할 방법이 없다는 것이다. 어떤 명제 P에 대해서 인식 주체 S가 취할 수 있는 명제적 태도는 ① P를 믿는 것, ② P의 부정, 즉 not P를 믿는 것, 그리고 ③ P도 믿지 않고 not P도 믿지 않는 것, 이 세 가지가 있다. ①과 ②는 어떤 식으로든 믿음이 형성되었으므로 정당성 여부를 판정할 수 있다. 하지만 어느 쪽으로도 믿음을 형성하지 않은 경우에, 판단을 중지하는 명제적 태도가 정당할 수 있으면서도, 형성된 믿음이 없기에 사고적 정당성은 이를 설명할 수 없게 된다.

57) Alvin Goldman, "What is Justified Belief?", *Justification and Knowledge*, ed. by G. Pappas, Reidel, 1979.

를 많이 산출하므로 신빙성 있고 따라서 이 믿음은 정당화된다. 이렇게 신빙성 있는 믿음 형성 과정으로 시각적 경험을 포함한 감각적 경험 이외에도, 분명한 기억이나 논리적 추론 등을 들 수 있다. 반면에 단순한 추측을 통한 믿음은 일반적으로 맞는 경우보다 틀리는 경우가 많으므로 신빙성이 없고 따라서 이러한 믿음은 정당화되지 않는다는 것이다. 또한 희망사항을 통한 믿음 형성, 감정적 판단, 성급한 일반화 등도 신빙성이 부족한 믿음 형성 과정에 포함된다.

신빙론에서 주장하는 핵심적인 개념 중 하나는 '신빙성'으로, 이를 간단하게 설명하면 **관련된 믿음 형성 과정**이 참인 믿음을 많이 형성하면 신빙성 있는 과정이 되고 거짓인 믿음을 많이 형성하면 신빙성이 없는 과정이 된다. 100% 참인 믿음만을 형성하면 그 믿음 형성 과정은 신빙성 있고, 100% 거짓인 믿음만을 형성하면 그 과정은 신빙성이 없는 과정이 될 것이다. 물론 참인 믿음을 어느 정도 이상 형성해야 신빙성 있는 과정이라고 할 수 있는가를 결정하기가 쉽지는 않다. 하지만 이러한 경계선의 문제는 인식적 정당성에 대한 다른 이론도 가지고 있으며, 믿음 형성 과정이 더 신빙성 있으면 있을수록 더 정당화된다는 우리의 직관과 맞아떨어지는 면도 없지는 않다.

신빙론이 가지고 있는 여러 장점 중 하나는 감각적 경험을 통한 믿음의 정당성을 설명하기 용이하다는 것이다. 토대론과 정합론의 싸움터가 바로 경험적 믿음에 독자적인 권위를 부여할 것인가, 그리고 경험적 믿음의 정당성에는 다른 믿음의 도움이 필요 없는가에 대한 입장의 차이인데 신빙론은 이 문제를 깔끔하게 설명할 수 있다. 시각적 경험을 통하여 형성된 믿음은 일반적으로 매우 신빙성 있으므로 시각적 경험을 통한 믿음의 정당성을 설명할 수 있는 것이다.

2) 정교한 형태의 신빙론: (R)의 수정

(R)은 신빙론의 기본적인 입장을 잘 대변하지만 너무 단순한 형태로 여러 가지 허점을 가지고 있다. (R)이 지니는 몇 가지 단점을 지적하고 그러한 문제를 해결하기 위해서 (R)을 수정해 보겠다.

(1) 추론의 문제

신빙론의 기본적 입장을 설명하면서 논리적 추론도 신빙성 있는 믿음 형성 과정임을 지적한 바 있다. 하지만 논리적 추론이란 전제에 해당하는 다른 믿음에 의존하여 새로운 믿음을 도출하는 것이다. 우리는 연역적 논증을 '타당한 논증(valid argument)'이라고 하는데 이는 만일 전제가 참이라고 가정할 경우, 결론이 거짓임을 상상할 수 없는 논증이다.

이와 같이, 논리적 타당성이란 전제와 결론의 관계에 대한 설명이므로 전제가 가지는 내용에 대하여는 아무런 조건이 없다. 그렇다면 아무리 논리적으로 타당한 논증을 통해서 형성한 믿음이라도 전제를 믿는 것이 정당하지 않다면 결론을 믿는 것이 정당하다는 보장도 없다. 예를 들어서 설명하면 이해가 쉬울 것이다.

P1 모든 인간은 남자이다.

P2 이효리는 인간이다.

C 이효리는 남자이다.

이 논증은 분명히 타당한 논증이다. 하지만 <이효리는 남자이다>는 우리가 정당하게 믿는 명제가 아니다. 그렇다면 논리적 추론이 신빙성 없는 믿음 형성 과정일까? 문제가 되는 것은 추론 자체가 아니라, 추론의 전제인 <모든 인간은 남자이다>라는 명제이다. 이 명제를 믿는 것이 정당하지 않기에 <이효리는 남자이다>를 믿는 것도 정당하지 않게 되는 것이다. 논리적 추론이 신빙성 있는 믿음 형성 과정이라는 것은 추론의 전제들이 정당한 믿음이라는 가정하에서만 성립하기 때문이다. 이와 같이, 다른 믿음에 의존하여 믿음을 형성하는 과정의 신빙성은 '**조건적 신빙성**(conditional reliability)'이라고 한다. 신빙론자들이 이런 문제를 해결하기 위해서는 다른 믿음에 의존하지 않는 믿음 형성 과정과 다른 믿음에 의존하는 믿음 형성 과정을 나누어서 인식적 정당성의 조건을 제시해야 한다.

(R1) 어떤 믿음 B가 인식 주체 S에게 인식적으로 정당화되기 위한 필요충분조건은,

1) B를 형성하는 믿음 형성 과정이 다른 믿음에 의존하지 않는 경우, 그 믿음 형성 과정이 신빙성 있거나, 또는

2) B를 형성하는 믿음 형성 과정이 다른 믿음에 의존하는 경우, 그 믿음 형성 과정이 조건적으로 신빙성 있고, 그 믿음 형성 과정이 의존하는 다른 믿음 자체도 인식적으로 정당한 믿음일 경우이다.

(R1)의 피정의항이 '인식적 정당성'인데, 이를 정의하는 2)번 조건에

도 '인식적 정당성'이 포함되어 있으므로 (R1)은 순환적 분석으로 보일 수 있다. 하지만 이런 종류의 순환은 문제가 되지 않을 수 있다. 이런 종류의 분석을 '**재귀적 정의**(recursive definition)'라고 한다. 다음의 재귀적 정의를 보면,[58] 악순환을 벗어날 수 있는지 알 수 있다.

> (Z) S가 클럽 Z의 회원이기 위한 필요충분조건은,
> 1) S가 클럽 Z의 발기인이거나,
> 2) S는 클럽 Z의 회원으로부터 추천을 받아서 가입한 사람이다.

(Z)는 클럽 Z의 회원을 정의하면서 2)번 조건에 '클럽 Z의 회원'이란 표현을 사용하고 있다. 얼핏 보면, 피정의항의 개념이 정의항에도 사용되고 있으므로 순환적으로 보이지만 (Z)에는 순환적인 문제가 발생하지 않는다. 왜냐하면 2)번 조건의 '클럽 Z의 회원'을 순환이 발생하지 않는 표현으로 바꿀 수 있기 때문이다.

2*) S는 클럽 Z의 발기인으로부터 추천을 받아서 가입한 사람이거나, 클럽 Z의 발기인으로부터 추천을 받아서 가입한 사람으로부터 추천을 받아서 가입한 사람이다.

2*)는 계속해서 적용하는 것이 가능하다. 예를 들어, 발기인으로부터 A가 추천되어서 가입을 했고, A가 B를 추천하여 가입했으며, B가 C를 가입하도록 추천할 수 있는 것이다. 이와 같이, 동일한 조건이 반복

---

58) 이 예는 Richard Feldman(2003), pp.91-92에 수록되어 있다.

하여 적용될 수 있다는 의미에서 재귀적(recursive)이라고 한다. 이러한 재귀적 정의는 순환을 피할 수 있다. 신빙론에서 제공한 (R1)도 이런 의미에서 재귀적 정의이기에 순환적 정의라는 비판을 피할 수 있는 것이다.

(2) 상쇄자가 있는 경우

명제 P에 대한 S의 믿음 형성 과정이 실제로는 신빙성이 있음에도 불구하고, S가 그 믿음 형성 과정은 신빙성이 없다고 생각할 충분한 근거가 있는 경우가 있다.59) 이 경우, P에 대한 믿음은 실제로 신빙성 있는 믿음 형성 과정을 통해서 형성되었음에도 불구하고 상식적으로 S는 P를 믿는 것에 정당성을 가지고 있지 않다고 말해야 할 것이다.

철이가 기억상실증 증세가 있는 듯하여 병원을 찾아갔다. 의사가 다양한 검사를 해본 결과, 철이의 과거에 대한 기억은 신빙성이 없다는 결론을 내리고 철이에게 이 사실을 설명하였다. 하지만 의사는 철이의 기억력을 검사하면서 본의 아닌 실수를 하였고 실제로 어린 시절에 대한 철이의 기억은 신빙성 있다고 가정해 보자. 이런 상황에서 철이가 기억을 통하여 어린 시절에 대한 믿음을 형성했다. (R1)에 따르면 기억을 통한 철이의 믿음 형성 과정은 신빙성이 있으므로 철이의 믿음은 정당하다고 해야 할 것이다. 하지만 신뢰할 만한 의사가 철이에게 과거에 대한 기억은 신빙성이 없다고 말했으므로 철이의 믿음은 정당하지 않다고 판정해야 옳다. 이를 해결하려면 (R1)의 1)번 조건을 수정해야 한다.

---

59) Alvin Goldman(1979), p.18.

(R2) 어떤 믿음 B가 인식 주체 S에게 인식적으로 정당화되기
위한 필요충분조건은,
1) B를 형성하는 믿음 형성 과정이 다른 믿음에 의존하
지 않는 경우, 그 믿음 형성 과정이 신빙성 있으면서,
S가 실제로 사용하면 B를 믿지 않게 할 신빙성 있는
(혹은 조건적으로 신빙성 있는) 믿음 형성 과정이 S
에게는 없다. 혹은
2) B를 형성하는 믿음 형성 과정이 다른 믿음에 의존하
는 경우, 그 믿음 형성 과정이 조건적으로 신빙성 있
고, 그 믿음 형성 과정이 의존하는 다른 믿음 자체도
인식적으로 정당한 믿음일 경우이다.

(R2)의 1)번 조건에 대한 부연 설명을 할 필요가 있다. (R1)에서 첨
가된 것은, B에 대한 믿음 형성 과정이 신빙성 있어야 할 뿐만 아니라
그 신빙성을 방해하는 다른 신빙성 있는 믿음 형성 과정, 즉 상쇄자의
역할을 하는 신빙성 있는 믿음 형성 과정이 없어야 한다는 것이다. 철
이의 믿음 형성 과정은 기억이었고, 그 기억 자체는 실제로 신빙성 있
는 믿음 형성 과정이었다. 하지만 철이에게는 그 신빙성을 상쇄할 만
한 다른 요소가 있었다. 그것은 바로 의사의 진단이었으며, 이러한 의
사의 말을 적용하여 믿음을 형성하는 것 역시 신빙성 있는 믿음 형성
과정이다. 이러한 상쇄적 믿음 형성 과정이 철이에게 있기에 1)번 조건
의 뒷부분이 만족되지 못해서 철이의 믿음이 정당하지 못함을 설명할
수 있는 것이다.

3) 신빙론의 문제점

이와 같이, 가장 간단한 신빙론의 입장이라고 할 수 있는 (R)을 고려한 후, (R)이 가지는 문제를 해결하기 위한 노력을 (R1)과 (R2)에서 살펴보았다. 그럼에도 불구하고, 신빙론의 문제가 모두 해결된 것은 아니다. 다음에 제시되는 세 가지 문제점은 신빙론자에게 큰 골칫거리를 안겨 주는 반론이며, 특히 세 번째 제시되는 일반화의 문제(the generality problem)는 신빙론의 근간을 흔드는 심각한 문제점이라고 할 수 있다.

(1) 통 속의 뇌의 예

'통 속의 뇌(brain in a vat)'는 인식에 있어서 회의론자들이 제공하는 가장 강력한 예이다. 이러한 논의의 기원은 데카르트가 방법적 회의를 사용할 때, 전능한 악마를 도입한 것으로 더듬어 올라갈 수 있다. '통 속의 뇌'의 예가 바탕에 두고 있는 가장 기본적인 전제는 우리가 외부 세계로부터 얻는다고 생각하는 경험과 정확하게 동일한 경험을 실제 세계가 아닌 다른 것으로부터 가질 수 있다는 것이다. 이는 역으로 말하면, 우리가 가지는 경험이 경험자 밖에 있는 실재 세계의 존재에 대한 확실한 근거가 될 수 없으며, 우리가 공간을 차지하고 있는 외부 세계에 대한 명제를 확실히 알지는 못한다는 것이다.

'통 속의 뇌'의 예는 다음과 같다. 인간의 뇌만 추출하여 그것이 생존할 수 있는 통 속에 넣어두고 그 뇌를 슈퍼컴퓨터에 연결하였다. 컴퓨터는 뇌에게 각종 자극을 전달하고 뇌는 그 자극을 통하여 온갖 종류의 경험을 형성한다. 그 경험은 우리가 일상적으로 경험하는 내용과 정확히 동일하다. 내 앞에 나무가 있는 것처럼 보이고, 다리가 저려오는 느낌을 갖는다. 하지만 그 경험은 실제 나무나 다리로부터 오는 것이 아니라 컴퓨터의 자극으로부터 야기된 경험이다.

통 속의 뇌는 크게 두 가지 종류로 나뉠 수 있다. 하나는 이 세상에 통과 뇌 그리고 슈퍼컴퓨터를 제외한 다른 대상은 하나도 없다는 가정이다. 이는 철학사적으로는 지각되는 내용만 존재한다는 버클리의 입장과 유사하며, '통 속의 뇌'의 예를 이끌어가기에 필요한 최소한의 대상을 제외한, 공간을 차지하고 있는 대상의 존재를 모두 부정하는 것이다.

다른 하나는, 우리가 상식적으로 있다고 생각하는 모든 공간적 대상들의 존재를 굳이 부정하지 않으면서 통 속의 뇌의 경험은 그러한 외부 세계의 대상으로부터 얻어진다는 것만을 부인하는 가정이다. 즉, 이 세상에 나무도 있고, 책상도 있지만 통 속의 뇌가 경험하는 나무로 보이는 것이나 책상으로 보이는 것은 실제 나무나 책상으로부터 야기된 경험이 아니라 컴퓨터의 조작으로 생기는 경험이라는 것이다.

신빙론에 문제를 제공하는 것은 전자이다.60) 철이의 감각적 경험이나 통 속의 뇌의 감각적 경험은 그 내용에 있어서 전혀 차이가 없다. 그렇다면 철이와 통 속의 뇌가 가지는 경험적 내용이 동일할 때, "내 앞에 나무가 있다"는 믿음이 철이에게 정당하다면 통 속의 뇌에도 정당해야 할 것이다. 하지만 철이의 감각적 경험은 일반적으로 참인 믿

---

60) 좀 더 정확히 말한다면, 후자의 버전에는 신빙론에 대하여 반례가 되지 않는 버전이 있다. 이 버전은 컴퓨터로부터 자극을 받아 형성된 믿음이 기가 막힌 우연이나 아니면 컴퓨터 프로그램의 사전 조작에 의해서 정확히 사실과 일치하는 경우이다. 즉, 통 속의 뇌가 <내 앞에 나무가 있다>고 믿을 때, 그 믿음은 컴퓨터의 자극으로부터 야기된 것이지만 실제로도 그 앞에 나무가 있는 경우를 말한다.

음을 형성하므로 정당한 반면 통 속의 뇌가 경험을 통하여 외부 세계에 대해서 형성하는 믿음은 모두 거짓이므로 신빙성이 없고 따라서 정당하지 않게 된다. 하지만 우리의 상식은 철이나 통 속의 뇌가 감각적 경험을 통해서 형성하는 <내 앞에 나무가 있다>는 믿음은 동일하게 정당하다.61) 신빙론은 이러한 통 속의 뇌의 정당한 믿음을 설명할 수 없다.

혹, 통 속의 뇌는 실재하는 사물로부터 경험하는 것이 아니니까 그의 믿음이 정당하지 않다는 신빙론의 결론이 적절하다고 생각하는 사람이 있을지도 모른다. 그런 사람들을 위해서 조금 다른 각도에서 논의를 해 보겠다. 통 속의 뇌가 나무로 보이는 경험을 근거로 <내 앞에 나무가 있다>는 것을 믿는 것과 동일한 경험을 근거로 <내 앞에 건물이 있다>는 것을 믿는 경우를 생각해 보자. 직관적으로 볼 때, 나무의 경험을 통해서 <내 앞에 나무가 있다>고 믿는 것과 <내 앞에 건물이 있다>고 믿는 것은 인식적 평가가 달라져야 한다고 생각된다. 전자는 적절한 믿음을 형성한 반면 후자는 엉뚱한 믿음을 형성한 것으로 보인다. 만일 통 속의 뇌가 형성하는 모든 외부 세계에 대한 믿음을 정당하지 않다고 하면, 이러한 직관을 설명할 방법이 없어진다.

이 예가 보여주는 핵심은 믿음 형성 과정의 신빙성이 인식적 정당성의 필요조건이 아니라는 점이다. 통 속의 뇌에서 우리가 알 수 있는 것은 그의 믿음 형성 과정이 신빙성 있지 않았음에도 그의 믿음은 정당할 수 있다는 점이다. 이는 인식적 정당성을 만족시키기 위해서 신빙성 조건이 꼭 필요하지는 않음을 의미한다.

---

61) 물론, 통 속의 뇌는 자신이 통 속의 뇌라는 사실을 몰라야 그의 믿음이 정당화될 수 있다.

(2) 천리안을 가진 사람의 예

믿음 형성 과정의 신빙성은 인식적 정당성의 필요조건이 될 수 없음을 통 속의 뇌가 잘 보여주었다면, 믿음 형성 과정의 신빙성이 인식적 정당성의 충분조건도 아님을 주장하는 예가 있다. 그것은 바로 봉주르가 제시한 '천리안을 가진 사람의 예'62)이다.

만일 철이가 천리안의 능력을 갑자기 가지게 되었다고 가정해 보자. 이는 철이가 의도하거나 훈련을 한 것이 아니라 자신도 모르게 그런 능력을 갖게 된 것이다. 철이가 학교에서 수업을 듣는 도중에 청와대의 모습이 갑자기 시각적 경험에 들어오게 되었다. 그 경험에는 대통령이 청와대에서 집무하는 모습, 그리고 비서진들과 경호원들이 그를 수행하는 모습이 선명하게 보였다. 그런데 그 시각적 경험은 헛것을 본 것이 아니라 실제로 청와대에서 돌아가는 상황을 정확히 반영하는 것이었다. 이는 철이의 천리안 때문에 생긴 것으로 왜 이런 초능력이 철이에게 일어나고 있는지를 설명하기는 쉽지 않겠지만 천리안을 통한 철이의 경험은 참인 믿음들을 형성하는 것이므로 신빙성 있다고 할 수 있다.

하지만 철이가 이러한 상황에서 청와대의 풍경에 대한 내용을 믿는 것은 인식적으로 정당하지 않다. 철이는 자신이 천리안의 능력을 가지고 있다는 사실도 모를 뿐만 아니라 눈에 보이는 사실이 실제 세계와 연결되어 있다는 것에 대해서도 아무런 근거를 가지고 있지 않다. 그렇다면 청와대 안의 풍경에 대한 철이의 믿음은 천리안이라는 신빙성 있는 믿음 형성 과정을 통해서 생겼지만, 철이의 믿음은 상식적으로 볼 때 인식적으로 정당하지는 못하다. 신빙성 있는 믿음 형성 과정을

---

62) Laurence BonJour(1985), p.41.

통해서 얻어진 믿음이 정당하지 않다면 이는 신빙론에 대한 반례가 되는 것이다.

이 예는 신빙론의 기본적인 입장, 즉 (R)에 대해서는 반례가 될 수 있으나, 앞에서 상쇄자가 있는 경우를 해결하기 위해서 제시된 (R2)에 대해서도 반례가 되는지는 분명치 않다.[63] (R)과는 달리, (R2)에서는 **상쇄시키는 믿음 형성 과정이 없어야** 정당한 믿음이 된다. 천리안의 경우, 철이는 자신이 천리안을 가지고 있다는 사실을 모르고 있으므로 수업을 듣고 있는 도중, 갑자기 시야에 청와대의 모습이 보인다면 자신에게 무슨 문제가 있다고 생각하게 될 것이다. 어떤 믿음을 형성할 때, 이러한 증거를 충분히 고려하는 것이 중요하므로 이 증거는 철이의 시각적 경험에 상쇄자의 역할을 할 것이다.

문제는 상쇄자의 역할을 하는 증거가 과연 상쇄시키는 믿음 형성 과정이라고 할 수 있겠는가이다. 철이의 기억 상실에 관한 예에서도 관련된 증거를 고려하는 것이 신빙성 있는 믿음 형성 과정이라고 언급한 적이 있다. 마찬가지로, 교실 안에 갑자기 청와대의 모습이 보이는 상황을 증거로 고려하는 것이 신빙성 있는 믿음 형성 과정이라면 (R2)는 천리안의 예를 대답할 수 있다.

하지만 증거를 고려하는 방식이 생각처럼 간단한 것은 아니다. 어찌 보면, 성급한 일반화와 같은 신빙성 없는 믿음 형성 과정도 증거를 고려하는 하나의 방식이기는 마찬가지이다. 그렇다면 관련된 증거를 고려하여 믿음을 형성하는 방식도 지금처럼 두리뭉실하게 넘어갈 수 있는 문제가 아니다.

결국 문제의 핵심은 이것이다. 어떤 믿음을 형성했을 때, 그 믿음을

---

63) 이런 설명은 Richard Feldman(2003), pp.95-96과 Matthias Steup(1996), pp.164-165에서 제공되고 있다.

형성하게 한, 혹은 그 믿음에 영향을 줄 수 있는 믿음 형성 과정이 무엇인가를 정확히 설명하는 것이 신빙론자에게는 필요하다. 하지만 이 작업이 그리 간단한 작업은 아님을 천리안의 예가 보여주고 있다. 그리고 이러한 고려는 자연스럽게 아래에서 다루어질 '일반화의 문제'와 연결된다.

(3) 일반화의 문제

일반화의 문제(the generality problem)를 설명하기 위해서는 먼저 **사례**(token)와 **유형**(type)의 구분을 이해해야 한다. 사례란 일회성을 말하는 것으로 개별적인 경우에 해당한다. 내가 어제도 인식론 책을 보고 오늘도 인식론 책을 보았다면 어제 책을 본 사례와 오늘 책을 사례는 다른 사례이다. 개별적인 측면에서 보면 다른 사건이기 때문이다. 하지만 그 두 사례는 '인식론 책을 봄'이란 동일한 유형에 포함되기에 같은 유형에 속한다. 이런 면에서 유형은 사례들을 원소로 하는 일종의 집합이라고 할 수 있다.

신빙론이 가지고 있는 가장 큰 문제점은, 하나의 개체가 여러 집합의 원소가 될 수 있듯이, 우리가 믿음을 형성하는 개별적인 사례는 여러 가지 믿음 형성 과정의 유형에 속할 수 있다는 점에서 비롯된다. 예를 들어, 2003년 8월 15일 오후 7시 정각에 약간 어두운 레스토랑에서 맥주를 조금 마시고 5미터 앞에 있는 어떤 붉은 물건을 보고 "여기에 붉은 것이 있다"라는 믿음을 형성했다고 가정하자. 이렇게 형성된 믿음의 사례가 속할 수 있는 믿음 형성 과정의 유형은 다음과 같이 나열될 수 있다.

1) 감각적 경험을 통한 믿음 형성 과정

2) 시각적 경험을 통한 믿음 형성 과정

3) 약간 어두운 곳에서 시각적 경험을 통한 믿음 형성 과정

4) 맥주를 조금 마신 후, 시각적 경험을 통한 믿음 형성 과정

5) 오후 7시에 감각적 경험을 통한 믿음 형성 과정

6) 5미터 앞의 물체에 대한 시각적 경험을 통한 믿음 형성 과정

등등

위의 개별적인 믿음 형성의 사례가 속할 수 있는 믿음 형성 과정은 이 밖에도 무수히 많다. 문제는 이러한 다양한 믿음 형성 과정의 유형들이 지니는 신빙성이 다르다는 것이다. 일반적으로 시각적 경험이 감각 경험 중에서 가장 신빙성 있다고 여겨지므로, 2)번 형성 과정이 1)번 형성 과정보다는 더 신빙성 있을 것이고, 같은 시각적 경험을 통한 믿음 형성이라고 하더라도 약간 어두운 곳에서 형성된 과정이나 술을 먹고 형성된 과정은 상대적으로 신빙성이 낮을 것이므로 2)번 과정은 3)번이나 4)번 과정보다도 더 신빙성이 있을 것이다. 이와 같이 하나의 믿음이 속할 수 있는 믿음 형성 과정이 여럿이면서 각각의 유형이 지니는 신빙성이 서로 다르다면 위에서 형성된 "여기에 붉은 것이 있다"는 믿음이 어떤 유형의 과정에 속하느냐에 따라서 정당하게 될 수도 있고 정당하지 않게 될 수도 있는 받아들이기 어려운 결과가 나온다. 따라서 신빙론자들은 위의 개별적인 믿음이 어떤 유형의 믿음 형성 과정에 의해서 형성되었는지를 결정하는 기준 제시를 해주어야 한다.

하지만 이러한 기준 제시는 원천적인 어려움을 동반한다. 예를 들어, 위의 예에서 관련된 믿음 형성 과정의 유형을 "시각적 경험을 통한 믿음 형성 과정"이라고 할당했다고 가정하자. 그렇다면 일반적으로 시각

적 경험을 통한 믿음 형성 과정은 신빙성 있으므로 위의 믿음은 정당하다는 판정을 받을 것이다. 만약 시각적 경험을 통한 믿음 형성 과정과 같이 믿음 형성 과정의 유형을 광범위하게 잡으면, 그 유형을 통해서 형성된 믿음들 중의 일부는 상식적으로 볼 때 정당하지 않은 경우에도 신빙론에 따르면 정당하다는 판정을 받게 될 것이다. 예를 들어, 아주 어두운 조명 하에서 시각적 경험을 통해서 형성된 믿음의 경우에, 불빛이 매우 희미해서 색이나 형체를 제대로 알아보기 어려워도 이러한 믿음 형성 과정의 유형을 "시각적 경험을 통한 믿음 형성 과정"(즉 2)번 유형)이라고 하면 이 과정은 일반적으로 신빙성 있으므로 신빙론에 따르면 이 믿음은 정당하다는 결론을 내려야 한다. 이러한 결과는 불합리하다.

위의 문제는 믿음 형성 과정의 유형을 넓게 잡아서 야기된 것이라 할 수 있다. 따라서 이러한 문제를 해결하려면, "시각적 경험을 통한 믿음 형성 과정"처럼 그 유형 안에 정당한 믿음과 그렇지 않은 믿음이 혼재될 수 있는 넓은 유형을, 관련된 믿음 형성 과정으로 설정하지 말고 그 유형의 범위를 좁히는 작업을 할 필요가 있다.

하지만 믿음 형성 과정의 유형을 너무 좁게 잡아서 '2003년 8월 15일 건국대 정문 앞, 조명이 약간 어두운 레스토랑에서 오후 7시 정각에 철이가 맥주를 조금 마시고 5미터 앞에 있는 물체를 보면서 시각적 경험을 통하여 형성한 믿음 형성 과정'을 관련된 믿음 형성 과정의 유형으로 상정했다고 가정하자. 이러한 믿음 형성 과정에 의해서 형성된 믿음은 단 하나일 것이며 이 명제가 참이면 이 믿음 형성 과정은 신빙성 있게 되고 거짓이면 신빙성 없게 된다. 이를 전체적으로 확장시키면 모든 참인 믿음은 정당화되고 모든 거짓인 믿음은 정당하지 않게 된다. 하지만 이 결과도 문제가 있다. 인식적 정당성을 처음 설명하면서 우리는 분명히 거짓인 명제에 대해서도 정당한 믿음을 갖는 경우가 있으며, 참인 명제에 대한 믿음이라고 하더라도 그 명제에 대한 근거가 전혀 없는 상태에서 무작정 믿는 것이라면 정당하지 않게 됨을 인정했기 때문이다.

이렇듯 믿음 형성 과정의 유형을 지나치게 넓게 잡으면 그 유형에 속하는 믿음 중에 정당하지 않은 믿음도 포함될 수 있는 문제점이 생기고, 믿음 형성 과정의 유형을 지나치게 좁게 잡으면 모든 참인 믿음들은 정당하고 모든 거짓인 믿음들은 정당하지 않게 되는 난점을 가지게 된다. 이러한 신빙론의 문제점을 '**일반화의 문제**(the generality problem)'라고 한다.64)

일반화의 문제는 신빙론이 가지는 아주 심각한 문제이다. 신빙론의 핵심은 S가 가지는 믿음 사례의 정당성을 판정하기 위해서 **그 사례와 관련된 믿음 형성 과정의 유형**이 지니는 신빙성에 의존하는 것이다. 따라서 **믿음 사례**와 **믿음 형성 과정의 유형**을 연결시켜 주는 이론이 필요하다. 이 연결에 대한 정확한 해명이 없으면 신빙론은 무용지물이다. 왜냐하면, 그 믿음을 정당하다고 생각하는 사람은 신빙성 있는 믿음 형성 과정과 연결시키려 할 것이고, 정당하지 않다고 생각하는 사람은 신빙성 없는 믿음 형성 과정과 연결시키려 할 것이기 때문이다. 이와 같은 게리맨더링이 허용되는 한, 신빙론은 우리에게 인식적 정당성을 설명하는 통찰력을 주기가 어렵다.

문제는 여기서 그치지 않는다. 믿음 형성 과정의 유형을 너무 넓게 잡으면, 반례가 생기게 된다. 신빙성 있는 믿음 형성 과정을 통해서 형성된 믿음이라도 경우에 따라서는 정당하지 않은 믿음이 형성될 수 있

---

64) Richard Feldman, "Reliability and Justification", *The Monist*, 1985, pp.159-161.

다. 그렇다고 이와 같은 반례를 방지하기 위해서 믿음 형성 과정의 유형을 너무 좁게 잡으면, 모든 참인 믿음은 정당화되고 모든 거짓인 믿음은 정당화되지 않는 결론이 나오는데, 이를 받아들이기는 곤란하다. 참인 명제를 믿는 것도 정당하지 않는 경우가 있으며, 거짓인 명제를 믿는 것도 정당할 수 있기 때문이다. 이런 의미에서 신빙론은 앞에서 언급했던 토대론, 정합론, 증거론과는 다른 종류의 심각한 문제를 가지고 있다.

6. 인식적 정당성에 대한 이론들의 주요 내용 재정리

이제까지 인식적 정당성에 대한 이론으로 토대론, 정합론, 증거론 그리고 신빙론을 검토해 보았다. 토대론이 인식적 정당성에 대한 이론으로 도입된 계기 중 하나는 무한 후퇴의 문제를 해결하기에 가장 무난한 이론이었기 때문이었다. 토대론의 가장 기본적인 내용은 기초적 믿음과 비기초적 믿음의 구분이다. 기초적 믿음은 그 믿음의 정당성을 다른 믿음에 의존하지 않는 반면, 비기초적 믿음은 그 믿음의 정당성을 적어도 부분적으로는 다른 믿음에 의존하게 된다. 이러한 토대론이 대답해야 하는 질문은 다음과 같다.

> Q1) 어떤 믿음이 기초적 믿음이 될 수 있는가?
>
> Q2) 기초적 믿음은 어떻게 정당화되는가?
>
> Q3) 비기초적 믿음은 기초적 믿음으로부터 어떻게 정당화되는가?

Q1)에 대하여 고전적 토대론은 의심의 여지가 없는 확실한 믿음의 조건을 만족시키는 현상적 믿음이 답이 된다고 생각한 반면, 온건한 토대론은 우리가 일상적으로 현상적 믿음을 실제로 많이 형성하는 것은 아니라는 점을 들어, 일반적인 감각적 경험을 기초적 믿음의 후보로 여기고 있다. 이러한 일반적인 감각적 경험은 오류의 가능성이 있으므로, 온건한 토대론자는 확실하지 않은 믿음이 어떻게 피라미드와 같은 믿음 체계의 기초가 될 수 있는가를 설명해 주어야 한다. 이러한 설명은 제4장에서 자세히 제공될 것이다.

Q2)에 대하여 고전적 토대론에서는 의심의 여지가 없는 현상적 믿음이 '스스로 정당화된다'는 입장을 가지고 있었다. 하지만 온건한 토대론은 기초적 믿음에 해당하는 일반적인 감각적 믿음이 스스로 정당화된다라기보다는 경험에 의해서 정당화된다고 생각한다. 이러한 입장을 완성시키려면 경험을 근거로 한 믿음이 어떻게 다른 믿음에 의존하지 않고 정당화될 수 있는가에 대한 설명을 해주어야 하는데 이에 대한 심도 있는 논의가 역시 제4장에서 진행될 것이다.

Q3)에 대해서, 데카르트로 대표될 수 있는 고전적 토대론은 연역만이 기초적 믿음으로부터 비기초적 믿음을 정당화할 수 있다고 생각하였다. 하지만 이러한 설명으로는 우리가 실제로 정당하게 믿고 있는 많은 정당한 믿음들을 설명하기 어렵다. 이런 측면을 고려하여 온건한 토대론에서는 연역뿐만 아니라 귀납과 최선의 설명으로의 추론 등도 비기초적 믿음을 정당화시키는 방법으로 인정하고 있다.

토대론에 대한 가장 근본적인 비판은 과연 다른 믿음을 근거로 하지 않는 기초적 믿음이 가능한가에 있다. 우리가 믿음을 형성하는 데에는 많은 배경 지식이 필요하다. 경험을 통하여 어떤 믿음을 형성하려면 경험의 대상이 어떤 것인지를 알아야 한다. 아무것도 모르는 상태에서 정당한 믿음을 형성할 수는 없으며 경험으로부터 어떤 믿음을 형성하려면 관련된 개념을 정확하게 사용할 줄 알아야 하는 것이다. 이와 같은 '개념의 적용 능력'이 일종의 믿음이라면 정합론이 옳게 되는 것이고, 이는 단지 능력일 뿐, 배경 지식과 같은 믿음의 성격이 아니라면 토대론이 맞는 이론이 되는 것이다.65)

우리의 믿음 체계를 피라미드로 비유하는 토대론과는 달리, 정합론은 뗏목이나 거미줄에 비유되며, 믿음 체계 내의 믿음들 사이의 위상적 차이가 없음을 강조한다. 즉 어떤 믿음이 더 기초적이고 어떤 믿음이 덜 기초적인지에 대한 구분을 인정하지 않고 믿음 체계 내의 믿음들을 모두 같은 수준으로 보는 것이다.

정합론의 기본적인 입장은 한 믿음이 정당화되려면 그 사람이 가지고 있는 믿음 체계 내의 다른 믿음들과 정합적인 관계에 있어야 한다는 것이다. 한 사람의 믿음 체계 안에 있는 믿음들 사이의 정합성만으로 인식적 정당성이 결정된다면 우리가 살고 있는 실제 세계와는 완전히 무관한 믿음들로 이루어진 믿음 체계도 그 믿음들 사이의 정합성이 있으면 모두 정당화되는 '고립의 문제'가 있다. 이를 해결하기 위해서 '관찰적 요구'를 정합론의 한 조건으로 포함시킨다. 즉, 한 믿음 체계 안에는 관찰이나 경험을 통해서 형성된 믿음들이 충분히 있어야 한다는 것이다. 이러한 관찰적 요구의 수용은 어떤 의미에서 정합론에 토

---

65) 이것에 관한 논의도 제4장에서 자세히 이루어질 것이다. 개인적인 입장으로는 굳이 어느 쪽을 손들어주고 싶은 생각은 없다. 토대론과 정합론 중 누구의 입장이 더 나은가를 판단하는 것은 매우 어려운 문제이기도 하며, 또 한편으로 내가 옹호하는 입장은 증거론이기에 과연 기초적 믿음이 있는가 하는 질문에 대하여 살짝 피해 갈 수 있는 여유가 있기 때문이다. 어찌 보면, 이 질문에 유보적인 입장을 취할 수 있다는 것도 증거론의 한 장점이라고 볼 수 있다.

대론적인 요소를 가미하는 모습이 아닌가 생각된다.

정합론이 인식적 정당성에 대한 이론으로 완성되려면 다음의 두 질문에 대한 설명이 있어야 한다.

> Q1) S의 믿음 체계 내에는 어떤 믿음들이 포함되는가?
> Q2) 한 명제에 대한 믿음이 그가 가지고 있는 믿음 체계와 어떤 관계에 있을 때 정합적이라고 할 수 있는가?

Q1)은 생각보다 어려운 문제이다. 우리가 한순간 머릿속에 떠올릴 수 있는 믿음의 수는 그리 많지 않기에 믿음 체계 내의 믿음을 '현재적 믿음'으로 제한시키면 정당화되는 믿음의 수가 그리 많지 않을 것이다. 따라서 지금 당장 머릿속에서 생각하고 있지는 않지만 기억 속에 저장되어 있어서, 그 명제가 주어지면 받아들일 수 있는 '성향적 믿음'도 믿음 체계 내에 포함시켜야 할 것이다. 그런데 기억 속에 저장된 내용 중에서는 쉽게 꺼낼 수 있는 기억도 있는 반면, 좀처럼 소생되지 않는 기억도 있을 것이다. 그중 어느 정도까지를 믿음 체계 내의 믿음으로 인정할 것인가의 문제는 아주 골치 아픈 문제이다.

Q2)도 대답하기 어려운 건 마찬가지이다. 토대론에서 연역, 귀납 그리고 최선의 설명으로의 추론을 가지고 비기초적 믿음의 정당성을 설명하듯이 정합론자들도 이들을 '정합'의 조건으로 여길 수 있을 것이다. 하지만 정합론자가 가지는 난점은 '논리적 무모순성'도 정합의 필요조건이 될 수 없다는 것이다. 한 믿음 체계에 있는 모순적인 믿음이 정당화될 수 있는 경우가 있음을 앞에서 보았다.66) 이는 정합론자에게 매우 치명적인 약점이다. '정합'의 의미를 완전히 설명하는 것은 둘째

치고, 거의 모든 정합론자들이 '정합'의 조건에 포함되어야 한다고 생각하는 논리적 무모순성마저 정합의 필요조건이 아니라면 정합론이 가지고 있는 직관적인 설득력을 상당히 감소시키기 때문이다.

증거론은 기초적 믿음과 비기초적 믿음 사이의 논쟁에 대해서 한 발을 뺀 입장이다. 즉, 증거론은 토대론과 정합론을 포괄할 수 있는 입장이다. 토대론과 정합론의 싸움터인 기초적 믿음의 가능성 여부가 인식적 정당성을 설명하는 데에 그리 핵심적인 사안이 아니라는 생각이다. 오히려 증거 이외의 다른 요소가 인식적 정당성을 설명하는 데에 필수적이라는 입장에 반박하는 이론이다. 이런 의미에서, 증거론은 새롭게 주장된 이론이라기보다는 기존의 인식론자들이 이미 은연중에 가지고 있는 입장을 정리한 것이며 이는 인식적 정당성이 인식적 의무나 인지적 능력의 차이에 의해서 영향을 받을 수 있다는 주장에 대하여 반박하는 과정에서 정리된 것이다.

증거론에 따르면 인식적 정당성은 인식 주체가 가지고 있는 총체적 증거에 의해서만 결정된다는 것이다. 즉 그가 가지고 있는 증거가 그 명제에 대한 믿음과 맞아떨어지면 이를 믿는 것이 인식적으로 정당하고 맞아떨어지지 않으면 정당하지 않게 된다는 것이다. 이러한 증거론을 완성시키려면 다음의 두 질문에 대한 대답이 있어야 한다.

> Q1) 인식 주체가 가지고 있는 증거는 무엇인가?
> Q2) 어떤 조건을 만족시켰을 때, 인식 주체가 가지고 있는 증거와 관련된 명제적 태도가 맞아떨어지는가?

---

66) 물론 이 경우, 그 모순적 믿음을 가지고 있는 당사자는 이들 명제가 모순임을 몰라야만 한다.

Q1)은 특정 시점을 기준으로 그 시점에 인식 주체가 머릿속에 떠올리는 것만을 증거로 삼는다고 하였다. 하지만 이는 지나치게 약한 주장이다. 왜냐하면 아무거나 머릿속에 떠올린다고 해서 증거가 되는 것은 아닐 것이기 때문이다. 이를 (HE*)로 수정하여, 떠올리는 것이 명제적 증거일 경우에는 그것 자체가 정당화되기를 요구하였지만 이는 (EJ)와 합쳐졌을 때 순환적 정의가 되는 문제가 있다.

Q2)에 대한 입장도 토대론이나 정합론에 비해서 특별히 나은 위치에 있지는 않다. '맞아떨어짐' 역시 연역, 귀납 그리고 최선의 설명으로의 추론을 가지고 설명을 시도할 수 있는 것은 사실이나 이들 세 가지가 맞아떨어짐의 필요충분조건이 될 수 있는지는 의문이다. 이런 의미에서 증거론은 토대론과 정합론을 포괄적으로 다룰 수 있는 이론이라는 장점을 가지고 있는 반면, 토대론과 정합론이 가지고 있는 문제의 상당 부분을 그대로 지니고 있다고 할 수 있다.

신빙론은 명제적 정당성을 고려하지 않고 사고적 정당성, 즉 이미 형성한 믿음의 정당성만을 평가할 수 있는 이론이다. 왜냐하면 신빙론에서 정당성을 평가하는 기준은 그 믿음을 형성하는 과정의 신빙성이기 때문이다. 따라서 믿음을 뒷받침하는 증거(예를 들어 경험이나 다른 믿음)에 의해서 정당성을 판별하는 토대론, 정합론, 증거론과는 다른 성격의 이론이라고 할 수 있다.

신빙론에 따르면, 한 믿음이 인식적으로 정당화되기 위해서는 그 믿음을 형성한 과정이 신빙성을 가져야 한다는 것이다. 과연 믿음 형성 과정의 신빙성이 인식적 정당성의 올바른 조건이 될 수 있는가를 '통속의 뇌'의 예와 '천리안을 가진 사람'의 예를 통하여 비판하였다. 통속의 뇌의 예에 따르면, 일반인의 경험이나 통 속의 뇌의 경험은 그 과정에서 차이점을 발견할 수 없지만, 경험을 통한 일반인의 믿음은 정당화되는 반면, 같은 종류의 통 속의 뇌의 믿음은 정당화되지 못하는 난점을 가지고 있다. 만일 일반인과 통 속의 뇌의 믿음 형성 과정 자체에 차이가 없다면, 이는 믿음 형성 과정의 신빙성이 인식적 정당성의 필요조건이 되지 못함을 설명한다.67)

천리안을 가진 사람의 예는 신빙론의 기본적인 입장에 문제점을 제공한다. 천리안을 가진 사람의 경우, 그의 믿음은 신빙성 있는 믿음 형성 과정을 통하여 만들어진 것이 사실이지만, 그의 믿음이 정당하다고 보기는 어렵기 때문이다. 신빙론자들도 이 예에 대한 대답을 하는 것이 불가능하지는 않다. 천리안의 예는 (R)에는 분명히 반례가 되지만, 이를 수정한 (R2)에도 반례가 되는지는 그리 분명치 않기 때문이다.

신빙론에 가장 큰 골칫거리는 '일반화의 문제'이다. 신빙론의 입장을 자세히 분석해 보면, 한 믿음이 정당화되기 위해서는 그 믿음 사례를 형성한 믿음 형성 과정의 유형이 신빙성 있어야 한다. 문제는 하나의 사례가 여러 유형에 속할 수 있다는 것이다. 그 사례가 속할 수 있는 여러 유형의 신빙성이 모두 다르다. 그렇다면 한 사례가 어떤 유형에 속하는지에 대한 이론을 제공하는 것이 신빙론에게는 필수적이다. 이러한 설명이 없다면 필요에 따라서 적당한 유형에 연결시킬 수 있기 때문이다. 하지만 한 믿음 사례에 대해서 어떤 유형이 관련된 유형인지에 대한 이론을 신빙론은 제공하고 있지 못하다. 이는 신빙론의 치명적인 문제점이다.

게다가 믿음 형성 과정의 유형을 넓게 잡으면, 그 유형 안에는 정당한 믿음과 정당하지 않은 믿음들이 혼재할 수 있다. 반면에 믿음 형성

---

67) 이러한 논의에는 은연중에 같은 증거를 가지면 같은 인식적 정당성을 가져야 한다는 증거론적인 전제가 깔려 있는 것이 사실이다. 신빙론자들은 이러한 전제를 부정하려고 할 것이다.

과정을 아주 좁게 잡으면, 한두 믿음만이 그 유형에 포함되면서 모두 참이기에 정당할 수 있다. 이것을 확대하면 모든 참인 믿음은 정당하고 모든 거짓인 믿음은 정당하지 않게 되는 받아들일 수 없는 결론이 도출된다. 이 역시 신빙론이 설명해야 할 어려운 문제이다.

이제까지의 논의를 정리하면서, 인식적 정당성에 대한 이론에서 한 가지 주목할 점이 있다. 신빙론은 토대론, 정합론 그리고 증거론의 집단과 차별성이 있어 보인다는 점이다. 첫째, 신빙론은 사고적 정당성, 즉 이미 형성된 믿음의 정당성만을 판별할 수 있는 이론인 반면 나머지 세 이론은 명제적 정당성을 다룰 수 있다. 다시 말해서, 토대론과 정합론 그리고 증거론은 아직 형성되지 않은 믿음에 대해서도 정당성을 논의할 수 있다. 둘째로, 토대론, 정합론 그리고 증거론은 인식적 정당성을 '근거'로 설명한다. 물론 무엇을 '근거'로 인정하느냐 하는 입장에는 차이가 있을 수 있지만 이는 일종의 집안싸움이라고 볼 수 있다. 반면에 신빙론은 믿음 형성 과정의 신빙성이 인식적 정당성을 설명하는 기준이다. 즉, 믿음에 대해서 뒷받침하는 근거가 중요한 것이 아니라 그 믿음을 형성하는 절차나 과정이 중요한 것이다.

인식적 정당성의 문제는 결국 경험을 통한 정당화와 다른 믿음에 의존한 정당화로 크게 나누어질 수 있다. 그만큼 경험이 우리의 인식에서 차지하는 바는 지대하며 우리가 갖게 되는 지식의 상당 부분도 이러한 경험을 통해서 얻게 된다. 그렇다면 경험을 근거로 한 믿음이 어떻게 정당화될 수 있는가에 대한 논의는 인식론에서 매우 중요한 주제라고 할 수 있겠다. 이 주제가 바로 다음 장에서 논의할 내용이다.

제 4 장

경험을 근거로 한 믿음의 인식적 정당성

1. 경험의 내용과 인식적 정당성

이제까지의 논의가 현대 영미 인식론의 개괄적인 소개라고 한다면, 지금부터의 논의는 입문서에 등장하는 내용이라기보다는 인식론의 핵심 중 하나라고 할 수 있는 경험과 인식적 정당성의 관계를 설명하고 어떤 조건을 만족시켰을 때 경험을 근거로 한 믿음이 인식적으로 정당성을 확보할 수 있는가에 대한 답을 제시하고자 한 것이다. 특히 제3장에서는 토대론, 정합론, 증거론 그리고 신빙론의 입장에서 인식적 정당성에 대한 그들의 논의를 정리하였지만 제4장에서는 어떤 특정한 이론에만 적용되는 내용이 아니라 인식적 정당성을 설명하고자 하는 이론들에게 공통적으로 도움이 될 수 있는 보편적인 내용이라고 볼 수 있을 것이다.

굳이 토대론의 전통을 따르지는 않더라도 우리가 어떤 것을 알게 되는 것은 그것이 경험으로부터 야기되는 것이거나 아니면 이미 알고 있는 지식으로부터 추론을 통해서 알게 되는 것이라고 할 수 있다.1) 제3장의 논의에서 기초적 믿음과 비기초적 믿음에 대한 정합론의 비판을 고려하였다.2) 이러한 비판은 1980년대 중반까지도 계속되어, 한 사람이 가지고 있는 믿음이 인식적으로 정당화되었는가의 여부는 그 사람이 가지고 있는 다른 믿음들에 의해서 결정된다는 것이 지배적이었다.3) 이들의 입장에 따르면 감각적 경험이 인식 정당화에 도움을 줄 수 없는 이유는 경험이 명제적 내용을 가지고 있지 않기 때문이다. 하지만 존 폴록(John Pollock)이 이러한 견해를 '사고적 가정(Doxastic Assumption)'이라고 명명한 뒤 이에 대한 비판적 입장을 나타내기 시작하였고4) 그 이후 알란 밀러(Alan Millar),5) 스티븐 레이놀즈(Steven Reynolds),6) 그리고 크반빅(Jonathan Kvanvig)과 릭스(Wayne Riggs)7)

---

1) 여기서 토대론을 옹호하려는 것은 아니므로, 이러한 구분이 필수적임을 주장하는 것은 아니다. 설령 토대론을 받아들이지 않더라도, 경험을 통한 정당성과 추론을 통한 정당성을 나누는 것은 설명하기에 편리하다는 점에서 유용성을 가지고 있다고 하겠다.

2) 정합론이 부정하고자 하는 것은 기초적 믿음이라는 독특한 지위이지, 경험을 통한 믿음의 중요성을 부정한 것은 아니다. 예를 들어, 믿음 체계 내의 믿음에 경험을 통한 믿음이 포함되어야 한다는 관찰적 요구만 보아도 정합론자들이 경험적 믿음의 필요성을 충분히 인식하고 있음을 알 수 있다.

3) 예를 들어, Keith Lehrer, *Knowledge*, Oxford Univ. Press, 1974에서 특히 p.188과 Laurence BonJour, *The Structural of Empirical Knowledge*, Harvard Univ. Press, 1985에서 특히 pp.69, 75, 그리고 Donald Davidson, "A Coherence Theory of Truth and Knowledge", *The Philosophy of Donald Davidson: Perspectives on Inquires into Truth and Interpretation*, ed. by Ernest LePore, Blackwell, 1986에서 특히 p.311 등에서 한 사람이 가지고 있는 믿음만이 다른 믿음들을 정당화할 수 있는 유일한 도구임을 주장하고 있다.

4) John Pollock, *Contemporary Theories of Knowledge*, Rowman & Littlefield, 1986. 'Doxastic Assumption'이라는 표현은 그의 책 p.19에 처음 등장하며, 이에 대한 비판은 제5장에서 논의된다.

5) Alan Millar, "Experience and the Justification of Belief", *Ratio* 2, 1989와 그의 책, *Reasons and Experience*, Clarendon Press, 1991.

등은 한 사람이 가지고 있는 믿음뿐만 아니라 그가 가지고 있는 감각적 경험도 인식 정당화에 기여할 수 있다는 주장을 제시하였다. 이러한 새로운 경향이 득세하면서 사람들의 관심은 경험을 근거로 한 믿음이 어떻게 인식적으로 정당화되는가로 옮겨지기 시작하였다.

경험을 근거로 어떤 명제를 믿는 것이 정당화됨을 설명하기 위해서는 여기서 말하는 '경험'이 무엇을 뜻하는지를 먼저 살펴볼 필요가 있다. 이에 대한 논의를 전개하기 위하여 예를 하나 들어보자. 밝은 대낮에 철이와 돌이는 느릅나무를 보고 있다. 그들의 시야에는 아무런 장애물이 없다. 그렇다면 그들은 같은 경험을 하고 있는가? 우리는 상식적으로 쉽게 '그렇다'고 할 수 있을 것이다. 같은 대상을 두 사람이 보고 있는데 그들의 경험이 어떻게 다를 수 있단 말인가? 하지만 이 문제를 자세히 살펴보면 예상보다 복잡한 사유를 요구한다.

먼저 '경험'이란 단어가 다의적(ambiguous)이다. 경험은 한편으로 **'경험하는 행위'**나 **'경험의 사건적 측면'**을 의미하고 다른 한편으로는 **'경험의 내용'**을 뜻하기도 한다. 또 다른 한편으로는 **'경험의 대상'**을 말할 수도 있다. 그렇다면 "그들은 같은 경험을 하고 있는가?"라는 질문도 서로 다른 세 가지 질문으로 이해될 수 있다. '경험'이 첫째 의미로 사용된다면(즉 경험하는 행위나 경험의 사건적 측면을 의미한다면) 그들은 같은 경험을 하고 있지 않다. 왜냐하면 경험의 주체가 다르기 때문이다. 서로 다른 사람이 같은 행위의 주체가 될 수는 없는 일이다. 반면에 '경험'이 셋째 의미로 사용된다면(즉 경험의 대상을 말한다면)

6) Steven Reynolds, "Knowing How to Believe with Justification", *Philosophical Studies*, 1991.

7) Kvanvig and Riggs, "Can a Coherence Theory Appeal to Appearance States?", *Philosophical Studies*, 1992.

답은 당연히 '예'이다. 그들은 같은 대상을 보고 있기 때문이다. 결국 탐구의 가치가 있는 질문은 '경험'을 두 번째 의미로 해석하는 것, 즉 **"그들은 같은 경험적 내용을 갖는가?"**라는 질문이다.

언뜻 보면, 철이와 돌이가 같은 대상을 보고 있으므로 같은 경험적 내용을 가질 것이라 생각할 수도 있지만 조금만 생각해 보면, 그들이 같은 경험적 내용을 갖지 않을 가능성이 많음을 알 수 있다. 같은 나무를 바라보더라도 철이와 돌이가 나무를 바라보는 각도가 다르거나 나무로부터 떨어진 거리가 다르다면 그들의 경험적 내용은 다르게 될 것이다. 같은 대상을 보고 그리는 정물화가 다른 그림으로 표현되는 것과 유사하다고 할 수 있다.

그러면 철이와 돌이가 정확히 같은 장소에서 같은 조명하에 (물론 시간적으로 동시일 수는 없겠지만) 느릅나무를 보고 있다면 항상 같은 경험적 내용을 가질 것인가? 그렇지 않다. 두 사람의 시력 차이가 있을 수 있다. 같은 조명과 같은 장소에서 같은 대상을 바라보고 있더라도 두 사람의 시력 차이가 있다면 두 사람이 경험하는 내용은 다르게 될 것이다. 똑같은 사람이 같은 대상을 보더라도 안경을 끼고 보는 것과 안경을 벗고 보는 것에는 경험의 내용상 큰 차이가 있는 것과 같은 원리이다.

이제 철이와 돌이의 시력도 정확히 같다고 가정하자. **시력이 같은 두 사람이 같은 조명과 같은 장소에서 같은 느릅나무를 보았다면 그들은 항상 같은 경험적 내용을 가질 것인가?** 이 질문에 대한 대답을 어떻게 하느냐에 따라서 경험과 인식적 정당성의 관계에 대한 설명이 근본적으로 달라질 수 있다.[8] 그러면 이 질문을 염두에 두면서 경험을

---

8) 이 질문에 대한 구체적인 대답은 이 장 후반부에서 'F형 경험'과 'F개념이 적용된 경험'을 구분할 때 제시하도록 하겠다.

근거로 한 믿음이 어떻게 정당화되는가에 대한 논의를 시작하도록 하자.

감각적 경험을 근거로 하는 믿음은 어떻게 정당화되는가? 나무로부터 유발된 감각적 경험을 근거로 "여기에 나무가 있다"는 믿음을 가지면 그 믿음은 정당한 믿음이고, 같은 경험을 근거로 "여기에 동물이 있다"고 믿으면 그 믿음은 정당하지 않은 믿음이라고 하는 것이 상식이므로 어떤 경우에 경험을 근거로 믿음을 갖는 것이 정당한가를 설명하는 것은 그리 어려운 작업이 아니라고 느낄 수도 있다. 하지만 이러한 상식선에서 해결하기 쉽지 않은 문제들이 있다.

예를 들어, 같은 사물을 보고도 어떤 사람은 그게 무엇인지를 알지만 다른 사람은 그것이 무엇인지를 모를 경우가 있다. 한 예로, 식물학과 학생인 철이와 철학과 학생인 돌이가 같은 느릅나무를 보았다고 가정하자. 식물에 대한 관심이 많은 철이는 그 나무가 느릅나무라는 것을 금방 알아보았지만, 나무의 종류에 대하여 박식하지 못한 돌이는 그것이 나무라는 것만 알지, 어떤 나무라는 것은 모르고 있다. 이 경우, 철이와 돌이가 갖고 있는 감각적 경험은 같아 보이지만, 철이가 이 감각적 경험을 근거로 "여기에 느릅나무가 있다"는 믿음을 가지면 그것은 정당한 믿음이고 돌이가 이 감각적 경험을 근거로 같은 믿음을 가지면 이는 정당한 믿음이 아니다. 어째서 이들은 같은 감각적 경험을 가진 듯하면서도 같은 명제에 대하여 다른 인식적 정당성을 가지고 있는가? 이 질문에 대한 대답을 하는 것이 결국 경험과 인식적 정당성의 관계를 설명하는 데에 핵심이 될 것이다.

제4장의 논의 전개는 다음과 같다. 먼저 위와 같은 문제의 핵심을 가장 잘 보여주는 '레인 맨'의 예를 제시하고, 이 예가 인식 정당화의 대표적인 이론인 토대론, 정합론, 증거론 그리고 신빙론 등에 모두 심

각한 문제점을 제공함을 설명하겠다. 그 다음에 위에서 언급되었던 사람들 중, 레이놀즈의 이론으로 이 문제를 어떻게 해결할 수 있는가를 살펴보고 그의 이론이 가지고 있는 문제점이 무엇인가를 지적할 것이다. 궁극적으로 이 문제를 해결함에 있어서 핵심적인 내용은 경험을 통해서 얻어지는 내용의 차이점을 설명하는 것이다. 이를 설명하기 위하여 'F형 경험'과 'F개념이 적용된 경험'을 구분한다. 결론부터 말하면 F형 경험만을 가진 사람은 <여기에 F가 있다>는 것을 믿는 것이 정당하지 않지만, F개념이 적용된 경험을 가진 사람은 <여기에 F가 있다>는 것을 그 경험을 근거로 정당하게 믿을 수 있다. 그렇다면 왜 F형 경험만을 가진 사람은 그 경험을 근거로 이 믿음을 갖는 것이 정당하지 않은 반면, F개념이 적용된 경험을 가진 사람은 그 명제를 믿는 것이 정당할까? 이를 설명하기 위한 방법으로 동일시 가능성 조건 (identifiability condition)을 제시하겠다.

2. 레인 맨의 예

'레인 맨'의 예는 영화 『레인 맨(*Rain Man*)』의 한 장면에서 일어나는 상황에서 착안된 것이다. 식당에서 자폐증 환자인 더스틴 호프만[9]이 이쑤시개를 들고 가던 종업원과 부딪쳐서 그 이쑤시개들이 바닥에 떨어지게 되었다. 그는 떨어진 이쑤시개를 보더니, "82, 82, 82 그러니까 246"이라는 말을 혼자 중얼거렸다. 다시 말하면, 떨어진 이쑤시개의 수가 246개라는 뜻이었다. 영화에서 더스틴 호프만의 동생으로 나

---

9) 이 글에서 사용되는 '더스틴 호프만'과 '톰 크루즈'는 실제의 더스틴 호프만과 톰 크루즈를 지시하는 것이 아니라 영화 속의 인물들을 지시한다.

오는 톰 크루즈는 종업원에게 이쑤시개 한 상자에 몇 개나 들어 있느냐고 물었다. 종업원은 250개라고 대답했다. 톰 크루즈가 "상당히 비슷하군" 하고 말하자마자, 그 종업원이 "하지만 4개는 상자 안에 남아 있는데요"라고 덧붙여서 말했다.

이 예에서 더스틴 호프만과 톰 크루즈가 떨어진 이쑤시개를 봄으로써 갖게 되는 시각적 경험은 같다고 생각된다.[10] 하지만 더스틴 호프만은 많은 이쑤시개를 알아볼 수 있는 능력이 있으므로, 비록 이러한 많은 이쑤시개를 보고 수를 알아맞히려 한 것이 처음이라 하더라도, 그에게는 이 시각적인 경험을 근거로 바닥에 떨어진 이쑤시개의 수가 246개라는 명제를 믿는 것이 정당화되는 것으로 보인다. 반면에 톰 크루즈는 같은 사물을 보았음에도 불구하고 더스틴 호프만이 가지고 있는 특수한 능력을 소유하지 못하고 있으므로 그의 경험을 근거로 같은 명제를 믿는 것이 정당화되었다고 할 수 없다. 이와 같이 그들은 같은 경험을 했음에도 불구하고 그 경험과 관련된 명제를 믿는 것이 한 사람에게만 정당화되고 다른 사람에게는 정당화되지 않는다. 상식적으로

---

10) 앞에서도 지적했듯이, 두 사람이 같은 사물을 본다고 해서 항상 같은 경험을 가지고 있는 것은 아니다. 그 사물을 보는 각도나 그들이 가진 시력의 차이에 의해서 다르게 보일 수 있기 때문이다. 하지만 레인 맨의 예에서 더스틴 호프만과 톰 크루즈의 시력이 같다고 가정하면, 그들이 갖는 시각적 경험의 사소한 차이 때문에 그들의 인식적 정당화 상태가 달라지지는 않을 것이다. 앞에서 언급된 예로 설명하면 좀 더 분명해진다. 철이와 돌이가 같은 느릅나무를 보고도 "여기에 느릅나무가 있다"는 명제에 대한 다른 인식적 정당성을 갖는 이유가 그들의 사소한 시각적 경험 차이에 있다고 여겨지지는 않는다. 그들의 정당성 차이는 주어진 경험의 차이에서 온다기보다는 주어진 경험을 해석하고 처리하는 인식적 능력의 차이에서 온다고 보인다. 따라서 느릅나무에 대한 철이와 돌이의 감각적 경험이 정확히 같아도 그들의 인식적 정당성 차이는 여전히 남게 된다. 이런 점을 고려하여, 더스틴 호프만과 톰 크루즈가 갖는 시각적 경험이 정확히 같다고 가정하겠다.

는 두 사람이 같은 경험을 가지고 있으므로 그들의 인식 정당화 상태가 같아야 될 것 같지만 실제로는 다르므로 왜 그들의 정당화 상태가 다른지를 설명해야 할 문제가 생기는 것이다.

이러한 레인 맨의 예는 어떤 특정 이론에만 문제가 되는 것이 아니라 현재 인식 정당화의 대표적인 이론이라 할 수 있는 토대론, 정합론, 증거론 그리고 신빙론에 모두 문제가 될 수 있다. 이 예가 이들 이론에 왜 문제가 되는지를 간단하게 살펴보도록 하겠다.

토대론의 대표적인 특징은 기초적 믿음(basic belief)과 비기초적 믿음(non-basic belief)을 구분하는 것이다. 기초적 믿음이란 그 믿음의 정당화가 다른 믿음에 의존하지 않는 믿음으로 과거에는 이러한 믿음들이 스스로 정당화된다고(self-justified) 생각하였지만 요즘은 경험에 의해서 정당화된다는 것이 일반적인 견해이다. 반면에 비기초적인 믿음은 그 믿음의 정당화가 적어도 부분적으로는 다른 정당화된 믿음에 의해서 정당화되는 믿음이다. 더스틴 호프만의 믿음이 기초적이라 가정해 보자. 그러면 그 믿음이 정당화되는 근거는 떨어진 이쑤시개로부터 갖게 된 감각적 경험일 것이다. 하지만 우리는 레인 맨의 예에서 톰 크루즈도 같은 경험을 갖고 있다고 설명했었다.11) 따라서 더스틴 호프만의 믿음이 정당화되었다면 톰 크루즈의 믿음도 정당화되었어야 옳다. 하지만 더스틴 호프만의 믿음만 정당화되었고 톰 크루즈의 믿음은

---

11) 혹자는 호프만과 크루즈가 같은 대상을 보고 있더라도, 그들이 실제로 경험하는 내용은 다를 수 있다고 주장한다. 이 주장이 사실이라도 지금의 논의에는 직접적으로 영향을 미치지 못한다. 레인 맨의 예가 문제가 되지 않음을 보여주기 위해서는 그들이 같은 대상을 보고 같은 경험을 하는 것이 불가능함을 보여주어야 한다. 그들이 같은 경험 내용을 갖는 것이 가능하기만 하면, 바로 그 경우가 토대론에게 문제가 되는 예가 되기 때문이다. 이 점은 정합론과 증거론에도 똑같이 적용된다. 그래서 주 10)에서와 같이 그들의 경험이 같음을 가정하고 논의를 전개했던 것이다.

정당화되지 않았다. 따라서 단순히 더스틴 호프만의 믿음이 경험을 근거로만 정당화되는 기초적 믿음이라는 설명으로는 위의 예가 해결되지 않는다.

더스틴 호프만의 믿음을 비기초적이라 하면 이 문제가 설명될 수 있을까? 그의 믿음이 정당화되고 톰 크루즈의 동일한 믿음이 정당화되지 않은 이유는 그들의 경험이 달라서가 아니라 그들이 가지고 있는 배경 지식이 달라서라고 생각할 수 있다. 그렇다면, 더스틴 호프만이 가지고 있는 어떤 배경 지식이 그의 시각적 경험과 함께 그로 하여금 떨어진 이쑤시개의 수가 246개라는 명제를 믿는 데에 정당성을 제공할 수 있을까? 일견 더스틴 호프만이 다음과 같은 조건문을 알기 때문에 이쑤시개의 수가 246개라는 그의 믿음이 정당화될 수 있다고 생각할 수 있다.

P 내게 이러이러하게 보이면 여기에 246개의 이쑤시개가 있다.

하지만 이러한 제안은 여러 모로 문제점을 가지고 있다. 첫째, P는 엄밀한 의미에서 명제가 아니며 이것이 명제가 되기 위해서는 '이러이러하게'가 구체적으로 서술되어야 한다. 하지만 246개의 이쑤시개가 흩어져 있는 모양을 말로 표현하려면 매우 복잡할 것이 틀림없으며 그러한 복잡한 조건문을 더스틴 호프만 자신도 실제로 고려해 본 적이 없었을 것이다. 게다가 이렇게 복잡한 명제를 더스틴 호프만에게 보여주고 이 조건문을 믿느냐고 물어보면 그 조건문이 너무 복잡해서 믿지 않는다고 대답할 가능성이 많다. 따라서 어느 경우라도 '이러이러하게'를 완전히 서술하면 더스틴 호프만이 자세하게 서술된 P를 믿고 있다고 보기 어렵다. 그가 완전히 서술된 P를 믿지도 않는다면 그 명제는 그에게 배경 지식이 될 수 없다.

둘째로, 설령 더스틴 호프만이 완전히 서술된 P를 믿는다 하더라도 문제가 모두 해결되는 것은 아니다. 인식적 정당성이 앎의 필요조건이므로 P가 더스틴 호프만에게 배경 지식이 되려면 P가 더스틴 호프만에게 정당화되어야 한다. 하지만, 레인 맨의 예를 서술할 때, 그러한 많은 이쑤시개를 보고 수를 알아맞히려 한 것이 처음이므로 과거의 계속된 경험으로부터 P가 정당화될 수 있는 방법은 이미 배제되었다. 그렇다면, 더스틴 호프만이 P를 믿는 것에 어떻게 정당화가 되었는지를 설명하기가 쉽지 않으며, P가 그에게 정당화되어 있지 않다면 P와 그의 시각적 경험으로부터 떨어진 이쑤시개의 수가 246개라는 명제를 그가 어떻게 정당성을 가지고 믿을 수 있는지를 설명할 수 없다. 따라서 P에 대한 더스틴 호프만의 믿음이 왜 정당화되었는지를 설명할 수 없으면 설령 완전히 서술된 P를 더스틴 호프만이 믿는다 하더라도 그것은 더스틴 호프만의 배경 지식이 될 수 없다. 왜냐하면 배경지식은 지식이란 점에서 정당화된 참 믿음이어야 하기 때문이다.

실제로 우리가 경험을 근거로 어떤 믿음을 형성할 때, "지금 내겐 이러이러하게 보이는데, 이러이러하게 보이면 여기에 무엇이 있으니까, 여기에 무엇이 있다"라는 추론을 머릿속에서 의식하며 믿음을 갖는 것은 아닌 듯하다. 예를 들어, 서너 살 된 아이들도 나무를 보면 나무가 있다는 것을 알고 사과를 보면 사과가 있다는 것을 알지만 그들이 위와 같은 복잡한 추론 과정을 이해한다고 보기 어렵기 때문이다. 오히려 아이들은 나무를 보고 그냥 그것이 나무라고 직접 인지한다고 설명하는 것이 더 자연스러워 보인다.

이와 같이 떨어진 이쑤시개의 수가 246개라는 더스틴 호프만의 믿음을 기초적 믿음이라 하면 왜 그의 믿음만 그의 경험에 의해서 정당화되고 톰 크루즈에게는 정당화되지 않는지를 설명할 수 없다. 또 그 믿음이 비기초적 믿음이라고 하더라도 그 믿음을 정당화시켜 줄 더스틴 호프만만이 가지고 있는 추가적인 믿음을 찾아내기도 용이하지 않았다. 따라서 토대론자들에게 이 레인 맨의 예는 심각한 고민거리를 제공하고 있다.

정합론과 증거론에도 토대론에서 논의했던 비슷한 문제점이 적용된다. 정합론에 따르면, 한 믿음의 정당화는 그 믿음을 가지고 있는 사람의 믿음 체계를 구성하는 다른 믿음들과의 정합성 여부에 의해서 결정된다. 그렇다면 톰 크루즈가 이쑤시개를 보고, 떨어진 이쑤시개가 246개라는 것을 무심코 믿었다면12) 그의 믿음이 정당화되지 않았음을 정합론은 어떻게 설명할 수 있을까? 정합론자들은 그 믿음이 더스틴 호프만이 가지고 있는 다른 믿음들과는 정합적인 관계에 있지만 톰 크루즈가 가지고 있는 믿음들과는 정합적인 관계에 있지 않기 때문이라고 말할 수 있을 것이다. 하지만 이 대답은 '정합적'이라는 의미가 무엇인지 불분명하다는 문제 이외에도 다른 더 큰 문제를 가지고 있다. 토대론을 논의할 때 언급된 것처럼 위의 믿음과 관련해서 더스틴 호프만이 가지고 있으면서 톰 크루즈가 갖지 못한 믿음이 따로 있지 않음을 지적했었다. 그렇다면 이 믿음과 관련된 그들의 믿음 체계에는 차이가 없으며 따라서 떨어진 이쑤시개의 수가 246개라는 믿음이 더스틴 호프만의 믿음 체계와는 정합적이면서 톰 크루즈의 믿음 체계와는 비정합

---

12) 만약 톰 크루즈가 그 믿음을 가지면서 지금 그가 단순한 추측을 통해서 그 믿음을 가졌다는 것을 인지하고 있다면, "떨어진 이쑤시개의 수가 246개라는 믿음을 단순한 추측을 통해서 가졌다는 믿음"이 그가 가지고 있는 "떨어진 이쑤시개의 수가 246개라는 믿음"과 비정합적 관계에 있다고 말할 수 있을지도 모른다. 여기서 '무심코 그 믿음을 가졌다'고 가정할 때는 위와 같은 경우를 배제한 것이다.

적이라는 설명은 이해하기가 어렵다.

최근에 정합론자들도 믿음 체계내의 정합성만을 따질 것이 아니라 인식 주체가 가지고 있는 감각적 경험도 포함시켜서 정합성을 따져야 한다는 주장이 새롭게 등장하고 있다.13) 하지만 감각적 경험을 포함시켜도 위의 문제는 해결되지 않는다. 왜냐하면 더스틴 호프만과 톰 크루즈가 이쑤시개를 보고 갖는 경험도 같아 보이기 때문이다. 그러므로 정합론도 왜 더스틴 호프만의 믿음만 정당화되고 톰 크루즈의 믿음은 정당화되지 않는지를 설명하기가 쉽지 않다.

증거론도 비슷한 처지이다. 증거론이란 한 사람의 믿음이 그가 가지고 있는 증거에 의해서 결정된다는 이론이다. 일반적으로 증거론에서는 증거를, 정당화된 믿음과 같은 명제적 증거와 감각적 경험과 같은 경험적 증거로 나눈다. 하지만 더스틴 호프만과 톰 크루즈가 "떨어진 이쑤시개의 수가 246개이다"라는 명제와 관련된 배경 지식의 차이가 없으므로 두 사람이 가진 명제적 증거는 같아 보이고, 그들이 가진 감각적 경험도 같으므로 경험적 증거도 같다고 여겨진다. 그러면 위의 믿음들에 대해 그들이 가지고 있는 총체적인 증거는 같으므로 증거론 역시 왜 더스틴 호프만의 믿음만이 정당화되었는지를 설명할 수 없다.

신빙론은 위의 세 이론에 비해서 나은 위치에 있는 것처럼 보인다. 신빙론에 따르면, 한 믿음의 정당성은 그 믿음을 형성하는 과정이 신빙성이 있느냐에 의해서 결정된다. 따라서 특수한 능력이 있는 더스틴 호프만이 믿음을 형성하는 과정은 일반적으로 참인 믿음을 형성하는 과정이므로 신빙성이 있고, 그러한 능력이 없는 톰 크루즈가 이쑤시개를 보고 단순한 추측으로 그 믿음을 형성하면, 단순한 추측은 일반적

---

13) Kvanvig and Riggs(1992).

으로 신빙성이 없으므로 그의 믿음은 정당화되지 않는다는 것이다. 하지만 이러한 신빙론의 대답에 완전히 설득되기 전에 신빙론이 가지고 있는 일반적인 문제점을 돌이켜 볼 필요가 있다.[14)]

떨어진 이쑤시개의 수가 246개라는 명제를 받아들인 더스틴 호프만의 믿음은 서로 다른 유형(type)의 믿음 형성 과정의 예가 될 수 있는 하나의 사례(token)이다. 예를 들어, 그 믿음 사례는 시각적 경험을 통한 믿음 형성 과정이라는 유형의 사례도 될 수 있고, 충분한 조명하에서 시각적 경험을 통한 믿음 형성 과정이라는 유형의 예도 될 수 있으며, 자폐증 환자가 감각적 경험을 통해 믿음을 형성한 과정이라는 유형의 사례도 될 수 있다. 이러한 믿음 형성 과정의 유형들은 서로 다른 신빙성을 가지고 있으므로, 더스틴 호프만이 가지고 있는 위의 명제에 대한 믿음을 형성하는 과정이 신빙성이 있다는 주장을 하기 위해서는 그의 믿음이 어떤 유형의 사례인지를 분명히 해주어야 한다.

이러한 배경 지식을 근거로 레인 맨의 예를 다시 살펴보자. 만약 더스틴 호프만이 떨어진 이쑤시개의 수가 246개라는 믿음을 형성한 과정이 시각적 경험을 통한 믿음 형성 과정과 같이 아주 넓은 믿음 형성 과정이라면, 시각적 경험을 통한 믿음은 일반적으로 참이므로 신빙성이 있으며 따라서 그의 믿음은 정당성을 가진다고 할 수 있다. 하지만, 시각적 경험을 통해서 형성된 믿음 중에도 아주 어두운 조명하에서 형성된 믿음은 정당성을 갖기 어려운 경우가 많으나, 위와 같이 믿음 형

---

14) 제3장의 논의에서도 밝혔지만, 신빙론이 가지고 있는 문제점은 신빙론의 창시자인 Goldman 자신에 의해서 언급되었고(그의 논문, "What Is Justified Belief?", *Justification and Knowledge*, ed. by George Pappas, Reidel, 1979. Reprinted in *Empirical Knowledge*, ed. by Paul Moser, University Press of America, 1986) 좀 더 체계적인 비판이 펠드만에 의해서 제시된다(그의 논문, "Reliability and Justification", *The Monist*, 1985 참조).

성 과정의 유형을 아주 넓게 잡으면 시각적 경험을 통해 형성된 믿음은 일반적으로 신빙성이 있으므로, 그 유형의 사례인 아주 어두운 조명하에서 시각적 경험을 통해 형성한 믿음도 정당화가 되었다고 이야기해야 한다. 하지만 아주 어두운 조명하에서의 시각적 경험을 근거로 한 믿음이 정당화된다고 보기는 어렵다. 따라서 믿음 형성 과정의 유형을 지나치게 넓게 잡으면 위와 같은 문제점이 생긴다.

만약 믿음 형성 과정의 유형을 너무 좁게 잡아서 더스틴 호프만의 믿음 사례가 그 유형의 유일한 사례가 되면 그의 믿음이 실제로 참이므로 신빙성이 있고 따라서 정당화된다. 하지만 이렇게 믿음 형성 과정의 유형을 좁게 잡으면, 모든 참인 명제를 믿는 것은 정당화되고 모든 거짓인 명제를 믿는 것은 정당화되지 않게 되는데 이 또한 받아들일 수 없는 결과이다. 또한 이렇게 좁은 믿음 형성 과정의 유형을 허락한다면, 톰 크루즈가 추측을 통하여 떨어진 이쑤시개의 수는 246개라는 믿음만을 사례로 하는 믿음 형성 과정의 유형을 설정할 경우, 그의 믿음은 참이므로 그의 믿음 또한 정당화될 수도 있다.

결국, 하나의 믿음 사례가 어느 믿음 형성 과정의 유형에 속하는지에 대한 분명한 기준이 없으면, 항상 아전인수격의 설명이 가능하다. 예를 들어, 어떠한 믿음이 정당화된 경우에는 왜 정당화되었는지, 혹은 정당화되지 않은 경우에는 왜 정당화되지 않았는지를, 각각의 경우에 맞는 믿음 형성 과정의 유형을 제시함으로써, 신빙론은 항상 설명할 수 있다. 반면에 신빙론을 부정하고자 하는 사람은 정당화된 믿음의 경우에 신빙성이 없는 믿음 형성 과정을 관련된 유형이라고 주장함으로써 신빙론이 받아들여질 수 없음을 밝힐 수 있다. 따라서 신빙론이 완성되려면, 주어진 믿음 사례가 어떤 믿음 형성 과정의 유형에 속하는지를 분명하게 설명해 주어야 하며 이 설명이 주어지지 않는 한 신빙론은 기껏해야 미완성된 이론에 불과하다.

이제까지의 논의를 통해서, 토대론, 정합론, 증거론, 신빙론이 레인 맨의 예에 의해서 완전히 부정되어야 함을 성급하게 주장하는 것은 아니다. 각각의 이론이 레인 맨의 예에 대하여 나름대로의 적절한 대답을 제시할 수 있을지도 모른다. 여기서 강조하고 싶은 것은, 레인 맨의 예가 인식 정당화를 논의의 대상으로 하는 대부분의 이론에 심각한 고민거리를 제공하고 있다는 점이며, 따라서 이에 대한 성공적인 해결책이 이 책에서 제시된다면 위에서 언급된 이론들도 이를 나름대로 응용하여 각각의 이론을 옹호할 수 있지 않을까 하는 점에서 이 글이 여러모로 의미가 있게 된다.

3. 레이놀즈의 해결 시도

위에서 언급했던 것처럼, 레이놀즈는 인식 정당화에 있어서 경험이 기여하는 바가 있음을 주장하는 철학자 중의 하나이다. 레이놀즈에 따르면, 어떤 사람에게는 피아노를 치는 기술이 있듯이(다시 말하면 어떤 사람은 피아노를 칠 수 있듯이) 어떤 사람에게는 어떤 사물 F를 보고 그것을 F라고 인지할 수 있는 기술이나 능력(recognitional skill)이 있다는 것이다. 앞에서 들었던 예에서, 식물학과 학생인 철이와 철학과 학생인 돌이가 같은 느릅나무를 보았음에도 불구하고 철이는 "여기에 느릅나무가 있다"는 명제를 믿는 것은 정당화된 반면에 돌이가 같은 명제를 믿는 것이 정당화되지 않은 이유는 철이에게는 느릅나무를 인지할 수 있는 기술이나 능력이 있는 반면, 돌이에게는 그와 같은 기술이 없기 때문이라는 것이다. 이러한 인지적 기술의 소유 여부를 기준으로 해서 레이놀즈는 감각적 경험을 통한 믿음의 정당화에 대한 다음과 같은 기준을 제시한다.

> (RE) 감각적 믿음이 정당화되기 위한 필요충분조건은 다음과 같다.
> 1) 그 믿음은 제대로 배운 인지적 기술을 경험에 올바르게 적용함으로써 얻게 되었으며,
> 2) 그 믿음의 정당성을 상쇄하는 믿음(undermining beliefs)이 없다.[15]

피아노를 칠 때 따라야 하는 일정한 규칙이 있듯이(예를 들어, 건반을 누르는 순서와 박자 그리고 강약 등이 악보에서 주어지듯이) 인지적 기술도 만족시켜야 하는 규칙이 있다. 이러한 규칙을 말로 표현하기는 쉽지 않겠지만 개략적으로 말하면, "이러이러한 경험을 했을 때는 이러이러한 것이 여기에 있다"는 식으로 표현될 수 있을 것이다. 하지만 피아노 칠 수 있는 사람이 피아노를 치면서 이러한 규칙을 머릿속에서 생각하지 않고 무의식적으로 피아노 건반을 누를 수 있듯이 인지적 기술도 그 기술을 사용할 때 꼭 머릿속에서 그 규칙을 기억해야 하는 것은 아니다. 설령, 인지적 기술을 가진 어떤 사람이 위와 같은 규칙을 말로 표현하지 못한다 하더라도, F라는 대상을 경험할 때마다 그것이 F임을 알아볼 수 있으면 그는 F에 관련된 인지적 기술을 가지고 있다고 할 수 있다.[16] 따라서 인지적 기술을 가지기 위한 조건은

---

15) Steven Reynolds(1991), p.273.

16) 이런 점에서 우연한 추측으로 어쩌다 한두 번 위의 규칙을 적용한 것으로는

관련된 규칙을 아는 것이라기보다는 그 규칙을 따를 수 있는 것이며, 실제로 대상 F가 주어졌을 때, 관련된 규칙에 따라서 여기에 F가 있다는 믿음을 형성하는 것이 인지적 기술을 올바르게 적용하는 것이다. 반면에 실수나 부주의에 의해서, F가 주어졌는데 G가 있다고 믿거나 G가 주어졌을 때 F가 있다는 믿음을 갖게 되면 그가 설령 F와 관련된 인지적 기술은 가지고 있다 하더라도 그 기술을 올바르게 적용하지 못한 경우가 된다.

　레이놀즈가 위의 첫 번째 조건에서 단순하게 인지적 기술을 소유하는 것에 만족하지 않고 그러한 기술을 '제대로 배워야 한다'고 주장하는 이유는 무엇일까? 그는 다음과 같은 예 때문에 인지적 기술을 제대로 배워야 한다고 주장한다. 일반적으로 어떤 사람을 알게 될 때는 그 사람을 직접 소개받거나 아니면 신문과 방송을 통해서 그 사람의 얼굴을 접함으로써 그 사람을 알아볼 수 있게 된다. 하지만 어떤 경우에는 그 사람의 이름만 알고 있고 그 사람의 얼굴은 모르는 경우도 많다. 예를 들어, 철이는 서장훈이 키가 큰 농구 선수라는 것만을 알고 있다고 가정해 보자. 철이는 서장훈에 대한 인지적 기술을 다음과 같이 얻게 되었다. 어느 날 농구장 근처에서 농구 선수들이 지나가는 것을 보았는데 그중 키가 유난히 큰 선수를 보고 저 사람이 서장훈이라고 막연히 추측해 버렸다. 철이는 그 사람의 얼굴을 유심히 보고 그의 얼굴을 머릿속에 기억해 두었다. 나중에, 철이가 기억해 둔 사람을 길에서 우연히 보게 되었다. 철이는 그를 어디서 처음 보았는지, 즉 그의 얼굴을 어떻게 기억하게 되었는지는 생각이 나지 않았지만 그의 얼굴을 보고 그의 이름이 서장훈이라는 것은 기억해낼 수 있었다. 이 경우, 설령 그

　인지적 기술을 가지고 있다고 할 수 없다.

사람이 우연의 일치로 서장훈이라 하더라도 철이가 그 감각적 경험을 토대로 그 사람이 서장훈이라고 믿는 것은 정당화되었다고 보기 어려우며 그 이유는 철이의 서장훈에 대한 인지적 기술의 습득 과정이 제대로 되지 않았기 때문이라는 것이 레이놀즈의 주장이다.

위에서 제시된 두 번째 조건에서 말하는 '정당성을 상쇄하는 믿음'이라는 것을 간단하게 설명할 필요가 있다. 예를 들어 어떤 사람 S가 P를 근거로 Q를 믿는 것은 정당화되지만 P와 R을 근거로 Q를 믿는 것은 정당화되지 않을 경우, S가 가지고 있는 R과 같은 믿음을 '정당성을 상쇄하는 믿음'이라고 한다.17) 따라서 감각적 믿음이 경험을 근거로 정당화되기 위해서는 경험이 감각적 믿음을 정당화시키는 작업을 방해하는 믿음이 없어야 한다는 것이다. 예를 들어, 내게 붉은 것이 있는 것처럼 보이는 감각적 경험을 가지고 있다면, 일반적으로 그 경험을 근거로 여기에 붉은 것이 있다고 믿는 것이 정당화되지만, 내가 그 물체에 붉은 빛이 비추고 있다는 것을 안다면 나의 믿음과 나의 감각적 경험은 여기에 붉은 것이 있다는 명제를 정당화시켜 주지 못할 수 있으며 여기에서 그 물체에 붉은 빛이 비추고 있다는 지식이 내가 가지고 있는, 정당화를 상쇄시켜 주는 믿음이 된다.

(RE)는 감각적 믿음이 정당화되기 위한 필요충분조건을 제시한 것인데 믿음이란 인식 주체가 가지고 있는 것이므로 엄밀한 의미에서는 (RE)을 인식 주체에 따라 상대적일 수 있도록 고쳐 주어야 한다. 따라서 (RE)를 다음과 같이 수정하는 것이 바람직하다.

---

17) 레이놀즈는 정당성을 상쇄하는 믿음을 'undermining belief'로 표현했지만 다른 사람들은 이를 'defeater'라고 부르기도 한다.

> (RE1) 인식 주체 S의 감각적 믿음이 정당화되기 위한 필요충
> 분조건은 다음과 같다.
>   1) 그 믿음은 제대로 배운 S의 인지적 기술을 S의 경험
>   에 올바르게 적용함으로써 얻게 되었으며,
>   2) S에게는 그 감각적 믿음의 정당성을 상쇄하는 믿음
>   이 없다.

그러면, (RE1)은 레인 맨의 예를 잘 설명할 수 있을까? 레인 맨의 예를 서술할 때, 더스틴 호프만이 많은 이쑤시개를 보고 그 수를 맞추려고 시도한 것은 그 식당에서 처음이라고 했으므로, 많은 이쑤시개의 수를 알아볼 수 있는 인지적 기술은 제대로 '배운 것'이라고 말하기는 어렵다. 더스틴 호프만이 어떻게 해서 그런 능력을 갖게 되었는지를 정확히 알기는 힘들지만, 선천적으로 그런 능력을 타고났던지, 아니면 자폐증이란 병에 걸리면서 그런 능력을 부산물로 갖게 되었을 것이며, 그 인지적 능력을 누구에게 배우거나 연습을 통해서 스스로 습득한 것이라고는 볼 수 없다. 따라서 많은 이쑤시개의 수를 알아맞힐 수 있는 그의 인지적 능력은 제대로 배운 것은 아니다. 그렇다면, 많은 이쑤시개에 대한 더스틴 호프만의 인지적 기술은 제대로 배운 것이 아니므로 (RE1)의 첫 번째 조건을 만족시키지 못하고, 따라서 그의 "바닥에 떨어진 이쑤시개의 수가 246개이다"라는 명제에 대한 믿음은 레이놀즈의 분석에 따르면, 정당화되지 못한다. 그러므로 레이놀즈의 이론은 레인 맨의 예를 설명할 수 없다.

하지만 레이놀즈의 이론을 조금 수정해서, (RE1)의 첫째 조건에서 '제대로 배운'이라는 조건을 빼면 적어도 레인 맨의 문제는 해결될 수

있을 것 같다. 더스틴 호프만은 246개의 이쑤시개와 같은 많은 이쑤시개를 알아볼 수 있는 인지적 능력이 있고 "바닥에 떨어진 이쑤시개의 수가 246개이다"라는 명제에 대한 믿음은 그가 가지고 있는 인지적 기술을 올바르게 적용하여 얻어진 것이며, 그는 이 감각적 믿음의 정당성을 상쇄할 만한 다른 믿음을 가지고 있지 않으므로 그의 감각적 믿음은 정당화되었다고 할 수 있다. 반면에 톰 크루즈는 246개의 이쑤시개를 알아볼 수 있는 인지적 능력이 없으므로, (RE1)의 첫째 조건을 만족시키지 못하고 따라서 그가 같은 명제를 믿는 것은 정당하지 못하게 된다.

그러면, '제대로 배운'이라는 조건을 삭제했을 경우, 레이놀즈가 우려했던 '서장훈의 예'는 어떻게 설명할 것인가? 그 예를 다시 한 번 자세히 살펴보자. 철이는 서장훈이 키가 큰 농구 선수라는 배경 지식만을 근거로 농구장 근처에서 본 키가 유난히 큰 사람에게 다른 근거 없이 임의로 그 사람이 서장훈이라고 믿었던 것이다. 물론 그 경우, "저 사람이 서장훈이다"라는 철이의 믿음은, 설령 그 사람이 실제로 서장훈이라도, 정당화되었다고 볼 수 없다. 하지만 그 후에 철이는 그가 '서장훈'이라는 이름과 그의 모습을 **어떻게 기억 속에 저장했는지를 까맣게 잊어버린 반면, 그의 얼굴은 뚜렷하게 기억하고 있는 상태**에서 우연히 그 사람을 다시 보게 된 것이다. 이 경우, 철이가 그를 알아보는 인지적 기술을 습득하는 과정에 문제가 있었다는 것을 철이 자신이 기억하지 못하기 때문에 철이가 같은 사람을 두 번째 보았을 때, 설령 철이가 처음 보았던 사람이 서장훈이 아니고 실제로는 한기범이라 하더라도, 그가 가지고 있는 증거는 "저 사람이 서장훈이다"라는 믿음을 뒷받침한다고 생각된다.18) 물론 철이가 '서장훈'이라는 이름과 그의 모습을 어떻게 연결했는지 기억하고 있다면, 철이가 위의 명제를 믿는 것은 정당하다고 할 수 없다. 왜냐하면, 막연하게 한 추측은 어떤 사람을 알게 되는 올바른 방법이 아니라는 것을 철이도 알고 있기 때문이다. 하지만 레이놀즈의 예에서는 철이가 그 과정을 전혀 기억하지 못하는 상태이다. 따라서 위의 믿음에 대한 철이의 유일한 근거는 한기범을 보고 가진 감각적 경험과 그를 '서장훈'이라고 생각하는 그의 기억이며, 이 경우 그의 기억이 잘못되었다는 증거가 없다면 철이의 믿음은 비록 거짓이지만 정당화된 것으로 생각된다.[19] 그렇다면, 레이놀즈가 우려했던 것과는 반대로, '제대로 배운'이란 조건은 불필요한 것이 되며 이 조건을 빼버리면, 레인 맨의 예도 잘 설명이 된다. (RE1)에서 위와 같은 문제점을 보완하면 다음과 같다.

> (RE2) 인식 주체 S의 감각적 믿음이 정당화되기 위한 필요충분조건은 다음과 같다.
> 1) 그 믿음은 S의 인지적 기술을 S의 경험에 올바르게 적용함으로써 얻게 되었으며,
> 2) S에게는 그 감각적 믿음의 정당성을 상쇄하는 믿음이 없다.

---

18) 이러한 필자의 주장은 믿음의 정당화를 결정하는 요인이 인식 주체의 내부에 있다는 내재론(internalism)이 옳다는 것을 전제로 한다. 내재론을 부정하는 사람들은 필자의 의견에 동의하지 않을 수도 있다. 위의 예에서 철이의 믿음이 어떻게 정당화될 수 있는가는 '동일시 가능성 조건'을 다루면서 다시 상세하게 설명될 것이다.

19) 이에 대한 좀 더 자세한 논의는 이 장 5절 '동일시 가능성 조건'에서 제시될 것이다.

그러면 레인 맨의 예를 잘 설명할 수 있는 (RE2)의 문제점은 무엇인가? 상식적으로는 어떠한 경우에 우리가 한 대상에 대한 인지적 기술을 가지고 있는지를 쉽게 구분할 수 있다. 위의 예에서, 더스틴 호프만은 246개의 이쑤시개를 알아볼 수 있는 인지적 기술을 가지고 있었지만 톰 크루즈는 그러한 기술을 가지고 있지 못하다는 것을 쉽게 알 수 있다. 또, 식물학과 학생인 철이는 느릅나무를 알아볼 수 있는 인지적 능력을 가지고 있지만, 철학과 학생인 돌이는 그러한 기술을 가지고 있지 못하다는 것 역시 쉽게 판단할 수 있었다. 하지만 모든 문제가 그렇게 단순하게 해결되는 것은 아니다. 예를 들어, 사막에서 선인장만 보고 자라서, 나무라면 선인장밖에 모르고, 침엽수나 활엽수는 나무인지조차 모르는 어떤 사람은 **나무**에 대한 인지적 기술을 가지고 있다고 해야 할 것인가?[20] 이 문제는 어떤 대상 F에 대한 인지적 기술을 갖기 위해서 만족시켜야 하는 조건이 무엇인가를 정확히 밝혀야 해결될 수 있다.[21]

그러면, 어떤 조건이 만족되었을 때, 한 사람이 F에 대한 인지적 기

---

20) 여기서 가정하는 이 사람은 '선인장'이라는 개념조차 모를 수 있다. 다시 말하면, 이 사람은 선인장을 보고 "여기에 선인장이 있고 모든 선인장은 나무니까, 여기에 나무가 있다"라고 추론을 통해서 "여기에 나무가 있다"라고 믿는 것이 아니라 선인장을 보고 직접 "여기에 나무가 있다"는 명제를 믿는다는 것이다.

21) 다음에서 제시되는 논의는 (RE2)에 대한 반례를 제시하는 것이 아니라, 레이놀즈가 사용하고 있는 '인지적 기술'을 어떤 경우에 우리가 갖고 있다고 할 수 있는가에 대한 설명이 생각보다 쉽지 않다는 것을 지적하는 것이다. 우리는 상식적으로 어떤 경우에 인지적 기술을 가지고 있고 어떤 경우에 가지고 있지 못한가를 쉽게 판단할 수 있다. 하지만 어려운 작업은 이러한 '인지적 기술을 가짐'의 필요충분조건을 제시하는 것이며 다음의 논의는 상식적으로 제시될 수 있는 '인지적 기술을 가짐'의 필요충분조건이 성공적일 수 없음을 보여주는 것이다.

술을 갖고 있다고 할 수 있을까? 만약 'F에 대한 인지적 기술'을 갖는 조건이 **일부의 경우에 F를 알아볼 수 있는 것**이라고 한다면, 이 조건은 너무 약하다. 왜냐하면 선인장만 아는 사람(예를 들어, 석이가 그런 사람이라 하면)도 일부의 경우, 즉 선인장을 본 경우에, 나무라는 것을 알아볼 수 있으므로 석이는 이러한 약한 의미의 나무에 대한 인지적 기술을 가지고 있다고 할 수 있다. 그렇다면, 그가 느릅나무를 보고 그 경험을 근거로 우연히 여기에 나무가 있다고 믿더라도 그는 나무에 대한 인지적 기술을 가지고 있고 그 기술을 나무의 경험에 올바르게 적용해서 그 믿음을 갖게 된 것이므로 그에게 정당성을 상쇄하는 믿음이 없다면 그의 믿음은 정당화되었다고 해야 한다. 하지만 실제로는 석이가 느릅나무를 보고 여기에 나무가 있다는 믿음을 형성하기 위한 인지적 기술을 가지고 있지 못하므로 석이의 믿음은 상식적으로 볼 때 정당하지 못하다. 따라서 일부의 경우에만 F를 알아볼 수 있는 것을 가지고 F에 대한 인지적 기술을 가지고 있다고 주장하는 것은 무리가 있음을 쉽게 알 수 있다.

'F에 대한 인지적 기술'을 갖는 조건이 **모든 경우에 F를 알아볼 수 있는 것**이라면 이 조건은 지나치게 강하다. 첫째로 246개의 이쑤시개에 대한 인지적 기술을 소유하고 있는 것처럼 보이는 더스틴 호프만도 이 조건을 만족시키지는 못할 것이다. 왜냐하면, 그가 모든 경우에 246개의 이쑤시개를 보고 여기에 246개의 이쑤시개가 있다고 인지하지는 못할 것이다. 때로는 몇 개의 이쑤시개가 다른 이쑤시개 뒤에 숨어서 안보일 수도 있으며 그 경우 더스틴 호프만도 246개의 이쑤시개를 보고 있으면서 246개의 이쑤시개가 있다는 것을 모를 수도 있다. 둘째로, 선인장이 나무인지를 모르는 영이는 그녀가 선인장 이외의 다른 모든 나무를 안다고 하더라도 이런 강한 의미의 '나무에 대한 인지적 기술'

을 가지고 있지 못하며 따라서 그녀가 소나무를 보고 "여기에 나무가 있다"고 믿더라도 그 믿음이 정당화되지 못한다는 불합리한 결론을 내려야 한다. 그러므로 'F에 대한 인지적 기술'을 갖는 조건으로 모든 경우에 F를 인지할 수 있도록 요구하는 것도 받아들여질 수 없다.

'F에 대한 인지적 기술'을 갖는 조건으로 가장 그럴듯해 보이는 것은 대부분의 경우에 F를 알아볼 수 있도록 요구하는 것이다. 그렇다면, 위의 석이의 예와 영이의 예도 쉽게 설명할 수 있다. 석이의 예에서, 선인장은 나무의 일부에 불과하므로 석이는 대부분의 경우에 나무를 알아볼 수 없고 따라서 그는 나무에 대한 인지적 기술을 가지고 있다고 할 수 없으므로 그가 느릅나무를 보고 추측으로 여기에 나무가 있다고 믿는 것은 정당화되지 않았음을 쉽게 설명할 수 있다. 또, 영이의 경우, 그녀는 선인장을 제외한 모든 나무를 알아볼 수 있으므로 대부분의 경우에 나무를 인지할 수 있고 그러므로 그녀는 나무에 대한 인지적 기술을 가지고 있다고 할 수 있다. 그러면 그녀가 소나무를 보고 "여기에 나무가 있다"고 믿는 것이 왜 정당화되었는지를 설명할 수 있다.

하지만 어떤 것을 대부분의 경우에 인지할 수 있다면 그것과 관련된 인지적 기술을 가지고 있다고 설명하는 것도 문제점이 있다. 석이의 경우, 그는 대부분의 경우에 나무를 인지하지 못하므로 나무에 대한 인지적 기술을 가지고 있다고 할 수 없으며, 따라서 그가 선인장을 보고 "여기에 나무가 있다"고 믿는 것도 이 설명에 따르면 정당화되지 않았다고 해야 하는데 이는 옳지 않은 설명이다. 영이의 경우에는 그녀가 대부분의 나무를 알아볼 수 있으므로 나무에 대한 인지적 기술을 가지고 있다고 이야기할 수 있다. 이 경우, 영이가 선인장을 보고 우연히 "여기에 나무가 있다"고 믿었다면 그녀가 나무에 대한 인지적 기술을 가지고 있으므로 정당화되었다는 것을 인정해야 하지만 실제로는 정당화되었다고 할 수 없으므로 이 설명 또한 받아들일 수 없다.

이와 같이 여러 모로 '인지적 기술을 가짐'의 분석을 고려해 보았지만 만족스러운 대답을 찾지 못했다. 물론 여기서 주어진 논증으로, 만족스러운 분석을 찾는 것이 불가능하다는 것을 보인 것은 아니다. 단지 '인지적 기술을 가짐'이라는 것의 분석이 생각보다는 까다로운 것임을 지적한 것이다. 하지만 (RE2)가 감각적 믿음의 정당화에 대한 필요충분조건으로 성립하려면 어떤 경우에 인지적 기술을 가지고 있다고 할 수 있는지를 정확히 설명할 수 있어야 한다. 이를 '동일시 가능성 조건'으로 설명하려고 한다.

동일시 가능성 조건을 설명하기에 앞서서, 한 가지 지적하고자 하는 것이 있다. 비록 '인지적 기술을 가짐'에 대한 분석이 쉽지는 않더라도, 우리는 직관으로 F에 대한 인지적 기술을 가진 사람이 F를 경험하는 것과, F에 대한 인지적 기술을 가지지 않은 사람이 F를 경험하는 것에는 차이가 있다는 생각할 수 있다. 예들 들어, 느릅나무를 찾을 필요가 있는 철이와 돌이가 느릅나무를 보게 되었을 때, 철이는 느릅나무에 대한 인지적 능력을 가지고 있는 반면 돌이는 느릅나무에 대한 인지적 능력을 가지고 있지 않을 경우, 인지적 능력을 가진 철이는 느릅나무를 보고 매우 기뻐하지만, 그러한 인지적 능력을 갖지 못한 돌이는 같은 느릅나무를 보면서도 전혀 기뻐하지 않을 수 있다. 그러면 인지적 능력이 경험적 내용에 영향을 미친다는 결론을 내릴 수 있다. 그러면 인지적 능력의 적용과 경험적 내용이 어떤 관계에 있는가를 좀 더 살펴보기로 하겠다.

4. F형 경험과 F개념이 적용된 경험

1) F형 경험

F형 경험22)이란 F가 일반적으로 야기하는 경험을 말한다. 예를 들어, 식물학과의 철이와 철학과의 돌이가 느릅나무를 보고 있다고 가정하자. 철이와 돌이는 느릅나무로부터 야기된 경험을 하고 있으므로 그들이 가지는 경험은 '느릅나무형 경험'이라고 할 수 있다. 하지만 느릅나무로부터 야기된 시각적 경험을 한다고 해서 모두 느릅나무형 경험이 되는 것은 아니다. 정상적인 사람에게 느릅나무로 인지되지 못할 만큼 주변이 어둡다거나, 경험자가 시력이 아주 나빠서 조명은 충분함에도 불구하고 그 대상을 느릅나무로 인식하지 못한다면 경험자들은 느릅나무형 경험을 가지고 있다고 말할 수 없다.

느릅나무형 경험을 갖기 위해서 '느릅나무'라는 개념을 그 경험에 적용해야 하는 것은 아니다. 느릅나무형 경험을 갖는 것은 카메라가 느릅나무를 찍는 것과 유사한 것이라고 생각하면 된다. 카메라는 아무런 개념을 가지고 있지 않으면서도 느릅나무의 모양을 찍어낼 수 있듯이 우리가 느릅나무형 경험을 갖기 위해서는 개념적 적용을 필요로 하지 않는다. 느릅나무형 경험을 가지려면 외부로부터 어떤 자료를 받아들일 수 있는 정상적인 시각적 능력과 충분한 조명만 있으면 되는 것이다. 따라서 느릅나무의 개념을 가지고 있지 못한 사람도 느릅나무형 경험을 가질 수 있다.

어떤 대상으로부터 야기된 경험이 꼭 하나의 경험으로만 이름이 붙

---

22) 이런 아이디어는 Alan Millar의 논문 "Experience and the Justification of Belief", *Ratio* 2, 1989, pp.142-148에 등장한다.

여지는 것은 아니다. 예를 들어, 느릅나무로부터 야기된 경험은 '느릅나무형 경험'을 갖게 하는 동시에 이는 나무로부터 야기된 경험이기도 하므로 '나무형 경험' 또한 갖게 한다. 이 경우, 같은 내용의 경험이 서로 다른 이름으로 불리는 것이다. 이러한 사실은 재미있는 함축을 지닌다. 두 개의 F형 경험이 내용적으로 같은 경험이라는 보장은 전혀 없다는 것이다. 예를 들어, 느릅나무로부터 야기된 경험도 나무형 경험이 되고, 소나무로부터 야기된 경험도 나무형 경험이 되는데 이 두 개의 나무형 경험들이 가지는 내용은 판이하게 다름을 쉽게 알 수 있다. 또 두 사람이 같은 느릅나무형 경험을 하고 있다고 하더라도 그들의 경험적 내용이 같다는 보장 역시 없다. 그들이 서로 다른 느릅나무를 보고 있다면 그들의 모양이 다르므로 경험적 내용이 다를 수밖에 없다. 설령 그들이 같은 나무로부터 야기된 느릅나무형 경험을 하고 있더라도 보는 각도나 거리의 차이가 있다면 같은 경험적 내용을 갖지 못하게 된다. 이렇게 볼 때, 두 사람이 정확히 같은 내용의 경험을 하기란 매우 힘들다는 것을 발견할 수 있다.

마지막으로 F형 경험이 반드시 F로부터 자극된 경험일 필요는 없다. F와 아주 유사한 대상으로부터 경험도 인식 주체가 이를 F와 구별할 수 없다면 F형 경험일 수 있다. 예를 들어, 아주 정교하게 만든 인조 느릅나무(만일 그런 것이 있다면)로부터 철이가 시각적 경험을 하면서 이를 인조 느릅나무라고 알아보지 못한다면 철이는 느릅나무형 경험을 하고 있다고 말할 수 있다. 마찬가지로 느릅나무의 홀로그램을 경험하면서 그것이 홀로그램이라는 것을 인지하지 못하는 경우에도 느릅나무형 경험이라 할 수 있다.

2) F개념이 적용된 경험

F개념이 적용된 경험은 간단히 말해서 F가 있는 것처럼 보이는 경험이다. 'F개념이 적용된 경험'의 필요충분조건은, F형 경험과 달리, **경험 주체가 감각을 통해 입력되는 내용에 F에 대한 인지적 기술을 통해서 F라는 개념을 적용**하여 얻어진다. 간단히 말하면, 철이가 느릅나무형 경험을 하고 있을 때 느릅나무에 대한 인지적 기술을 활용하여 그 경험에 느릅나무라는 개념을 적용하면 철이의 경험은 **느릅나무 개념이 적용된 경험**이 되는 것이다. 따라서 어떤 사람이 F형 경험을 하고 있다고 해서 반드시 F개념이 적용된 경험을 하고 있는 것은 아니다. F로부터 야기된 경험을 가지고 있을 때 그것이 무엇인지를 몰라서 — 즉 F에 대한 인지적 기술을 가지지 못해서 — 경험 주체가 그 경험에 F의 개념을 적용하지 못한다면 그 사람은 F형 경험을 하고 있더라도 F개념이 적용된 경험을 하고 있는 것은 아니다.

F형 경험에 F개념을 적용한다고 해서 언제나 'F개념이 적용된 경험'이 되는 것은 아니다. 느릅나무를 알아볼 수 없는 돌이가 느릅나무형 경험에 운 좋게 느릅나무의 개념을 적용한다고 하더라도 돌이에게는 느릅나무를 알아볼 수 있는 **인지적 기술이 없으므로** 느릅나무 개념이 적용된 경험이 되지는 않는다. 반면에 어떤 사람이 느릅나무형 경험을 하고 있으면서 느릅나무 개념이 적용된 경험을 가지고 있지 않다고 해서 그 사람에게 느릅나무를 알아볼 수 있는 인지적 기술이 없다고 속단해서도 안 된다. 느릅나무에 대한 인지적 기술이 있으면서도 그 당시 다른 일에 집중을 하고 있어서 느릅나무형 경험에 미처 느릅나무의 개념을 적용할 여유가 없을 수도 있기 때문이다.

그렇다면 **어떤 조건을 만족시킬 때, 인지적 기술을 가지고 있다고**

할 수 있을까? 여기서 주목하고자 하는 단어는 '인지'이다. '인지하다'의 영어 단어는 'recognize'이며, 이 말은 문자 그대로 're-cognize', 즉 반복하여 알아볼 수 있다는 뜻이다. 어떤 사람이 같은 사물을 반복해서 알아볼 수 있다면, 그 사람에게는 그 사물에 대한 인지적 기술이 있는 것이다.[23] F에 대한 인지적 기술을 지니기 위해서 모든 경우에 F를 인지할 수 있어야 하는 것은 아니다. 선인장이 나무의 일종임을 모르는 어떤 사람이 소나무를 보면서 반복하여 나무라고 인지할 수 있다면 그는 소나무를 나무로 알아볼 수 있는 인지적 기술을 가지고 있다고 인정해야 할 것이다.

하나의 F형 경험이 항상 F개념이 적용된 경험으로만 발전하는 것은 아니다. 앞에서 F형 경험이 동시에 G형 경험도 될 수 있었던 것처럼 느릅나무형 경험에 느릅나무라는 개념을 적용하면 '느릅나무 개념이 적용된 경험'이 되는 반면 나무 개념을 적용하면 '나무 개념이 적용된 경험'이 될 수 있다.

특수한 경우이기는 하지만, 어떤 사람이 F형 경험에 F와는 관계가 없는 **G개념 단어**를 적용하는 경우에도 이 경험이 'F개념이 적용된 경험'일 수 있다. 이는 개념과 개념 단어를 잘못 연결했을 때 발생한다. 예를 들어, 천도복숭아를 보고 그것의 이름을 '살구'라고 잘못 배워서 그 이후에 천도복숭아를 볼 때마다 '살구'라고 부르는 사람의 경우를 생각해 보자. 그는 천도복숭아형 경험에 '살구'라는 단어를 적용시키고 있는 점에서 그의 **언어 사용**에는 분명히 오류가 있다. 하지만 인지적 기술을 가지고 있기 위한 조건은 어떤 대상을 반복하여 동일한 종류의 것을 알아볼 수 있느냐이지 **그 대상에 어떤 이름을 붙이느냐의 문제는**

---

23) 이 부분에 대한 내용은 다음 절에서 '동일시 가능성 조건'을 설명할 때 자세히 논의하겠다.

아닌 것이다. 이 사람의 경우, 천도복숭아를 볼 때마다 그것들이 같은 종류의 것임을 아는 능력을 가지고 있으므로 천도복숭아를 알아볼 수 있는 인지적 기술을 지니고 있다고 본다.24)

반면에 살구와 천도복숭아를 분명히 구별할 수 있고 언어적인 사용도 정확한 사람이 실수나 부주의로 천도복숭아형 경험에 살구라는 개념을 적용했다면 이는 '살구 개념이 적용된 경험'이라고 볼 수 없다. 이는 천도복숭아를 보고 살구라고 한 것이므로 살구에 대한 인지적 기술이 발휘된 것도 아니고 천도복숭아에 대한 인지적 기술이 발휘된 것도 아니기 때문이다. 이 사람은 주의하여 천도복숭아형 경험을 살펴보았을 경우 천도복숭아 개념을 '천도복숭아'라는 단어를 통해서 정확히 알아볼 수 있는 능력이 있는 사람이므로 위의 경우를 인지적 기술을 통한 개념의 적용이라고 하기는 어렵다.

3) F형 경험과 F개념이 적용된 경험의 내용적 차이

이제까지 F형 경험과 F개념이 적용된 경험을 각각 설명하였다. F형 경험을 얻기 위해서는 그 경험에 F개념을 적용하지 않아도 되는 반면 F개념이 적용된 경험을 갖기 위해서는 F에 대한 인지적 기술을 근거로 경험 주체가 F개념을 적용해야 하므로 이 두 종류의 경험에 차이가 있음을 쉽게 이해할 수 있다. 그렇다면 F형 경험과 F개념이 적용된 경험은 **내용적**으로도 다를 것인가?

물론 F형 경험과 F개념이 적용된 경험은 다른 경험임을 인정하면서

---

24) 이 경우, 천도복숭아를 보았을 때, 그 사람은 <여기에 천도복숭아가 있다>는 명제를 믿는 것에 인식적 정당성을 지닌다. 비록 그는 <여기에 천도복숭아가 있다>는 명제를 "여기에 살구가 있다"는 문장을 통해서 표현하겠지만.

도 그 두 경험의 내용적 차이가 없음을 주장하는 입장이 가능하다. F형 경험과 F개념이 적용된 경험은 내용적으로 정확히 같으며 두 경험은 경험 주체가 그 같은 내용에 대해서 F개념을 적용했는가 여부에 의해서만 차이가 발생한다는 입장이다.

하지만 이러한 입장에서는 다음의 두 가지를 설명하기가 어려워진다. 첫째, F형 경험과 F개념이 적용된 경험이 가지는 인과적 힘(causal power)이 다른 경우에, 두 경험이 내용적으로 정확히 같다고 주장한다면 이러한 인과력의 차이를 설명하기가 힘들게 된다. 예를 들어, 철이가 산길을 걷다가 뱀형 경험을 했다고 가정해 보자. 철이는 지금 어떤 생각에 깊이 빠져 있어서 뱀으로부터 자극된 경험을 하고도 그것을 뱀으로 인식하지 못한다. 다시 말해서, 뱀형 경험에 뱀이란 개념을 적용하지 않고 있기에 '뱀 개념이 적용된 경험'을 하지 않고 있는 것이다. 이때, 철이는 행동의 변화를 보이지 않은 채 계속해서 걸어가고 있다. 그러다가 어느 순간에 철이가 뱀형 경험에 인지적 기술을 근거로 하여 뱀이란 개념을 적용시켜서 '뱀 개념이 적용된 경험'을 하게 되었다고 가정하자. 이때 철이는 가던 걸음을 멈추고 놀라서 뒷걸음치면서 도망갔다고 생각해 보자. 만일 뱀형 경험과 뱀 개념이 적용된 경험이 정확히 같은 내용을 가지고 있다면 이러한 철이의 행동 변화를 설명하기가 쉽지 않을 것이다. 어떻게 정확히 같은 내용에서 서로 다른 행동이 야기될 수 있는가?[25]

둘째, 같은 그림을 보고도 그것이 무엇인지를 알아채지 못할 때와

---

25) 설명하기가 어렵다는 것이지 설명하기가 불가능하다는 것은 아니다. 내용적으로는 정확히 같다고 하더라도, 뱀이란 개념을 적용하는 순간 새로운 인과적 사슬을 구성하게 된다는 설명이 가능하다. 하지만 이러한 인과적 변화를 설명함에 있어서 내용적 차이를 인정하는 것이 좀 더 무난한 설명 방식이라고 생각한다.

알아보았을 때 분명하게 다르게 보이는 경우가 있다. 숨은 그림 찾기가 이런 예에 해당한다.26) 처음에 무엇이 숨어 있는가를 막연히 찾을 때는 경험하지 못했던 어떤 내용이, 관련된 개념을 적용함으로써 분명하게 보이는 경우가 있다. 이 경우, 숨어 있는 그림이 있는 부분을 여러 번 보았더라도 숨은 그림을 찾지 못해서 관련된 개념을 적용하지 못할 때에는 그저 일반적인 그림으로만 보이다가, 숨어 있는 것을 발견하면— 다시 말해서 적절한 개념을 숨어 있는 그림에 적용하면— 숨은 그림이 두드러지게 드러나 보이는 다른 경험을 하게 되는 경우이다. 이는 개념을 적용하기 전과 후의 내용이 다름을 보여주는 예라고 할 수 있겠다.

유사하게, 숨어 있는 그림이 아니라고 하더라도 처음 보았을 때는 무엇인지 모르다가 어느 순간에 관련된 개념을 찾아서 적용하면 선명하게 다른 내용으로 경험되는 경우가 있다. 예를 들어, 심리학에서 많이 인용되는 오리/토끼 그림의 경우, 그 그림이 무엇인지가 불분명해서 개념을 적용하지 못하고 있을 때와 그 그림에 오리라는 개념을 적용하여 오리로 보는 것과는 분명히 내용적인 차이가 있다고 느껴진다.27) 그려진 그림이 덜 분명할 경우에 이런 현상이 흔히 생기며 이때 F형 경험과 F개념이 적용된 경험은 내용적으로 다르게 경험된다고 하겠다.

---

26) 이 예는 김기현과의 대화를 통해서 얻어진 것임을 밝힌다.

27) 여기서, 오리/토끼의 그림을 통해서 보여주려고 하는 것은 같은 그림에 오리 개념을 적용할 때와 토끼 개념을 적용할 때에 서로 다른 내용을 가진다는 점이 아니다. 물론 오리 개념이 적용된 경험과 토끼 개념이 적용된 경험도 내용적으로 다름을 인정한다. 하지만 여기에서의 초점은 서로 다른 개념을 적용했을 때 서로 다른 내용을 갖게 된다는 점이 아니라 개념을 적용했을 때와 적용하지 않았을 때의 내용적 차이를 설명하고자 하는 것이기에 심리학에서 일반적으로 사용되는 예를 약간 변형시켜서 설명하고 있는 것이다.

이와 같은 논의에서 우리는 F형 경험과 F개념이 적용된 경험은 F개념의 적용 여부에서도 차이가 있는 다른 종류의 경험일 뿐만 아니라[28] 내용적으로 차이가 있음을 확인할 수 있다.

4) F개념이 적용된 경험과 "여기에 F가 있다"는 믿음의 구분

F형 경험은 F라는 개념을 모르고도 가질 수 있다. 따라서 F형 경험을 한다고 꼭 F와 관련된 믿음을 갖게 되는 것은 아니다. 하지만 F개념이 적용된 경험은 일반적으로 F로부터 자극된 경험에 경험 주체가 F에 대한 인식적 능력을 근거로 F라는 개념을 적용하여 형성된다. 그렇다면 이러한 과정은 경험을 통해서 주어진 자료를 F라고 판단하는 것으로 보이며 이는 곧 "여기에 F가 있다"를 믿는 것과 다름이 없지 않은가 하는 질문이 생길 수 있다.

많은 경우에 어떤 사람이 F개념이 적용된 경험을 가진다면 그 사람은 "여기에 F가 있다"와 같은 믿음을 가지게 될 것이다. 하지만 F개념이 적용된 경험을 가지고 있다고 항상 "여기에 F가 있다"는 믿음을 갖게 되는 것은 아니다. F개념이 적용된 경험을 가지고 있는 주체가 "여기에 F가 있다"는 믿음에 대한 상쇄자를 가질 수 있기 때문이다. 예를 들어, 어떤 물체가 붉은색으로 보이는 상황에서 그 물체를 바라보고 있는 나는 '붉다'는 개념을 그 경험에 적용하여 '붉다는 개념이 적용된 경험'을 하고 있다고 가정해 보자. 하지만 나는 이 물체에 붉은 조명이 비추고 있음을 알고 있으며 또한 과거의 경험으로부터 이 물체는 흰색

---

28) 그렇다고 이 두 가지의 경험이 배타적이라는 뜻은 물론 아니다. 한 사람이 어떤 나무를 보고, 나무형 경험과 나무 개념이 적용된 경험을 동시에 가질 수 있음은 자명하다.

임을 알고 있다. 이러한 상황에서 내가 '붉다는 개념이 적용된 경험'을 가지고 있다고 하더라도 나는 "여기에 붉은 것이 있다"는 명제는 믿지 않을 것이다.

혹자는 F개념이 적용된 경험을 가질 때 생기는 믿음이 "여기에 F가 있다"가 아니라 "여기에 F가 있는 것처럼 보인다"이며 F개념이 적용된 경험이 곧 "여기에 F가 있는 것처럼 보인다"는 믿음과 동일한 것이라고 주장할 수 있다. 위의 예에서도 '붉다는 개념이 적용된 경험'을 한 사람이 "여기에 붉은 것이 있다"는 믿음은 갖지 않더라도 "여기에 붉은 것이 있는 것처럼 보인다"는 믿음을 가질 것이기 때문이다.

F개념이 적용된 경험과 "여기에 F가 있는 것처럼 보인다"는 믿음의 차이를 설명하기는 좀 더 어려워 보인다. 일상적인 맥락에서는 F개념이 적용된 경험을 가진 사람이 "여기에 F가 있는 것처럼 보인다"는 **믿음을 가지려는 성향**이 있기 때문이다. 하지만 F개념이 적용된 경험과 "여기에 F가 있는 것처럼 보인다"는 믿음이 일반적으로 함께 발생하는 것은 아니다. 우리는 일상적으로 F로부터 자극된 경험을 할 경우에 "여기에 F가 있다"는 믿음을 형성하지 "여기에 F가 있는 것처럼 보인다"는 믿음을 명시적으로 갖지는 않는다. 후자의 믿음은 철학적인 맥락에서나 등장하며 일상적으로 사람들이 갖는 믿음은 아니다. 물론 F개념이 적용된 경험을 가진 사람에게 "여기에 F가 있는 것처럼 보인다"를 믿느냐고 물어보면 **이 질문에 의해서** "여기에 F가 있는 것처럼 보인다"는 믿음을 형성하게 될 것이다. 하지만 일상적으로는 그런 믿음을 거의 형성하지 않는다. 그렇다면 F개념이 적용된 경험은 "여기에 F가 있는 것처럼 보인다"는 믿음을 갖지 않고도 지닐 수 있게 되며 이는 위의 두 가지가 동일한 것이 아님을 보여준다.

또 하나의 근거로 다음의 예를 들 수 있다. 언어를 막 배우기 시작한

4~5살 정도의 어린이들은 사물을 보고 배운 단어를 적용하기 시작한다. 이런 상황에서 흔히 볼 수 있는 대화로, 엄마가 나무를 가리키면서 "이건 뭐야?" 하고 물어보면 "나무" 하고 어린아이들이 대답하곤 한다. 이 경우, 어린아이가 나무를 알아볼 만한 인지적 기술이 있다면 그 어린아이는 나무 개념이 적용된 경험을 하고 있다고 보아야 할 것이다. 이런 어린아이는 아직 '~처럼 보인다'는 말의 의미를 모를 것이다. 다시 말해, 이 어린아이는 "여기에 나무가 있다"와 "여기에 나무가 있는 것처럼 보인다"의 구분을 하지 못할 것이며 그 이유는 '~처럼 보인다'는 말의 의미를 아직 이해하지 못하기 때문이다. 이 경우, 이러한 어린아이는 F개념이 적용된 경험을 하고 있지만 "여기에 F가 있는 것처럼 보인다"는 명제를 믿지는 못할 것이다. 그렇다면 적어도 F개념이 적용된 경험과 "여기에 F가 있는 것처럼 보인다"는 믿음은 구분할 수 있음을 확인하게 된다.

여기서 우리가 놓치지 않아야 하는 것은 F개념이 적용된 경험이 비록 "여기에 F가 있는 것처럼 보인다"는 믿음과 구분이 된다고 하더라도 그러한 경험이 아무런 내용을 가지고 있지 못한 것은 아니라는 점이다. F형 경험만 하더라도 인식 주체에게 외부로부터 어떤 내용이 전달되는 것은 사실이다. 게다가 F개념이 적용된 경험이란 외부로부터 주어진 내용에 인식 주체가 그가 지닌 개념을 적용하여 해석한 것이 된다. 물론 경험에 개념을 적용하는 것만으로는 믿음이 되지는 못하지만 이러한 경험에는 관련된 믿음을 뒷받침할 만한 내용이 들어 있음을 부정하기는 어렵다. 그렇다면 이는 믿음만이 다른 믿음에 대한 정당성의 근거가 될 수 있다는 주장을 부정할 수 있는 근거가 되며, 정합론의 공격에 대한 토대론의 유용한 방어수단이 될 수 있을 것이다. 이 부분에 대해서는 '동일시 가능성 조건'을 설명한 후, 좀 더 자세히 설명하겠다.

5. 동일시 가능성 조건

앞 절에서는 F형 경험과 F개념이 적용된 경험의 내용적 차이를 설명했었다. F형 경험은 F에 대한 아무런 개념이 없이도 가질 수 있는 반면, F개념이 적용된 경험은 감각을 통해서 입력되는 내용에 F에 대한 인지적 기술을 사용하여 F라는 개념을 적용한 경험이다. 여기서 **인지적 기술**이란 **같은 사물을 반복하여 알아볼 수 있는 능력**이 있음을 의미한다. 레이놀즈의 경우 '인지적 기술을 가짐'의 조건을 제대로 설명하지 못했지만, '인지하다'가 re-cognize임에 착안하여 '**동일시 가능성 조건**(identifiability condition)'으로 레인 맨의 예를 해결하도록 하겠다. 동일시 가능성 조건은 다음과 같이 설명될 수 있다.

어떤 사람 S가 느릅나무로부터 나온 감각적 경험 E, 즉 '느릅나무형 경험'을 근거로 <여기에 느릅나무가 있다>는 명제 P를 믿는다고 가정하자. 만일 S가 P와 E에 대한 다음의 시험을 통과하면 그는 P와 E에 대한 동일시 가능성 조건을 만족시키는 것이다. 시험은 다음과 같은 과정으로 이루어져 있다. 먼저 S가 E를 근거로 P를 믿을 경우 느릅나무 경험의 한 사례인 그 E를 S의 기억 속에서 지운다. 그리고 S가 E를 경험할 때와 정확히 같은 외부적 조건을 만들어 놓고 E와 비슷한 여러 가지의 다양한 것들을 S로 하여금 경험하게 한 후, 그중에서 P를 믿는 데 근거가 된다고 생각하는 경험을 하나만 선택하거나 아니면 선택을 포기하거나 중에 양자택일을 하도록 S에게 지시한다. 이러한 시험에 앞서서 S에게 다음의 사실을 알려 준다. S가 정답(이 경우에는 느릅나무형 경험)을 맞추면 가산점을 주고 오답(느릅나무형 경험이 아닌 다른 경험)을 제시하면 감점하며 선택을 포기하면 0점을 준다. 이 시험에서 S의 목표는 근거 없는 추측으로 점수를 잃는 위험을 택지 않으면서 가능한 한 많은 점수를 올리는 것이다.

P와 E에 관한 시험을 구성할 때 중요한 것은 S가 선택의 여지로 갖게 되는 여러 가지 경험 중에 단 하나의 E(이 경우에는 느릅나무형 경험)만을 부여하고 나머지는 소나무, 참나무, 너도밤나무, 은행나무 등등 느릅나무와 유사하지만 느릅나무가 아닌 나무로부터 나온 경험을 제시한다. 또 하나 중요한 것은, 시험에서 제시되는 느릅나무로부터 나온 경험을 S가 P를 믿을 때 가졌던 경험 E와 정확히 똑같도록 하는 것이다. 이것이 필요한 이유는 S가 E로부터는 P라는 명제를 믿지만, 다른 느릅나무형 경험을 근거로는 P를 믿지 않을 수도 있기 때문이다.29) 한편, S로 하여금 주어진 경험 중에 느릅나무형 경험은 단 하나임을 알려 주어서 정답이 여러 개인 경우에는 대충 추측을 해도 가산점을 얻을 수 있을지 모른다는 생각을 못하도록 한다. 이와 같은 시험을 무한히 반복한다. 단 각 시험이 끝나고 나면, 지난 시험에 대한 기억을 모두 지운다. 반복된 시험에서 S의 점수가 무한대에 가까워지면 그는 P와 E에 대한 시험을 통과하는 것이며 따라서 P와 E에 대한 동일시 가능성 조건을 만족시키는 것이다.

이와 같은 논의를 바탕으로 감각적 경험을 근거로 한 믿음의 정당화 조건을 다음과 같이 제시하겠다.

---

29) 다른 예를 들자면, 더스틴 호프만의 경우에 246개의 이쑤시개가 어떤 모양으로 흩어졌을 경우에는 그것을 보고 "여기에 246개의 이쑤시개가 있다"고 믿지만 다른 모양으로 흩어진 경우(예를 들어 이쑤시개의 일부가 다른 이쑤시개에 가려서 안 보일 때)에는 같은 믿음을 형성하지 않을 수도 있기 때문이다.

(IC) S가 감각적 경험 E를 근거로 명제 P에 대한 믿음이 정당화되기 위한 필요충분조건은 다음과 같다.
1) S는 P와 E에 대한 동일시 가능성 조건을 만족시키고,
2) S에게는 그 믿음의 정당성을 상쇄하는 믿음이 없다.

하지만 (IC)는 만족스럽지 않다. 왜냐하면, S가 실제로는 정답을 맞힐 능력이 있으면서도 시험에서는 일부러 틀린 답을 고를 수가 있기 때문이다. 그러면 그는 시험에 통과하지 못하므로 동일시 가능성 조건을 만족시키지 못하지만 그는 E를 근거로 P를 믿는 것이 정당화될 수도 있다. 그러므로 S가 진지하게 시험에 임해야 한다는 조건이 필요하다.

S의 목표가 감점의 위험을 고려하면서 가능한 한 많은 점수를 얻는 것이 시험의 목표이므로 분별 있는 사람들은 답에 대한 자신이 없는 경우에 추측으로 답을 적어서 감점을 당하느니 답을 포기하고 0점을 받는 것이 낫다고 생각할 것이다. 하지만 일부의 무분별한 사람들은 '아무려면 어떠냐' 하는 마음가짐으로 답을 잘 모르면서도 추측으로 답을 적어낼 수 있으며, 그러한 답이, 가능성은 아주 희박하지만, 모두 맞을 수도 있다. 그러면 답을 아무 근거 없이 적어낸 무분별한 사람 중에서 E를 근거로 P를 믿는 것이 정당화되지 않은 사람도 P와 E에 대한 시험을 통과함으로써 동일시 가능성 조건을 만족시킬 수도 있다. 따라서 S가 분별 있는 사람이어야 한다는 것도 조건으로 포함되어야 한다.

S가 진지하게 시험에 임하는 분별 있는 사람이라도 자신이 가지고 있는 믿음에 대해서 비정상적인 확신을 가질 수 있다. 예를 들어, S가

지나치게 소심한 사람이라면, 정답이 E라는 것을 알면서도 혹시라도 실수하는 것이 두려워서 정답을 쓰지 않고 0점을 받을 수도 있다. 그와는 반대로, 별 근거 없이 자신의 믿음에 지나치게 자신감이 넘쳐서, 실제로는 E가 답인 것을 잘 모르면서도 근거 없는 확신을 가지고 자신 있게 답을 적어내고 그러한 답이 요행히 모두 맞을 수도 있다. 이와 같은 경우에는 E를 근거로 P를 믿는 것이 정당화된 사람도 동일시 가능성 조건을 만족시키는 데 실패할 수도 있고, 정당화되지 않은 사람도 시험에 통과할 수 있다. 이러한 문제점은 S가 비정상적인 확신을 가지고 있기 때문에 나온 것이므로, S가 정상적인 확신을 갖도록 요구하는 것 역시 필요하다. 자신의 추측에 비합리적인 확신을 가지고 이 시험을 반복하는 사람은 추측에 대해 일반적인 사람들이 가지고 있는 느낌에 비해 지나치게 굳은 확신을 가진 경우이므로 '정상적인 확신'이라는 조건을 위배한다고 할 수 있다.

여기서 '정상적인 확신을 가짐'을 인식적인 개념으로 사용하는 것은 아니다. 다시 말하면, 어떤 믿음에 대한 정상적인 확신을 갖는 경우, 그리고 오직 그 경우에만 그 사람이 그 믿음을 갖는 것에 정당성을 갖도록 의미하려 하는 것은 아니다. 여기서 '정상적인 확신을 가짐'은 통계적인 개념으로 일반적인 사람들이 E를 근거로 P에 대한 믿음을 형성할 때 가지는 확신의 정도를 의미한다. 따라서 정당화되지 않은 믿음을 가진 사람도 그 믿음에 대한 정상적인 확신을 가질 수 있고, 정당화된 믿음을 가진 사람도 그 믿음에 대한 정상적인 확신을 결여할 수도 있다.

이러한 문제점들을 해결하기 위해서 (IC)를 다음과 같이 수정하겠다.

> (IC*) S가 감각적 경험 E를 근거로 명제 P에 대한 믿음이 정당화되기 위한 필요충분조건은 다음과 같다.
> 1) 만일 S가 진지하고, 분별 있으며, 정상적인 확신을 가지고 있다면, 그는 P와 E에 대한 동일시 가능성 조건을 만족시키고,
> 2) S에게는 그 믿음의 정당성을 상쇄하는 믿음이 없다.

(IC*)도 문제가 전혀 없는 것은 아니다. S가 진지하고 분별 있으며 정상적인 확신을 가지고 있다 하더라도, 실제로는 정당화되지 않은 경우에 누군가가 답을 가르쳐 주거나, 정당화된 경우에 누군가가 위협을 해서 정답을 못 쓰게 할 수도 있다. 따라서 시험을 칠 때에 S에게 외부적인 도움이나 방해가 없다고 가정해야 한다.

그리고 어린아이는 나무형 경험을 근거로 "여기에 나무가 있다"는 명제를 믿는 것이 정당화될 수 있지만 위의 시험을 어떻게 치르는지에 대한 지시를 제대로 이해하지 못해서 시험을 통과하지 못할 수 있다. 그러므로 S는 시험을 어떻게 치르는지에 대한 지시를 이해할 수 있다고 전제해야 한다.

마지막으로, 이제까지 S에게 전제되어야 하는 조건들을 여러 가지 제시했었는데, 이러한 조건들을 제외하고는 S가 경험 E를 가질 때와 시험을 치를 때의 조건이 같아야 한다. 만일 S가 시험을 치르다가 갑자기 혼수상태에 빠진다면 그는 시험을 통과할 수 없기 때문이다.

이러한 점들을 고려해서 (IC*)를 수정하도록 하겠다.

(IC**) S가 감각적 경험 E를 근거로 명제 P에 대한 믿음이 정당화되기 위한 필요충분조건은 다음과 같다.

1) 만일 S가 진지하고 분별 있고 정상적인 확신을 가지고 있으며, 시험 때에 S에게 외부적인 도움이나 방해가 없고 S가 시험에 대한 지시를 이해하며, 그 이외의 조건은 E를 경험할 때와 시험을 치를 때가 같다면, S는 P와 E에 대한 동일시 가능성 조건을 만족시키고,

2) S에게는 그 믿음의 정당성을 상쇄하는 믿음이 없다.

여기서 유의해야 할 점은 첫째 조건에 제시된 조건문이 실질적 조건문(material conditional)이 아니라 반사실적 조건문(counterfactual conditional)이라서 전건이 거짓이라고 하여 조건문이 참이 되지는 않는다는 점이다.

이제까지 감각적 경험을 근거로 한 믿음이 어떻게 정당화될 수 있는가를 동일시 가능성 조건을 가지고 설명하였다. 동일시 가능성 조건을 만들어 낸 계기가 '인지적 기술을 가지고 있음'에 대한 정확한 조건을 제시하려는 데에서 시작되었다. 그러면 동일시 가능성 조건과 인지적 기술은 어떻게 연결될 수 있을 것인가? 위의 설명에서 E가 F형 경험이라면, S가 (IC**)의 첫째 조건을 만족시켰을 때, S가 E를 경험하게 되는 **그 조건하에서 바로** 그 F를 알아볼 수 있는 인지적 기술을 가지고 있다고 이야기할 수 있다. 이러한 설명은 F **일반에 대한 인지적 기술**을 이야기하는 것이 아니라 **일정한 조건**(위의 예에서는 E를 경험하는 조건)**하에서의 특정 F에 대한 인지적 기술**을 이야기하고 있으므로, S

가 이 F에 대한 인지적 기술은 가지고 있지만 다른 F에 대한 인지적 기술은 못 가지고 있을 수도 있으며, 심지어는 같은 F에 대해서도 이러한 조건하에서는 인지적 기술을 가지고 있지만 다른 조건하에서는 인지적 기술을 가지지 못할 수도 있다. 따라서 레이놀즈의 이론을 비판할 때 제시되었던 문제들, 예를 들어, 선인장이 나무인지를 모르는 영이에게 나무에 대한 인지적 기술이 있는가 하는 문제들은 더 이상 의미 있는 질문이 되지 않는다. 왜냐하면, 동일시 가능성 조건으로 인지적 기술을 설명할 때, 영이는 정상적인 조건하에서 소나무를 나무로 인지할 수 있는 능력은 있지만 선인장을 나무로 인지할 수 있는 능력은 없다고 대답할 수밖에 없으므로, 영이가 나무 일반에 대한 인지적 기술을 가지고 있는지는 일괄적으로 대답할 필요가 없기 때문이다.

그러면 레이놀즈의 이론을 설명할 때 제시되었던 '서장훈의 예'를 다시 살펴보자. 만약 레이놀즈의 직관대로 제대로 배우지 않은 인지적 기술을 통한 믿음이 정당화되지 못한다면, 그 예는 (IC**)에 대한 반례도 될 수 있다. 철이는 한기범으로부터 야기된 경험, 즉 한기범형의 경험을 근거로 여기에 서장훈이 있다는 믿음을 가지고 있으며, 철이는 한기범의 얼굴을 똑똑히 기억하고 있으므로, 한기범형 경험과 <여기에 서장훈이 있다>는 명제에 대한 동일시 가능성 조건을 쉽게 만족시킬 것이기 때문이다. 게다가 철이는 한기범의 모습에 어떻게 '서장훈'이라는 이름을 붙이게 되었는지에 대한 기억이 전혀 없고 그 밖에 그의 믿음을 상쇄할 만한 다른 믿음30)도 없으므로 (IC**)에 따르면 철이의 믿

---

30) 예를 들어, 상쇄자의 역할을 할 수 있는 철이의 믿음은, "내가 아무 근거 없이 이름을 붙이는 성향이 있다", "그의 모습이 철이가 가지고 있는 그에 대한 배경 지식과 상충한다", "농구에 해박한 친구가 그 사람은 서장훈이 아니라고 말했다" 등이 될 수 있다.

음은 정당화된다고 해야 하기 때문이다.

물론 철이가 한기범을 보고 <여기에 서장훈이 있다>고 믿으면, 실제로 철이가 보고 있는 사람은 서장훈이 아니므로 철이가 무엇인가 잘못을 범하고 있는 것은 사실이다. 하지만 그의 잘못이 인식적인 잘못인가를 잘 살펴볼 필요가 있다. 인지적 기술을 가지고 있다는 것은 같은 사물을 반복해서 알아볼 수 있다는 것이며, 그러한 기술은 사물의 이름을 모르고도 가질 수 있다. 예를 들어, 살인 사건의 목격자에게 여러 사람을 보여주고 그중 범인이 있느냐고 물었을 때, 목격자가 범인을 분명히 기억하고 있다면, 설령 그가 범인의 이름을 모른다 하더라도 우리는 목격자가 범인을 인지할 수 있는 능력이 있다는 것을 인정할 것이다. 마찬가지로 철이가 한기범을 보고 <여기에 서장훈이 있다>고 믿을 때도 철이가 한기범을 보고 한기범을 알아볼 수 있는 능력을 가지고 있음을 부정하지 않을 것이다. 단 철이가 가지고 있는 문제점은 한기범을 '한기범'이라는 이름으로 지칭하지 않고 '서장훈'이라는 이름을 사용한 것이다. 물론 한기범을 보고 '서장훈'이라는 이름을 붙인 것은 잘못된 언어 사용이다. 하지만 이러한 문제는 철이가 가지고 있는 인식적 문제이기보다는 언어적 문제이다. 부연하여 설명하면, '서장훈의 예'에서 철이가 <여기에 서장훈이 있다>는 믿음을 가지고 있다고 서술했지만, 좀 더 정확하게 말하면, 철이는 "여기에 서장훈이 있다"라는 그의 언어적 표현이 나타내는 명제를 믿고 있다고 이해해야 하며, 철이의 경우 이 문장이 나타내는 명제는 <여기에 한기범이 있다>는 것이다.[31] 그렇다면, 한기범을 보고 <여기에 한기범이 있다>는 명제를

---

31) "여기에 서장훈이 있다"는 언어적 표현을 통해서 여기에 한기범이 있다는 명제를 표현하는 것이 우리의 언어 공동체에서 통용될 수 있음을 주장하는 것은 아니다. 단지 그의 개인적인 언어 사용이 나타내고자 하는 의미를 가장

믿는 것은 정당화되며 따라서 '서장훈의 예'는 (IC**)에 대한 반론이 될 수 없다.32)

그러면 (IC**)가 레인 맨의 예를 어떻게 해결할 수 있는지를 간단히 살펴보자. 더스틴 호프만의 경우에는 많은 이쑤시개를 알아볼 수 있는 능력이 있으므로 같은 모양으로 흩어진 246개의 이쑤시개를 245개의 이쑤시개나 247개의 이쑤시개와 구분할 수 있고 따라서 246개의 이쑤시개와 관련된 동일시 가능성 조건을 통과할 것이다. 반면에, 톰 크루즈는 설령 음식점에서 떨어진 이쑤시개의 수가 246개라고 요행히 맞춘다 하더라도 그는 246개의 이쑤시개를 245개의 이쑤시개나 247개의 이쑤시개와 구분할 능력이 없으므로 그와 관련된 동일시 가능성 조건을 통과하지 못할 것이다. 그러므로 (IC**)를 받아들이면, 같은 경험을 하는 것처럼 보이는 더스틴 호프만과 톰 크루즈가 어떻게 같은 믿음에 대해서 다른 정당화 상태를 가질 수 있는지를 설명할 수 있다.

6. F개념이 적용된 경험과 동일시 가능성 조건의 관계

지금까지 동일시 가능성 조건을 가지고 레인 맨의 예를 설명하였다. 더스틴 호프만과 톰 크루즈가 같은 광경을 보고 있다고 하더라도, 그들은 많은 수의 이쑤시개를 알아볼 수 있는 능력이 있느냐 여부에 의

정확하게 이해하는 방법을 제시한 것뿐이다.

32) 이러한 논의에 비추어 볼 때, 앞에서 말했던 "여기에 서장훈이 있다는 철이의 믿음은 정당화된다"는 말을 정확히 설명할 필요가 있다. 여기서 주장하는 것은 철이가 <여기에 서장훈이 있다>는 명제를 믿는 것이 정당화되었다는 것이 아니라 "여기에 서장훈이 있다"는 문장이 표현하는 명제, 즉 <여기에 한기범이 있다>는 명제에 대한 믿음이 정당화되었다는 것이다.

해서 떨어진 이쑤시개의 수가 246개라는 명제에 대한 그들의 정당성은 달라질 수 있다. 그들의 인식적 정당성이 달라지는 가장 큰 이유는 그 상황에서 이쑤시개의 수가 246개라는 것을 알아볼 수 있는 **인지적 기술**을 더스틴 호프만은 가지고 있고 톰 크루즈는 가지고 있지 못했기 때문이다.

더스틴 호프만이 가지고 있는 인지적 기술이 어떤 방식으로 인식적 정당성에 도움을 줄 수 있을까? 이 질문에 대한 대답으로 **동일시 가능성 조건**을 제시했다. 인지적 기술을 가지고 있는 사람은 동일한 상황이 반복되었을 때, 계속해서 동일한 믿음을 형성할 수 있으며, 역으로 형성된 믿음에 대한 근거를 동일시할 수 있을 것이다. 반면에 톰 크루즈와 같이 그 상황에서 246개의 이쑤시개를 알아볼 수 없는 사람은 설령 우연히 이쑤시개의 수가 246개임을 추측하여 믿는다고 하더라도 그는 어쩌다 한 번 그것을 맞힐 수 있을 뿐, 꾸준하게 246개임을 알아볼 수는 없을 것이므로 그는 동일시 가능성 조건을 만족시키지 못한다.

앞에서 소개했듯이, **F형 경험**은 F가 일반적으로 야기하는 경험인 반면, **F개념이 적용된 경험**은 주어진 감각적 자료에 F라는 개념을 **인지적 기술을 통해서** 적용한 것이다. 이 정의에서 발견할 수 있듯이 F개념이 적용된 경험을 갖기 위해서는 관련된 인지적 기술을 활용하여야 한다. 인지적 기술을 적용하여 F개념이 적용된 경험을 갖기 위해서는 그 상황에서 반복하여 동일한 대상을 보고 꾸준히 F개념을 적용할 수 있어야 한다. 그래야 주어진 상황에서, F에 대한 인지적 능력을 가지고 있는 것이다. 이러한 인지적 능력을 가지고 있으면 동일시 가능성 조건을 자연스럽게 만족시킬 것이다. 그러므로 **주어진 특정 상황에서 F개념이 적용된 경험을 가진 사람**은 자연스럽게 그 특정 경우에 동일시 가능성 조건을 통과할 수 있다. 이런 측면에서 F개념이 적용된 경험을 갖는 것과 동일시 가능성 조건을 통과하는 것은 같은 이야기를 다른 측면에서 하고 있는 것이라 볼 수 있다. F개념이 적용된 경험은 **경험을 통해서 얻어지는 내용**에 관한 설명이었다면, 동일시 가능성 조건은 그러한 경험을 가지고 있는 사람이 <여기에 F가 있다>는 명제를 믿는 것에 **어떻게 정당화되는가**에 대한 설명이었다.

그렇다고 해서, 동일시 가능성 조건을 받아들이는 사람이 F형 경험과 F개념을 적용한 경험의 내용 차이를 반드시 인정해야만 하는 것은 아니다. 동일성 가능성 조건을 받아들여서 더스틴 호프만의 믿음이 어떻게 정당화되는가를 설명하면서, F형 경험과 F개념을 적용한 경험의 내용 차이를 인정하지 않는 입장도 충분히 가능하다. 이 경우, 더스틴 호프만과 톰 크루즈가 동일한 경험적 내용을 가지면서 그들의 인지적 기술이 차이가 나기에 인식적 정당성에서 차이가 난다고 설명할 것이다.

하지만 이러한 입장은 이 장의 4절 3)항에서 논의된 F형 경험과 F개념이 적용된 경험의 내용적 차이를 무시하는 셈이며, 이에 대한 독립적인 근거를 마련해야 할 것이다. 개인적으로, 인식에 있어서 능력 차이는 그것의 내용(증거)의 차이로 나타난다는 입장이다. 예를 들어, 시력이 다른 두 사람은 같은 사물을 보더라도 다른 이미지를 갖게 되고, 추론 능력이 다른 사람은 같은 전제로부터 출발을 해도 다른 결론에 도달하는 것처럼 관련된 개념에 관한 인지적 능력을 가지고 있는 사람의 경험적 내용은 그러한 인지적 능력을 가지고 있지 못한 사람의 경험과 다르다고 느껴진다.

7. 동일시 가능성 조건의 활용

동일시 가능성 조건은 레인 맨의 예를 깔끔하게 해결하였다. 동일시 가능성 조건의 핵심은 인식 주체 S가 경험 E를 근거로 <여기에 F가 있다>는 명제를 믿는 경우, S가 앞으로 E를 경험할 때마다 같은 믿음을 형성하겠는가를 확인하는 것이다. 만일 E를 근거로 F에 대한 믿음을 계속 형성하면 S는 F에 대한 관련된 인지적 기술을 가진 것으로 판단되고, 동일시 가능성 조건도 만족시키며 따라서 <여기에 F가 있다>는 명제를 믿는 것이 정당하다. 반면에 E를 보고 단순한 추측으로 <여기에 F가 있다>고 믿은 사람은 동일시 가능성 조건을 통과하지 못할 것이므로 그 명제에 대한 믿음이 정당화되지 못한다.

레인 맨의 예는 토대론, 정합론, 증거론 그리고 신빙론에게 모두 골칫거리를 제공한다고 언급한 적이 있다. 따라서 레인 맨의 예를 해결하기 위해서 도입된 동일시 가능성 조건과 이와 관련된 'F형 경험'과 'F개념이 적용된 경험'의 구분은 이 네 이론에 의해서 모두 활용될 수 있는 여지를 보인다. 이는 동일시 가능성 조건 자체가 이론 중립적인 요소가 있을 뿐만 아니라, 인식적 정당성의 대표적 이론이라고 할 수 있는 이 네 가지 이론의 장점을 골고루 사용하였기 때문이라고 볼 수 있다.[33] 그러면 동일시 가능성 조건 및 'F형 경험'과 'F개념이 적용된 경험'의 구분이 인식적 정당성의 각 이론에 어떻게 활용될 수 있는지

---

33) 지난 1997년에 한국을 방문했던 Keith Lehrer는 동일시 가능성 조건을 정합론의 한 유형이라고 생각하였고, 김기현은 동일시 가능성 조건을 신빙성(reliability)에 대한 하나의 설명방식이라고 받아들였다. 필자의 의도는 동일시 가능성 조건을 통하여, 경험적 증거를 가졌을 때, 증거론의 핵심 개념인 '맞아떨어짐'을 설명하는 것이었으며, 이를 토대론자는 자연스럽게 기초적 믿음에 대한 설명의 한 방식이라고 주장할 것이다.

를 살펴보도록 하겠다.

1) 토대론에서의 활용

토대론의 가장 기본적인 내용은 기초적 믿음과 비기초적 믿음의 구분이다. 즉, 다른 믿음에 의존하지 않고 정당화될 수 있는 기초적 믿음이 존재한다는 것이다. 하지만 토대론은 정합론자들에 의해서 믿음만이 다른 믿음을 정당화시킬 수 있다는 비판들을 들어 왔다. 대표적으로 데이비슨과 봉주르의 비판을 꼽을 수 있다. 여기서는 이러한 비판들을 다시 고려하고 F형 경험과 F개념이 적용된 경험이 이러한 비판을 어떻게 해결할 수 있는지 논의해 보겠다.

데이비슨은 감각적 경험과 믿음의 관계는 인과적일 뿐 정당성을 부여하는 관계일 수는 없음을 다음과 같이 설명한다.

> 감각경험(sensation)과 믿음의 관계는 논리적일 수 없다. 왜냐하면 감각경험은 믿음이나 다른 명제적 태도가 아니기 때문이다. 그렇다면 이들의 관계는 어떤 관계인가? 나는 그 답이 명백하다고 생각한다. 그 관계는 인과적이다. 감각경험은 믿음을 야기하며, **이러한 의미에서** 그러한 믿음들의 토대나 근거이다. 그러나 믿음에 대한 인과적 설명은 그 믿음이 어떻게 혹은 왜 정당한지를 보여주지는 못한다.[34]

이러한 데이비슨의 논의를 평가하기 위해서는 그가 말하는 감각경험이 앞에서 구분한 F형 경험인지 F개념이 적용된 경험인지를 살펴볼 필요가 있다. 여기서 '감각경험'이 단순한 F형 경험이라면 믿음에 대한

---

34) Donald Davidson(1986), p.311.

정당성의 근거가 되기 어려움을 인정한다. 하지만 '감각경험'이 F개념이 적용된 경험이라고 한다면 이는 주어진 경험에 인식 주체가 인지적 기술을 통해 F라는 개념을 적용한 것이므로 인식 주체가 인지한 어떤 내용이 있으며 따라서 이러한 경험이 믿음에 대한 인과적 역할만을 하고 있다는 데이비슨의 주장은 인정하기 어렵다. F개념이 적용된 경험을 가지고 있으면 다른 상쇄자가 없는 한 "여기에 F가 있다"고 믿는 것이 정당함을 동일시 가능성 조건을 통하여 보여주었다.35) 다시 말해서, 정당성의 상태를 유지하는 데에는 F개념이 적용된 경험을 가진 것으로 충분하다는 것이다. 왜냐하면 F개념이 적용된 경험에는 이미 내용적으로 F라는 내용이 포함되어 있으며 그 내용에 대한 파악이 인식 주체에게도 이루어진 상태이기 때문이다. 따라서 '감각경험'이 관련된 믿음의 정당성에 기여하지 못한다는 데이비슨의 논의는 근거가 없어 보인다.

봉주르 역시 경험은 믿음을 정당화시키지 못한다는 입장을 취한다. 경험이 정당화에 기여를 하기 위해서는 그 자체가 믿음에 관련된 내용을 가지고 있어야 하는데 이러한 내용은 명제적 내용일 수밖에 없으며 이러한 명제적 내용은 그 자체로 정당성을 요구하기에 경험만 가지고는 믿음을 정당화시킬 수 없다는 것이다. 다시 말해서, 경험이 명제적 내용을 가지고 있으면서 그 자체가 정당성이 요구되지 않는다는 것은 어불성설이라고 주장한다.36)

정당성을 부여하려면 일정한 내용이 있어야 하고 그러한 내용이 명

---

35) 이는 명제적 정당성을 받아들이는 사람에게 그러하다. 신빙론자와 같이 믿음의 형성 과정을 중요하게 생각하는 입장에서는 단순히 F개념이 적용된 경험을 가지고 있는 것만으로는 부족하다고 주장할 것이다. 왜냐하면 그들은 이미 형성된 믿음에만 정당성이 적용될 수 있다고 생각하기 때문이다.

36) Laurence BonJour(1985), p.238.

제적 내용이라면 당연히 그 명제적 내용에 대해서도 인식적 정당화가 요구되어야 마땅할 것이다. 하지만 F개념이 적용된 경험은 일정한 내용을 가지고 있는 것이 사실이지만 그것이 명제적인 내용은 아니다. 또 F개념이 적용된 경험을 갖기 위해서는 F에 대한 인지적 기술을 근거로 F의 개념을 주어진 경험에 적용시켜야 하며, 여기서 '인지적 기술을 근거'로 한다는 것은 **어떤 종류의 정당성 기준**이 적용되고 있음을 의미한다. 즉, 인지적 기술을 **제대로 적용했는가**의 여부가 관여하기 때문에 **올바른 적용의 기준**이 있다고 보아야 한다. 하지만 여기서의 정당성은 그 대상이 명제나 믿음이 아니기에 인식론에서 일반적으로 다루는 인식적 정당성과는 다르다. 그렇다면 봉주르는 어떤 경험이, 내용을 가지고 있으며 그 자체로 어떤 종류의 정당성을 필요로 하기는 하지만 그 요구되는 정당성이 인식적 정당성은 아닌 경우를 미처 생각하지 못한 것으로 보인다. F개념이 적용된 경험이 바로 그러한 경험이며 이는 이러한 경험이 믿음에 대한 정당성의 근거로서의 역할을 감당할 수 있는 것이다.

이제까지의 논의에서 살펴보았듯이 F형 경험과 F개념이 적용된 경험을 구분하면, 이전의 철학자들이 "경험은 인식적 정당화에 기여할 수 없다"고 주장한 부분에 대해서 반론할 수 있음을 살펴보았다. F개념이 적용된 경험은 그 자체로 일정한 내용을 가지고 있으며 인식적 정당성과는 조금 다른 어떤 종류의 정당화 과정도 거쳐야 하므로 경험적 믿음에 대한 정당화의 근거가 될 수 있음을 알 수 있다.

이런 논의를 바탕으로, 동일시 가능성 조건은 기초적 믿음이 어떻게 정당화되는가에 대한 해결책이 될 수 있다. 과거에는 기초적 믿음이 '확실함(undubitable)' '틀림이 없음(infallibility)'이나 '교정될 수 없음(incorrigibility)' 등의 속성을 가지고 있어서 스스로 정당화된다고 생각했으나 요즘은 경험에 의해서 정당화된다고 여기는 것이 일반적이며 동일시 가능성 조건은 어떤 조건을 만족시켜야 경험에 근거한 믿음이 정당화되는가에 대한 대답이 될 수 있다.

2) 정합론에서의 활용

정합론의 핵심은 한 믿음의 인식적 정당성이 그 믿음을 가지고 있는 사람의 믿음 체계 내에 있는 다른 믿음들과 정합적인 관계에 있는가 여부에 의해서 결정된다는 것이다. 정합론에 따르면, 믿음 체계 내에 있는 **다른 믿음**에 의해서만 새로운 믿음이 정당화될 수 있으므로 기초적 믿음의 존재 가능성을 부정한다.

이런 의미에서 동일시 가능성 조건은 정합론을 뒷받침하는 이론으로 해석될 수 있다. 왜냐하면 정합론자는 동일시 가능성 조건을 위한 시험 자체가 우리가 가지고 있는 믿음 체계를 근거로 해야 가능한 것이라고 생각할 수 있기 때문이다. 순수한 경험만으로는 동일시 가능성 조건을 통과할 수 없으며, 이는 어떤 믿음이 경험을 통하여 정당화될 때, 그 경험에만 정당성을 의존하는 것이 아니라, 그가 가지고 있는 믿음 체계 전체가 작용하고 있다는 점을 동일시 가능성 조건이 잘 보여주고 있다고 생각할 것이다.

그리고 동일시 가능성 조건이 정합의 한 부분을 설명한다고 주장할 수 있다. 제3장에서 정합론을 설명하면서 정합의 조건으로 연역, 귀납 그리고 최선의 설명으로의 추론을 제시했었는데 동일시 가능성 조건의 통과도 정합을 설명하는 하나의 요소가 될 수 있을 것이다. 특히 관찰적 요구가 정합론에서 만족되어야 한다는 점을 인정하면, 이러한 동일시 가능성 조건은 경험적 믿음의 정당성을 설명함에 있어서 유용한 도구가 될 수 있을 것이다.

3) 증거론에서의 활용

제4장의 도입 부분에서 언급했던 것처럼 철이와 돌이가 시력이 정확히 같고, 정확히 같은 조건에서 느릅나무를 보았다고 하자. 그들의 상에 맺힌 느릅나무의 모습은 똑같으나 철이는 그것이 느릅나무인지 아는 반면, 돌이는 그것이 느릅나무인지를 모른다. 이 경우, 철이는 "여기에 느릅나무가 있다"를 믿는 것이 정당하지만, 돌이는 정당하지 않다.

증거론이란 인식적 정당성이 인식 주체가 가지고 있는 증거에 의해서만 결정된다는 입장이다. 두 사람이 가지고 있는 증거가 똑같다면 같은 명제에 대한 두 사람의 인식적 정당성에서 차이가 있을 수 없다는 것이 증거론의 기본적 입장이다.

그렇다면 위의 예는 증거론에 골칫거리를 부여한다. 왜냐하면 증거론에서는 증거의 차이에 의해서만 두 사람의 인식적 정당성 차이가 설명될 수 있는데 두 사람이 같은 대상을 같은 조건에서 경험하고 있으므로 같은 증거를 가지고 있어 보이기 때문이다. 만일 철이와 돌이의 증거 차이를 설명할 수 없고 그들의 인식적 차이가 그들이 가지는 인지적 기술의 차이로만 설명된다면 이 예는 증거론에 대한 반례가 된다.

이런 의미에서, F형 경험과 F개념이 적용된 경험의 구분은 증거론에서 유용하게 사용될 수 있다. F형 경험과 F개념이 적용된 경험이 내용적으로 다르다면 F형 경험만 가진 사람과 F개념이 적용된 경험을 가진 사람은 다른 경험을 가진 것이 될 수 있다. 위의 예에서 철이는 느릅나무를 알아볼 수 있는 능력이 있으므로 위의 예에서 철이는 느릅나무형 경험과 느릅나무 개념이 적용된 경험을 둘 다 가지고 있지만, 돌이는 느릅나무를 알아볼 수 있는 인지적 능력이 없으므로 돌이는 느릅나무형 경험만을 가질 뿐 느릅나무 개념이 적용된 경험은 가지지 못하는 것이다. 설령 돌이가 느릅나무형 경험에 우연히 느릅나무의 개념을 적용한다고 하더라도 이는 느릅나무 개념이 적용된 경험이 될 수 없음을 앞에서 설명했었다. 돌이에게는 느릅나무를 알아볼 수 있는 능력이 없기 때문이다.

그렇다면 철이와 돌이는 같은 조건에서 같은 느릅나무를 보고도 두 사람이 갖는 경험적 증거는 다를 수 있게 된다. 이는 우리의 상식과도 일치한다. F를 알아볼 수 있는 사람과 F를 알아볼 수 없는 사람이 같은 F를 보았다고 하더라도 그들은 다른 경험을 하고 있다고 생각되기 때문이다. 적절한 비유인지는 모르겠지만 매우 가치 있는 어떤 물건을 보고 그 가치를 알아보는 사람과 그 가치를 전혀 알지 못하는 두 사람은 같은 것을 보고도 다른 느낌을 가질 것이 분명하다. 그렇다면 철이와 돌이의 증거 차이를 설명할 수 있으므로 이 예를 증거론은 해결할 수 있다.

다른 한편으로, 증거론에 따르면, 어떤 명제에 대한 믿음이 정당화되기 위해서는 그 믿음이 믿음을 가지고 있는 사람의 증거와 맞아떨어져야 한다. 정합론에서도, 동일시 가능성 조건을 정합을 만족시키는 한 방법으로 활용할 수 있듯이, 증거론에서도 동일시 가능성 조건은 경험적 증거와 믿음 사이의 맞아떨어짐에 대한 설명으로 사용될 수 있다.

4) 신빙론에서의 활용

동일시 가능성 조건은 신빙론이 가지고 있는 취약점인 일반화의 문제(the generality problem)를 해결할 수 있다. 일반화의 문제란 하나의 믿음 사례가 여러 믿음 형성 과정의 유형에 편입될 수 있다는 것이다. 일반화의 문제는 "구체적인 믿음의 사례와 관련된 믿음 형성 과정이 무엇인가?"의 문제로 믿음 형성 과정을 지나치게 넓게 잡으면 그 믿음 형성 과정을 통해 형성된 모든 믿음의 정당성이 같아야 하는 받아들이기 곤란한 결과가 나온다. 반대로 믿음 형성 과정을 너무 좁게 잡으면 그 믿음 형성 과정에 해당하는 사례가 하나밖에 없게 되어서 그 믿음이 참이면 정당하게 되고 거짓이면 정당하지 않게 된다. 이 경우, 모든 참인 믿음은 정당하게 되는 받아들이기 어려운 결과를 함축한다.

동일시 가능성 조건이 이 문제를 피할 수 있는 이유는 하나의 구체적인 사례를 그것과 관련된 일반적 믿음 형성 과정의 유형으로 연결시켜서 정당성 여부를 판별하는 것이 아니라 구체적인 사례 하나만을 가지고 테스트를 하기 때문이다. 그렇다면 믿음 형성 과정을 너무 좁게 잡아서 모든 참인 믿음이 정당하게 되는 문제가 발생하지 않는가? 테스트되는 사례는 단 하나이지만 그 사례를 가지고 무한히 시험을 반복함으로써 같은 답을 구할 수 있는가를 검증하는 것이므로 신빙론에서 주장하는 것처럼 그 믿음 형성 과정이 참인 믿음을 많이 도출해야 정당하게 되는 것이 아니라 같은 경험으로부터 같은 믿음을 형성하는가만을 따지게 되는 것이다. 따라서 이러한 동일시 가능성 조건의 시험에는 그 믿음이 실제로 참이냐 거짓이냐는 중요한 요소가 아니게 되면서 신빙론이 제공하는 '신빙성'에 대한 설명, 즉 실제로 참인 믿음을 많이 생산하면 신빙성 있는 믿음 형성 과정이고 거짓인 믿음을 많이 생산하면 신빙성 없는 믿음 형성 과정이라는 기존의 설명과는 다른 방식의 설명이라고 할 수 있다.

이제까지 동일시 가능성 조건이 토대론, 정합론, 증거론 그리고 신빙론에서 어떻게 활용될 수 있는지를 살펴보았다. 물론 동일시 가능성 조건이 이 이론들의 모든 문제를 해결하는 것은 아니다. 하지만 적어도 각 이론들이 경험을 근거로 한 믿음이 어떻게 정당화될 수 있는가에 대한 설명을 하고자 할 때, 동일시 가능성 조건을 나름대로 활용할 수 있으므로, 이 조건은 경험을 근거로 한 인식 정당화의 문제에 일반적인 해결책이 될 수 있을 것이다.

여기서 느끼는 한 가지 교훈은 인식적 정당성에 대한 올바른 이론이 제시된다면 그것은 위의 네 이론을 어떤 의미에서 포괄하는 이론이 되어야 할 것이라는 점이다.[37] 특히 토대론과 정합론의 싸움은 초창기 무한 후퇴의 문제를 해결하려는 시도로는 의미 있는 구분이었을지 모르지만, '인식적 정당성의 올바른 기준이 무엇인가?'에 대한 질문에 대해서는 큰 차이가 없는 듯한 인상을 받는다. 어차피 인식적 정당성을 설명함에 있어서 경험의 중요성을 두 이론 모두 충분히 인정한다면, 기초적 믿음의 존재 여부는 비교적 사소한 문제라고 여겨진다. 인식적 정당성을 설명함에 있어서 진정으로 중심이 되어야 하는 문제는 '경험을 근거로 한 믿음이 어떻게 정당화되는가?'와 '추론을 통한 믿음이 어떻게 정당화되는가?'이며 이 두 질문에 대한 대답을 할 수 있는 이론이면 그것이 토대론의 형태를 갖던, 정합론의 형태의 갖던 큰 문제가 아니라고 생각된다.

제4장에서는 이 두 중요한 문제 중 하나인 경험을 근거로 한 믿음의 정당성에 대한 논의를 진행하였다. F형 경험과 F 개념이 적용된 경험의 구분 및 동일시 가능성 조건은 이 문제에 대한 어느 정도의 대답을

---

[37] 신빙론은 나머지 세 이론과 다른 성격을 가진다는 점에서 경우에 따라서는 예외가 될 수도 있다.

제공하고 있다고 생각한다. 하지만 여전히 추론에 의한 인식적 정당성에 대한 설명은 큰 진전이 없는 상황이다. 인식적 정당성에 대한 논의가 1970년대부터 시작된 이래 지금까지 현대 영미 인식론의 주요 테마 중 하나로 자리를 잡으면서 많은 인식론자들이 인식적 정당성의 조건을 해결하려고 매달렸지만 깨끗한 해결이 안 된 상태이다. 이는 '인식적 정당성'에 대한 전반적인 관심을 떨어뜨리게 하지 않았나 생각한다.

게티어의 문제도 벽에 부딪히고 인식적 정당성의 논의도 특별히 진전을 보지 못하면서 인식론자들은 우리가 실제로 믿음을 어떤 식으로 형성하는가에 대한 관심을 갖기 시작하였다. 이러한 관심이 등장하게 된 것은 정체되어 있는 인식론에 활력을 불어넣으려는 시도로 볼 수 있으며 다른 한편으로는 신빙론의 등장 이후, 우리가 믿음을 형성하는 과정이 무엇인가에 대한 관심도 증가했기 때문이다. 이러한 흐름을 '자연화된 인식론' 혹은 '자연주의적 인식론'이라고 부른다. 자연화된 인식론은 인지과학, 심리철학 그리고 언어철학과 맞물려서 1990년대를 대표하는 인식론적인 전통이라고 할 수 있을 것이다. 그러면, 제5장에서는 이러한 자연화된 인식론에 대한 논의를 전개하겠다.

제 5 장

자연화된 인식론

1. 자연화된 인식론의 도입 배경

인식적 정당성에 대한 탐구를 중심으로 하는 규범적 인식론을 '전통적 인식론'이라 한다면 이러한 전통적 인식론에 반기를 들고 새로운 방식의 인식론을 채택해야 한다는 주장이 생기기 시작하였는데 이를 '자연화된 인식론' 혹은 '자연주의적 인식론'이라 한다.[1] 자연화된 인식론이 많은 호응을 받고 있음에도 불구하고 이에 대한 사람마다의 이해는 다르다. 기존의 규범적 인식론을 모두 포기하고 심리학으로 대체해야 한다는 과격한 주장으로부터 인지과학과 같은 자연과학의 발달이

---

1) 자연화된 인식론에 대한 소개서로는 Hilary Kornblith(ed.), *Naturalizing Epistemology*, MIT Press, 1985; James Maffie, "Recent Work on Naturalized Epistemology", *American Philosophical Quarterly* 27, 1990; Philip Kitcher, "Naturalists Return", *The Philosophical Review* 101, 1992 등이 있으며 우리말로 된 논문으로는 김동식, 「자연주의 인식론의 철학적 의의」; 김기현, 「자연화된 인식론과 '연결'」; 최순옥, 「콰인의 자연주의적 인식론에 관한 논의」(이상은 『철학적 자연주의』, 1995에 실린 논문임)와 김기현, 『현대 인식론』, 1998, 제8장 등이 있다.

인식론자들에게 큰 도움이 될 것이라는, 전통적 인식론자들도 받아들이기에 큰 부담이 없는 주장까지 다양하게 전개되고 있다. 이와 같이 무엇이 자연화된 인식론인가에 대한 다양한 설명이 제공되고 있기에 '자연화된 인식론'이란 이름으로 주장되는 내용의 공통점을 찾아볼 필요가 있다.

자연화된 인식론자들이 공통적으로 받아들이는 가장 대표적인 내용은 아마도 **자연과학적 방법의 도입**일 것이다.2) 자연화된 인식론에 따르면, 전통적 인식론이 지나치게 선험적 방식으로만 진행되었으며, 인식론을 제대로 설명하려면 심리학과 인지과학을 포함하는 자연과학의 도움을 받아야 한다는 것이다. 이런 자연화된 인식론은 급속도로 발달한 인간의 인지과정에 대한 자연과학적 탐구, 즉 인지과학의 발전으로 점점 더 많은 세력을 얻게 되었다. 전통적 인식론의 더딘 발전에 답답함을 느낀 인식론자들은 인지과정에 대한 자연과학적 탐구가 인식론의 돌파구 역할을 할 수 있으리라고 기대를 한 까닭이다.

이 책 제3장에서까지 살펴본 것에 따르면, 게티어 문제의 해결책이나 인식적 정당성에 대한 이론 모두 결과적으로 보면 성공작이라 할 수 없다. 자연화된 인식론에 따르면, 이러한 결과가 함축하는 바는 규범적인 내용을 중심으로 하는 전통적 인식론이 시작부터 잘못되었다는 것이다. 이제는 어떤 믿음이 정당한가, 즉 어떤 믿음을 우리가 믿어야 하는가라는 규범적인 질문에서 벗어나 "우리가 어떤 믿음을 실제로 믿고 있는가?"와 "우리가 어떤 방식으로 믿음을 형성하는가?" 하는 자연과학적 방법을 사용하는 인식론을 탐구하기 시작해야 한다는 것이 자연화된 인식론의 출발점이라 할 수 있다. 이러한 제안을 한 사람은 콰

---

2) 이런 주장에 대한 설명은 김기현(1998), 제8장에 자세히 소개되어 있다.

인이며,3) 이러한 입장을 '근본적 대체론'이라고 한다. 이러한 입장에 따르면 자연과학적 방법을 사용하는 서술적 인식론이 규범적인 전통적 인식론을 대체할 수 있다는 것이다. 자연화된 인식론을 받아들이는 대부분의 철학자들이 콰인의 입장을 그들 이론의 모체라고 표방하지만 콰인이 주장하는 근본적 대체론을 받아들이는 사람은 그리 많지 않다.4)

콰인과 같이 급진적인 주장을 하지는 않지만 자연과학적 방법의 도입을 적극적으로 주장하는 사람도 있다. 전통적 인식론이 당장 심리학에 의해서 대체되지는 않겠지만, 전통적인 인식론은 궁극적으로 자연주의적 인식론에 의존한다는 온건한 주장을 하는 사람도 있다. 이런 입장을 '온건한 대체론'이라 하며 대표적인 철학자로 콘블리스를 들 수 있다.5) 그러면 지금부터 전통적 인식론과 대비되는 자연화된 인식론을 자세히 설명해 보도록 하겠다.

2. 자연화된 인식론의 기본적 내용

자연화된 인식론을 설명하는 방법 중 가장 무난한 것은 전통적 인식론을 간단히 소개하고 이와 대조되는 부분을 부각시키는 것이다. 이 책의 제1장에서 밝혔듯이, 전통적 인식론은 '앎'(특히 경험적인 앎)에

---

3) W. V. O. Quine, "Epistemology Naturalized", *Ontological Relativity and Other Essays*, 1969.

4) 콰인의 입장을 옹호하는 내용으로는 Hilary Kornblith, "In Defense of Naturalized Epistemology", *The Blackwell Guide to Epistemology*, ed. by Greco and Sosa, Blackwell, 1999, pp.158-169를 참고할 것.

5) Hilary Kornblith, "Introduction: What is Naturalistic Epistemology?", *Naturalizing Epistemology*, MIT Press, 1985.

대한 분석이 주된 관심사라고 할 수 있다. 즉 어떤 조건을 만족시켰을 때 우리가 안다고 할 수 있는가에 대한 설명이 전통적인 인식론의 핵심적 문제였다. 게티어의 문제가 등장하기 전까지 앎의 필요충분조건은 다음과 같이 받아들여졌다.

> (K) 인식 주체 S가 어떤 명제 P를 알기 위한 필요충분조건은
> 1) P가 참이고,
> 2) S가 P를 믿으며,
> 3) S가 P를 믿는 것에 인식적 정당성을 가지고 있다.

　세 가지 앎의 조건 중에서 '참' 즉 '진리'의 문제는 요즘 주로 논리철학에서 다루어지며, '믿음'에 관한 연구는 주로 심리철학이나 언어철학에서 다루고 있다. 따라서 인식론의 주된 과제라고 볼 수 있는 것은 '인식적 정당성'의 문제이며 이 문제가 지난 20여 년 동안 가장 왕성하게 논의되었다.

　'인식적 정당성'의 문제란 어떤 조건을 충족시켜야 한 사람의 믿음이 정당한가에 대한 논의이다. 한 사람의 믿음이 인식적으로 정당화되었다는 것은 그 사람에게 그 믿음을 갖는 것이, 인식적 측면에서 적어도 **허용되거나 합리적임**을 의미하며, 더 나아가서 **인식적인 의무**라는 것이다. 이러한 인식적 정당성이 가지고 있는 특성은 도덕적 정당성과 유사하게 **규범적**이고 **평가적**이라는 것이다.

　전통적 인식론의 주된 관심사인 '인식적 정당성'이라는 개념이 규범성을 가지고 있다는 사실은 이를 탐구하는 방법이 자연과학적일 수 없음을 내포한다. 왜냐하면 자연과학이란 있는 그대로의 사실에 대한 서

술을 목적으로 할 뿐 규범적인 문제에 관심을 갖지 않기 때문이다. 이러한 현상을 다른 각도에서 설명하면, 사실을 아무리 많이 모아도 이로부터 규범적인 것이 도출되지는 못한다는 것이며 이는 무어(G. E. Moore)의 '자연주의적 오류'6)를 통해서 널리 알려져 있다. 만일 이 세상의 모든 사람들이 실제로 남을 해치고 있다고 해서 남을 해치는 것이 윤리적으로 정당할 수 없듯이, 만일 이 세상의 모든 사람들이 '성급한 일반화의 오류'를 범하고 있다고 해서 성급한 일반화의 오류를 통해서 얻어진 믿음이 정당해지는 것은 아니라는 것이다.

사실에 대한 학문인 자연과학에서 사용하는 방법을 경험적 방법이라고 하면, 전통적 인식론은 경험적 방법에 전적으로 의존할 수 없다. 왜냐하면 경험적 방법으로부터 규범성을 도출할 수 없음을 우리가 분명히 보았기 때문이다. 따라서 전통적 인식론에서 사용하는 방법은 **선험적 방법**이어야 한다.

이상의 논의에서 우리는 전통적 인식론의 두 가지 특성을 찾을 수 있었다. 하나는 전통적 인식론이 **규범적 학문**이라는 것이고 다른 하나는 **선험적 방법을 사용**한다는 것이다.

반면에 자연화된 인식론의 특징은 **경험적 방법의 강조**에 있다. 앞에서도 말했던 것처럼, 자연화된 인식론의 유형은 매우 다양하다. 전통적인 인식론을 전면적으로 부정하고 자연주의적 인식론만이 유일한 대안이라는 극단적인 입장부터 전통적인 인식론을 전적으로 부정하지는 않지만 자연주의적 인식론이 전통적인 인식론의 문제를 해결하는 데에 어느 정도 기여하리라는 입장까지 여러 다른 입장들이 있다.7) 이렇게

---

6) G. E. Moore, *Principia Ethica*, Cambridge Univ. Press, 1903.
7) 다양한 자연주의적 인식론의 입장에 대한 논의로는, 김동식(1995), pp.39-48 과 James Maffie, "Recent Work on Naturalized Epistemology", *American*

다양성 목소리의 자연주의적 인식론이 공통적으로 공유하고 있는 내용은 전통적인 인식론이 제일철학으로서 선험적 탐구방법에 의해 지식의 정초를 제공한다는 것에 대한 강한 불신이다.

이들은 인지과학의 놀라운 발전에 주목하는데, 인지과학이란 우리가 무엇을 인식하는 인지과정에 대한 경험적·과학적 탐구라고 할 수 있다. 여기서 자연주의적 인식론은 **인식적 정당성의 문제**에도 **경험적·자연과학적 탐구방법**을 도입해야 한다는 것이 기존의 전통적 인식론과 대조되는 부분이라고 할 수 있겠다. 기존의 전통적 인식론이 "나는 어떤 믿음을 **형성해야 하는가?**"에 대한 대답을 선험적으로 구하는 학문이었다면, 자연주의적 인식론은 "나는 어떤 믿음을 **실제로 형성하는가?**"에 대한 탐구, 즉 우리의 인지과정에 대한 탐구가 "나는 어떤 믿음을 형성해야 하는가?"의 규범적 질문에 대한 답을 제공하는 데 큰 도움을 주리라는 주장을 하고 있는 것이다. 이 부분에 대한 논의를 좀 더 자세히 해보도록 하자.

전통적 인식론이 주장하는 것처럼 인식적 정당성이 규범적 개념으로 정당화된 믿음을 갖는 것이 우리의 인식적 의무라면, 전통적인 인식론의 문제는 다음과 같이 물어질 수 있다.

> Q1) 우리는 어떠한 믿음을 가져야만 하는가?8)

Philosophical Quarterly 27, 1990을 참고할 것.

8) 전통적인 인식론이 Q1)에 대한 대답을 연구하는 것이라는 필자의 설명은 콘블리스의 논의를 따른 것이다[Hilary Kornblith(1985), p.1 참조]. 사실 Q1)은 오해의 여지가 있다. 왜냐하면 Q1)의 질문이, 우리 모두가 믿어야 하는 명제가 있고, 또 믿으면 안 되는 명제가 있음을 전제하는 듯하기 때문이다. 하지만 '앎'이나 '인식적 정당성'은 개개의 인간과 명제들 사이의 관계를 나

우리가 무엇을 믿어야 하느냐는 질문 Q1)에 대해 인식론자들이 답을 구할 때, 우리가 실제로 어떻게 믿음을 형성하느냐는 인식 형성의 서술적인 측면에 대한 고려는 거의 하지 않았었다. 왜냐하면, 실제로 우리가 형성하는 믿음 중에는 정당화된 믿음도 있지만, 단순한 추측이나 희망사항으로 야기된 정당화되지 않은 믿음도 있기 때문이다. 다시 말해서, 실제로 우리가 이러이러한 방식으로 믿음을 형성한다고 해서 그러한 믿음 형성 과정을 통해 얻어진 믿음이 모두 정당화된 믿음은 아니라는 것이다. 따라서 전통적인 인식론자들에 의하면, 믿음 형성에 관한 다음의 질문에 대한 연구는 인식론의 영역이라기보다는 심리학(특히 인지심리학)의 영역이라고 생각하였다.

Q2) 우리는 실제로 어떠한 믿음을 갖는가?

Q1)은 규범적인 질문인 데 반하여 Q2)는 서술적인 질문이다. 그런데 자연주의적 인식론을 옹호하는 사람들의 일반적인 공통점은 Q1)에 대한 대답을 하기 위해서는 반드시 Q2)에 대한 대답으로부터 도움을 받아야 한다는 것이다. 다시 말해서, 자연주의적 인식론이란, 전통적 인식론에 비해서 Q2)의 질문에 더 중요성을 부여하는 인식론의 새로운 흐름이다.

타내므로, 특정 명제가 나에게는 인식적으로 정당화되지만 다른 사람에게는 정당화되지 않을 수 있고, 마찬가지로 나는 그 명제를 알지만, 다른 사람은 그 명제를 모를 수 있다. 이런 의미에서 Q1)에 대한 연구는 우리 모두에게 정당화된 명제를 찾는 것이 아니라, 개개의 사람들이 믿어야 하는 믿음이 무엇인가를 찾는 것이며, 따라서 내가 믿어야 하는 믿음의 집합과 다른 사람이 믿어야 하는 믿음의 집합이 반드시 같은 것은 아니다.

3. 콰인의 근본적 대체론

근본적 대체론을 주장한 대표적인 사람은 콰인(W. V. O. Quine)이다. 콰인의 입장은 이해하려고 하면 너무 어렵고, 받아들이려고 하면 너무 당혹스럽다. 콰인에 따르면, 전통적인 인식론의 역사는 데카르트로부터 내려오는 토대론의 역사이며 이러한 토대론의 역사는 한마디로 말해서 실패의 연속이었다. 토대론에 따르면, 믿음들이 정당화되는 데에는 두 가지 형태가 있다는 것이다. 하나는 기초적 믿음(basic belief)으로 이러한 믿음의 정당화는 다른 정당화된 믿음에 의존하지 않으며, 다른 하나는 비기초적 믿음(non-basic belief)으로 이들의 정당화는 적어도 부분적으로 다른 정당화된 믿음에 의존한다는 것이다. 이러한 토대론이 완성되려면, 어떤 믿음들이 다른 정당화된 믿음에 의존하지 않고도 정당화될 수 있는 기초적 믿음인가가 설명되어야 하고, 또 이러한 기초적 믿음으로부터 어떻게 비기초적 믿음이 정당화되는가도 밝혀져야 한다.

데카르트의 토대론에 따르면, 기초적 믿음이란 간단히 말해서 의심의 여지가 없는 믿음, 즉 예를 들어 내게 지금 붉은 것이 있는 것처럼 보인다와 같이 현재 나의 의식 세계에 대한 믿음이며, 이러한 기초적 믿음으로부터 연역을 통해 비기초적 믿음이 정당화된다. 데카르트의 토대론에 대하여, 콰인은 내게 지금 붉은 것이 있는 것처럼 보인다는 기초적인 믿음으로부터 내 앞에 붉은 것이 있다는 믿음이 연역적으로 도출되지는 않으므로 우리가 일반적으로 감각적 경험으로부터 정당화된다고 생각하는 내 앞에 붉은 것이 있다는 믿음이 어떻게 정당화되는지를 데카르트의 토대론은 설명할 수 없기 때문에 문제가 있다고 결론을 짓는다. 이러한 데카르트적 토대론이 가지고 있는 문제는 이미 널리 알려진 것이므로, 콰인의 주장을 부정하는 사람은 많지 않을 것이다. 하지만 이 결론으로부터 도출하는 새로운 결론은 훨씬 더 충격적이다.

그에 따르면, 데카르트의 토대론은 실패작인데 그것이 실패작일 수밖에 없는 이유는 전통적인 인식론의 문제 제기가 잘못되었기 때문이라는 것이다. 즉 어떤 조건을 만족시킬 때 우리의 믿음이 정당화되느냐 하는 규범적인 질문은 잘못된 질문이며 이와 관련된 의미 있는 질문이란 우리가 실제로 어떻게 믿음을 형성하느냐는 서술적인 물음이다. 예를 들어, 만약 이 세상에 신이 존재하지 않는다고 가정해 보자. 그렇다면, "신이 어떻게 우주를 만들었는가?"라고 누군가가 물었을 때 해줄 수 있는 최선의 대답은 "어떻게 우주가 생겨났는가?"라는 질문에 대한 대답일 것이다. 마찬가지로, 콰인에 의하면, Q1)은 신이 존재하지 않는 세계에서 "신이 어떻게 우주를 만들었는가?"와 같이 대답될 수 없는 질문이며, 그와 비슷한 질문 중에 의미 있게 물어질 수 있는 질문은 Q2)라는 것이다. 따라서 그의 결론은 단순하게 데카르트적인 토대론을 포기해야 한다는 것이 아니라 인식 정당화를 핵심으로 하는 전통적인 인식론을 포기하고 우리가 어떻게 믿음을 형성하느냐 하는 서술적인 인식론으로 우리의 관심을 돌려야 한다는 것이다. 더구나 콰인은 이러한 서술적인 인식론이 전통적인 인식론을 대체할 수 있다고 주장한다.

콰인의 대체론을 뒷받침하는 또 하나의 근거로 제시되는 것은 이제까지 전통적으로 받아들여지던 분석판단과 종합판단의 구분에 대한 부정이다. 우리는 일반적으로 분석명제는 경험과 독립적으로 진위를 판단할 수 있는 반면 종합명제는 경험을 통해서 참, 거짓을 알 수 있다고 생각한다. 하지만 콰인에 따르면 분석명제와 종합명제의 차이는 우리의 믿음 체계 내에서 얼마나 쉽게 수정되는 경향이 있느냐의 정도 차이만 있을 뿐 종합명제뿐만 아니라 분석명제도 원칙적으로 경험에 의해서 수정이 가능하다는 것이다. 예를 들어, 대표적 분석명제인 "총각은 미혼이다"도 경험적으로 틀렸음을 보여줄 수 있다고 한다. 이러한 넓은 의미의 '경험'을 받아들인다면 경험적이지 않은 것이 없으므로 규범적인 영역이라고 여겨지는 전통적 인식론의 탐구도 경험적인 방법이 적용되어야 한다는 데에 이론(異論)이 없을 것이다. 어떤 믿음을 형성해야 하는가에 대한 대답을 하기 위해서는 자신이 속해 있는 세계에 대한 경험적 지식을 갖는 것이 필수적인 조건이며 이러한 의미에서 전통적 인식론의 영역이 경험적으로 탐구되어야 하는 것은 자명하기 때문이다.

콰인의 이러한 주장은 여러 가지 문제를 가지고 있다. 먼저 데카르트에 의해서 대표되는 고전적 토대론에 대한 콰인의 비판을 살펴보자. 첫째로 데카르트가 역사적으로 토대론의 대표자라는 점에는 의심의 여지가 없으나, 그의 이론이 토대론의 전부는 아니다. 오늘날 데카르트의 토대론이 가지고 있는 문제점을 대부분의 토대론자들이 알고 있으며, 따라서 비기초적 믿음이 기초적 믿음으로부터 논리적인 연역을 통해서만 정당화된다고 주장하는 토대론자들은 없다. 적어도 귀납적인 추론이나 확률적인 추론도 기초적 믿음으로부터 비기초적 믿음으로 정당성을 전할 수 있는 방법으로 인정되고 있기 때문이다. 따라서 데카르트의 토대론이 실패작이라고 해서 토대론 전체가 실패작이라는 결론을 내리는 것은 성급하다.

설령, 토대론이 어떤 형태로도 성공할 수 없다는 것이 밝혀진다 하더라도 전통적인 인식론을 포기하기에는 너무 이르다. 토대론 이외에도 정합론, 증거론, 신빙론 등등 토대론의 대안으로 전통적인 인식론의 물음에 훌륭한 대답을 제시할 수 있는 이론들이 있다. 따라서 전통적인 인식론을 포기하기 전에, 이들 이론들이 인식 정당화의 분석을 제대로 할 수 없음을 콰인은 보여주어야 한다. 더 나아가 전통적인 인식론이 왜 잘못된 질문을 하고 있는지, 즉 왜 Q1)이 대답될 수 없는 잘못된 질문인지를 분명하게 설명해 주어야 한다. 단순하게 데카르트식의 토대론이 실패했다는 이유만으로는 전통적인 인식론의 물음이 왜 잘못된 질문인가를 말해 주지 못한다.9)

콰인의 더더욱 이해하기 어려운 주장은, 우리가 어떻게 믿음을 형성하는가 하는 서술적인 인식론이 우리가 어떻게 믿음을 형성해야 하는가 하는 규범적인 인식론을 대체할 수 있다는 것이다. 콰인이 말하는 자연주의적 인식론이란 우리가 감각적인 자극이나 경험으로부터 어떻게 믿음을 형성하는가 하는 심리학에서 주로 다루던 문제를 연구하는 것이다. 여기에서 감각적 자극과 믿음 형성의 관계는 인과적인 혹은 법칙적인 관계이다. 이러한 관계를 콰인은 "어떻게 증거가 이론(믿음)과 관련되는가?"에 대한 대답으로 제시한다.10) 여기서 주의해야 할 점은 콰인이 말하는 증거와 믿음과의 관계를 인식 정당화에 대한 이론인 증거론에서 말하는 증거와 믿음과의 관계와 혼동해서는 안 된다는 것이다.11) 증거론에서 말하는 증거와 믿음과의 관계는 어떻게 증거가 믿

---

9) 이러한 비판은 어떤 의미에서는 콰인에게 불공평한 비판일 수 있다. 왜냐하면 콰인이 "Epistemology Naturalized"를 쓴 것은 1969년 이전이며, 그 당시만 해도 인식 정당화에 대한 이론들 — 토대론, 정합론, 신빙론, 증거론 — 이 정립되기 전이기 때문이다. 하지만 그렇다고 해서, 이들 이론이 정립된 오늘날, 그 당시 콰인이 이 이론들을 몰랐으므로 콰인의 이론을 그대로 받아들여야 한다고 주장하는 사람은 없으리라고 생각한다.

10) W. V. O. Quine(1969), p.83.

11) Jaegwon Kim, "What is 'Naturalized Epistemology'?", *Philosophical Perspectives* 2, *Epistemology*, ed. by Tomberlin, Ridgeview Publishing

음을 인식적으로 뒷받침해 주느냐, 다시 말해서, 한 사람이 가지고 있는 증거가 어떻게 그 사람이 가지고 있는 믿음을 정당화시켜 주느냐를 설명하는 것이지만, 콰인이 말하는 증거와 믿음의 관계는 단순한 인과관계이기 때문이다. 그러므로 증거론과 콰인의 자연주의적 인식론이 "어떻게 증거가 믿음과 관계하는가?"라는 같은 문장으로 질문을 제시하고 있기는 하지만 그 질문의 내용은 전혀 다르다는 점을 잊어서는 안 된다. 그렇다면, 증거론에서 다루는 정당화의 문제가 어떻게 콰인이 말하는 인과적 연구에 의해서 대체될 수 있는지는 여전히 미궁으로 남는다.

분석판단과 종합판단에 대한 콰인의 부정도 대체론을 뒷받침하지는 못한다. 먼저 분석명제와 종합명제의 구분에 대한 콰인의 비판이 과연 받아들여질 수 있는가에 대해서는 많은 사람들이 회의적인 입장을 취하고 있다. "총각은 미혼이다"와 같은 명제가 거짓임을 경험적으로 보여줄 수 있다는 것은 도대체 무슨 뜻인가? '총각'이라는 의미가 '미혼의 성인 남성'이라는 것은, 적어도 상식적인 견해로는, 정의(definition)의 문제인데 그것이 경험적이라는 말을 어떻게 이해해야 하는가? 이런 의미의 '경험성'을 이해하기 쉽지 않은 것이 사실이며 많은 자연주의적 인식론자들이 콰인을 자연주의적 인식론의 창시자로 인정하면서도 그의 대체론을 전격적으로 받아들이지는 못하는 이유가 바로 여기에 있지 않나 생각한다.

설령 분석명제와 종합명제의 구분에 대한 콰인의 논증을 깨끗하게 반박하지 못했음을 인정하고 그의 주장을 받아들인다고 치자. 그렇다면 이 세상에 경험적이지 않은 것은 아무것도 없어 보인다. 모든 것이 경험적 탐구의 대상이 된다는 의미에서 전통적 인식론도 경험적 탐구

Company, 1988, pp.389-391.

의 대상이 되어야 할 것이고 이런 의미에서 전통적 인식론의 탐구방법
은 선험성이 설 자리를 잃게 될 것이다. 하지만 모든 것이 경험적 탐구
의 대상이라는 것을 받아들여도 규범성의 영역은 여전히 유지될 수 있
으리라고 생각한다. 내가 어떤 믿음을 형성해야 하는가의 문제와 내가
어떤 믿음을 실제로 형성하고 있느냐의 문제는 설령 두 질문을 해결하
는 방식이 모두 경험적이라고 해도 두 질문의 내용이 같아지는 것은
아니기 때문이다. 적어도 "나는 내가 믿음을 형성해야 하는 방식으로
실제로 믿음을 형성하지는 못했다"라는 말이 의미 있게 사용되는 한,
전통적 인식론이 자연주의적 인식론으로 대체될 수는 없다.12)

이를 부정하기 위해서 콰인이 취할 수 있는 입장은 "내가 어떤 믿음
을 형성해야 하는가"의 논의를 완전히 무의미한 것으로 돌리고 의미
있는 유일한 질문은 "내가 실제로 어떤 믿음을 형성하는가"라고 함으
로써 규범성의 내용을 논의의 영역에서 제거하는 것이다. 하지만 '가
치'나 '규범성'이란 개념을 버리기에는 그 희생이 너무 크다. 가장 큰
문제 중의 하나는 윤리의 부재로부터 오는 혼란일 것이다. 나치가 유
대인들을 학살한 것에 대해서 우리는 그르다는 말을 할 수 없으며, 우
리 사회에 살인이 범람해도 이를 막을 만한 근거가 없어진다.

게다가 콰인도 규범성을 버리는 입장을 취하고 있지는 않은 것 같
다. 이후의 저서13)에서 콰인 자신도 인식론의 자연화가 인식론의 규범
적 성격을 버리는 것만은 아님을 인정하고 있다. 그렇다면, 설령 전통
적 인식론이 매우 넓은 의미의 '경험적' 탐구 영역에 들어간다고 하더

---

12) 이와 유사한 입장이, 정연교, 「"의식: 과학과 철학"에 대한 논평」, 한국철학
회 2000년 춘계학술대회지, pp.138-140에서도 나타난다.

13) Quine, "Reply to Morton White", *The Philosophy of W. V. O. Quine*, ed.
by Hahn and Schilpp, Open Court, 1986, p.664와 *The Pursuit of Truth*,
Harvard Univ. Press, 1990, pp.19-21.

라도 규범성과 사실의 구분은 여전히 남아 있다는 점에서 전통적 인식론의 멸망을 걱정할 필요까지는 없다고 생각된다.

더구나 모든 경험적 탐구의 대상들 중에서 무엇을 기준으로 규범성을 부활시킬 수 있는지는 콰인에게 난제일 수밖에 없다. 경험적 탐구라는 것은 있는 사실에 대한 서술을 이야기하는 것인데 그로부터 어떤 것은 믿어야 하고, 어떤 것은 믿어서는 안 되는가를 어떻게 구분하여 설명할 수 있을까? 가장 먼저 떠오르는 대답은 '진리에 대한 추구'나 '진화론에 바탕을 둔 적자생존' 등에 이바지하는 믿음이 믿어야 하는 믿음이라는 것이다. 하지만 이런 대답이 문제를 근원적으로 해결하지는 못한다. 이는 '진리'나 '생존'이 가치 있는 것임을 전제로 해야 하는데 이러한 가치를 경험적인 탐구로 어떻게 밝혀낼 수 있다는 말인가?[14] 사실과 일치하지 않는 믿음을 갖는 것이 왜 바람직하지 않으며, 왜 오래 사는 것이 일찍 죽는 것보다 더 나은 것이 되는가? 더 근본적으로, 모든 것이 경험적인 탐구의 대상이라면 '가치'라는 것은 도대체 어디서부터 나온 말이며 그 의미를 우리는 어떻게 이해해야 할까? 가치 실재론을 받아들이고 이에 대한 자연과학적 탐구가 가능함을 인정해야 해결될 수 있는 문제인 것 같은데 그 과정은 매우 험난해 보인다. 이런 문제들이 '경험'에 대한 넓은 해석 때문에 발생한 것이라면 이러한 해석을 유지하기 위해서 위와 같은 문제점들을 허용하는 것보다 차라리 콰인의 입장을 버리는 것이 더 나은 해결책이라고 생각한다.

이제까지 콰인이 주장하는, 자연주의적 인식론이 전통적인 인식론을 대체해야 한다는 이론을 검토해 보았다. 앞에서 지적한 바와 같이 콰

---

14) 이 부분에 대한 반론으로는 김기현, 「자연화된 인식론과 규범의 자연화」, 『철학적 분석』 2호, 2000, pp.116-117을 참고할 것.

인의 주장은 많은 허점을 가지고 있다. 첫째로, 데카르트의 토대론이 실패했다고 해서 전통적인 인식론을 포기해야 한다는 결론을 내리는 것은 설득력이 없다. 데카르트의 토대론이 실패했다 하더라도 다른 종류의 토대론이 전통적인 인식론의 핵심 문제인 인식 정당화의 성공적인 분석을 제시할 수도 있고, 설령 토대론 전체가 실패한다 하더라도 다른 이론들이 성공할 수도 있기 때문이다. 둘째로, 어떻게 감각적인 경험으로부터 믿음을 형성하느냐 하는 것에 대한 연구인 콰인의 자연주의적 인식론은 그 성격상 우리가 어떻게 믿음을 형성해야 하느냐 하는 문제를 다루는 전통적인 인식론을 대체할 수는 없다. 왜냐하면 자연주의적 인식론은 감각적 경험과 우리의 믿음이 어떻게 인과적이나 법칙적으로 연결되어 있는가 하는 서술적인 학문임에 반하여 전통적인 인식론은 감각적 경험이 어떻게 우리의 믿음을 정당화해 주는가에 대한 규범적인 학문이기 때문이다. 이러한 이유로, 대부분의 자연주의적 인식론자들이 콰인을 자연주의적 인식론의 창시자라고 인정하면서도 그의 대체론을 그대로 받아들이지는 않고 있다.

4. 온건한 자연화된 인식론

온건한 자연화된 인식론15)에 따르면, 전통적으로 Q1)에 대한 연구와 Q2)에 대한 연구는 독자적으로 진행되었다. Q1)에 대한 연구는 철

---

15) 온건한 자연화된 인식론에 대한 논의는 콘블리스의 앞의 글을 토대로 한 것이다. 이 글에서 콘블리스는 이러한 온건주의자가 누구인지, 그리고 콘블리스 자신이 온건한 자연주의를 받아들이는지에 대해서는 분명한 언급을 하지 않고 있다. 그러나 콘블리스가 주장하는 Ballpark Psychologism이 근본적으로는 온건한 자연주의에 속한다고 생각한다.

학, 특히 인식론에서 전적으로 맡아서 했고, Q2)에 대한 연구는 심리학에서 했다. 일반적으로 Q1)에 대한 연구를 하는 인식론자들은 Q2)의 연구 결과에 크게 신경을 쓰지 않았으며, Q2)를 연구하는 심리학도 Q1)의 연구 결과에 좌우되지 않았다. 그들은 각자의 연구 결과를 토대로 다음의 질문에 대한 대답을 하는 것이 그들 학문들이 가지고 있는 협력의 전부라고 생각했다.

> Q3) 우리가 실제로 믿음을 형성하는 방식이 우리가 믿어야만 하는 믿음을 산출하는가?

만일 Q1)에 대한 답과 Q2)에 대한 답이 같다면 Q3)에 대한 답은 "예"일 것이고, 만일 Q1)과 Q2)에 대한 답이 일치하지 않는다면 Q3)에 대한 답은 "아니요"가 될 것이다. Q3)에 대한 대답이 긍정적이건 부정적이건, 그것이 인식론의 연구나 심리학의 연구에 흐름을 바꾸지는 않는다고 생각해 왔다. 인식론자들은 앎, 특히 인식 정당화에 대한 더 나은 분석을 구하려고 노력하고 심리학자들은 우리의 인지 체계를 좀 더 정확히 밝히려고 노력할 뿐이다. 왜냐하면 인식론자들이 묻는 규범적인 문제는 심리학자들이 묻는 서술적인 문제와는 전적으로 독자적인 것이라고 생각해 왔기 때문이다.16)

이러한 전통적인 생각에 온건한 자연주의는 반기를 든 것이다. 온건한 자연화된 인식론에 따르면, Q1)은 Q2)와 독립적으로 대답될 수 없다는 것이다.17) 다시 말해서, 우리가 어떻게 믿음을 형성하느냐는 서

---

16) Hilary Kornblith(1985), pp.1-3.

17) *Ibid.*, p.3.

술적인 문제가 우리가 어떤 믿음을 가져야 하느냐는 규범적인 문제를 해결하는 데에 밀접한 관계를 가지고 있다는 것이다. 이러한 주장을 평가하기 위해서 우리는 "Q1)이 Q2)와 독립적으로 대답될 수 없다"는 그들의 주장이 정확히 어떤 의미인가를 살펴볼 필요가 있다.

첫째로, "Q1)이 Q2)와 독립적으로 대답될 수 없다"는 명제가 "Q1)에 대한 대답이 Q2)에 대한 대답의 도움 없이 전적으로 독자적인 대답을 제시할 수 없다"를 의미할 수 있다. 다시 말해서, Q1)과 Q2)가 각각 독자적인 영역의 질문을 하고는 있지만, Q2)의 대답은 Q1)에 대한 대답의 도움이 적어도 조금은 필요하다는 것이다. Q1)이 Q2)와 독립적으로 대답될 수 없다는 것이 이러한 뜻이라면, 전통적인 인식론자들의 반응은 어떠할까? 보수적인 전통적 인식론자들은 위와 같은 주장도 거부할 가능성이 있다. '앎'의 분석, 특히 '인식 정당화'의 분석은 *a priori*한 작업이라 생각하여 실제로 우리가 어떻게 믿음을 형성하는가와 무관하게 성공적으로 수행할 수 있다고 생각할 수도 있기 때문이다.

하지만 대부분의 전통적인 인식론자들은 우리가 어떤 식으로 믿음을 형성하고 있는가가 올바른 인식 정당화의 분석에 기여하는 바가 있음을 인정할 것이다. 예를 들어, 앞에서 데카르트의 토대론을 이야기할 때, 우리가 그의 이론을 받아들일 수 없는 이유는 상식적으로 붉은 물건을 보고 내 앞에 붉은 것이 있다는 명제를 믿는 것이 정당화된다고 생각하는데 데카르트의 이론은 이러한 현상을 설명하지 못하기 때문이다. 붉은 물건을 보고 내 앞에 붉은 것이 있다고 믿는 것, 그리고 이러한 믿음이 근거가 있다고 믿는 것은 우리가 실제로 어떻게 믿음을 형성하느냐에 대한 예가 되며, 이러한 예가 데카르트의 이론에 대한 반례가 된 것이다. 이 경우에 Q2)에 대한 대답의 일부가 Q1)에 대한 대답, 즉 '인식 정당화'의 분석에 큰 영향을 준 것이다.

이러한 예는 단순히 데카르트의 이론에만 한정된 것은 아니다. Q1)의 물음은, 우리가 정당화된 믿음을 받아들여야 하는 인식적 의무가 있다는 것을 인정할 경우, 어떤 믿음이 정당화된 믿음인가라는 질문과 같은 의미를 지니게 되며, 정당화된 믿음의 분석을 제시할 때 항상 우리가, 상식적인 선에서, 실제로 형성하는 근거가 있어 보이는 믿음, 즉 정당화된 믿음이나, 또는 실제로 형성하는 근거가 없는 믿음, 즉 정당화되지 않은 믿음 중에서 제시하려는 분석에 대한 반례가 없는지를 검토한다. 이러한 과정에서 전통적인 인식론이 우리가 어떤 믿음을 형성하는가 하는 Q2)에 도움을 받는다고 할 수 있다.

하지만 "Q1)이 Q2)와 독립적으로 대답될 수 없다"는 명제는 위와 같이 "Q1)에 대한 대답이 Q2)에 대한 대답의 도움 없이 전적으로 독자적인 대답을 제시할 수 없다"는 의미로 사용된 것이 아니다. 온건한 자연주의자의 주장은 단순히 심리학이 인식론에 조연의 역할을 하고 있다는 것이 아니라 심리학만을 공부해도 인식론에서 원하는 대답을 얻을 수 있다는 것이다. 따라서 그들이 이야기하는 좀 더 강한 의미의 주장을 알아볼 필요가 있다.

온건한 자연주의적 인식론자가 말하는 "Q1)이 Q2)와 독립적으로 대답될 수 없다"는 의미는 간단히 말해서 우리가 Q2)의 대답을 성공적으로 할 수 있다면 그로부터 Q1)에 대한 대답을 논리적으로 도출할 수 있다는 것이다. 이러한 입장을 콘블리스는 '약한 대체론(weak replacement thesis)'이라 부른다. 약한 대체론은 콰인과 같이 Q1)이 대답될 수 없는 무의미한 질문이라고 생각하지는 않지만, Q1)에 대한 대답은 궁극적으로 Q2)에 대한 대답이 완성되면 자연히 대답될 수 있다는 것이다. 그렇다고 해서 온건한 자연주의자들이 전통적인 인식론의 연구를 무의미하다고 생각하는 것은 아니다. 그의 주장은, 언젠가 Q2)에 대한 대답이 완성되었을 때 Q1)에 대한 대답도 도출될 수 있다는 것이지, 지금 이 시점에서 Q2)에 대한 대답이 완성되었다는 것은 아니다. 따라서 약한 대체론이 옳다고 하더라도 지금 당장 전통적인 인식론의 문제가 심리학의 문제로 대체될 수 있는 것은 아니며, 그때까지는 인식론과 심리학이 독자적인 연구를 서로 비교 검토하면서 상부상조해야 한다는 것이다.18) 다시 말해서, 지금 당장은 심리학 혹은 자연주의적 인식론이 전통적인 인식론을 어떤 식으로든지 대체할 수 있는 상황이 아니며, 간단히 말하면, 자연주의적 인식론과 전통적인 인식론은 두 가지의 다른 방법론을 가지고 같은 목표를 향해서 가는 동업자이다. 그러므로 약한 대체론을 받아들이는 온건한 자연주의가 옳다고 하더라도 지금 당장 전통적인 인식론자들이 실직할 염려는 없다는 것이다.

Q2)의 대답을 통해서 Q1)의 대답을 논리적으로 도출할 수 있다는 주장에 대한 근거를 조사하기 전에 한 가지 짚고 넘어가고 싶은 것이 있다. 만약 "Q2)의 대답을 통해서 Q1)의 대답을 논리적으로 도출할 수 있다"는 것이 온건한 자연주의자들에 의해서 주장되는 바라면, "Q1)은 Q2)와 독립적으로 대답될 수 없다"는 그들의 주장은 정확한 표현이 아니다. 왜냐하면, 설령 Q2)의 대답을 통해서 Q1)의 대답을 논리적으로 도출할 수 있다고 하더라도 Q1)에 대한 대답이 Q2)에 대한 대답의 도움을 받지 않고 독자적으로 대답될 가능성이 전적으로 배제된 것은 아니기 때문이다. Q1)을 대답하는 방법이 한 가지가 아니라면, Q2)에 대한 대답으로부터 Q1)에 대한 대답을 도출할 수도 있고, Q2)에 대한 대답의 도움 없이 전통적인 인식론자들이 독립적으로 성공적인 대답을

---

18) *Ibid.*, pp.7-8.

제시할 수도 있는 것이다. 따라서 앞으로의 논의는 Q2)의 대답으로부터 Q1)의 대답을 논리적으로 도출할 수 있다는 주장, 즉 Q1)의 질문이 Q2)에 의해서 대체될 수 있다는 주장에 설득력이 있는지를 검토하는 데에 초점을 두기로 하겠다.

Q1)이 Q2)에 의해서 대체될 수 있다는 주장을 뒷받침해 주는 근거는 유명한 다윈(C. Darwin)의 적자생존에 대한 이론이다. 적자생존론에 따르면, 인지 능력이 제대로 발달되지 못한 동물은 살아남지를 못했다는 것이다. 즉 주어진 환경에 제대로 적응하지 못한 종류의 동물들은 적자생존의 원리에 따라서 도태되고 말았으므로, 주어진 환경에 제대로 적응한다는 것은 올바른 인지 체계를 가지고 있음을 의미한다. 인간도 적자생존의 법칙이 적용되는 세계에서 살아남은 종족이므로 우리 역시 올바른 인지 체계를 가지고 있다고 할 수 있으며, 이는 우리에게 선천적으로 주어진 인지 능력이 생존에 필요한 참을 믿는 경향성을 지니고 있다고 할 수 있다. 따라서 우리가 인지 체계가 우리로 하여금 참인 명제를 믿게 하는 것은 단순한 가능성이 우연적으로 실현되었다기보다는 적자생존의 원칙에 따른 부산물이라고 볼 수 있는 것이다.[19] 이러한 이야기를 전제와 결론의 형식을 가진 논증으로 만들면 다음과 같다.[20]

1 적자생존의 법칙이 적용되는 세상에서 살아남은 인간의 믿음 형성 과정은 구조적으로 참인 믿음들을 생산하게 되어 있다.

2 만약 인간의 믿음 형성 과정이 구조적으로 참인 믿음들을 생산하게 되어 있다면, 우리의 믿음 형성 과정은 우리가 믿어야 하는 믿

19) *Ibid.*, pp.4-5.
20) *Ibid.*, p.5.

음을 산출한다.

3 만약 우리의 믿음 형성 과정이 우리가 믿어야 하는 믿음을 산출한
다면, Q3)에 대한 대답은 '예'이다.

4 만약 Q3)에 대한 대답이 '예'이면, 우리는 Q2)에 대한 대답으로부
터 Q1)에 대한 대답을 도출할 수 있다.

---

5 그러므로 우리는 Q2)에 대한 대답으로부터 Q1)에 대한 대답을 도
출할 수 있다.

이 논증의 건전성을 논하기 전에, 그 의미가 분명하지 않은 첫 번째
전제를 살펴보기로 하겠다. 첫 번째 전제가 애매한 이유는 양화사
(quantifier)가 결여되어 있기 때문이다. 즉, 인간의 믿음 형성 과정이,
모든 경우에, 구조적으로 참인 믿음들을 생산한다는 것인지, 아니면 대
부분의 경우에 참인 믿음들을 생산한다는 것인지 불분명하다. 만약 모
든 경우에 참인 믿음들을 생산한다는 것이 첫 번째 전제의 내용이라면
위의 논증은 다음과 같이 고쳐질 수 있다.

1.1 적자생존의 법칙이 적용되는 세상에서 살아남은 인간의 믿음 형
성 과정은 모든 경우에 참인 믿음들을 생산한다.

2.1 만약 모든 경우에 인간의 믿음 형성 과정이 참인 믿음들을 생산
한다면, 우리의 믿음 형성 과정은 모든 경우에 우리가 믿어야 하
는 믿음을 산출한다.

3.1 만약 모든 경우에 우리의 믿음 형성 과정이 우리가 믿어야 하는
믿음을 산출한다면, Q3)에 대한 대답은 '예'이다.

4   만약 Q3)에 대한 대답이 '예'라면, 우리는 Q2)에 대한 대답으로

부터 Q1)에 대한 대답을 도출할 수 있다.

---

5   그러므로 우리는 Q2)에 대한 대답으로부터 Q1)에 대한 대답을
    도출할 수 있다.

이 논증은 타당하다. 따라서 모든 전제들을 받아들인다면, 결론도 반
드시 받아들여야 한다. 하지만 이 논증은 건전하지 않다. 왜냐하면 1.1
이 거짓이기 때문이다. 우리가 사용하는 믿음 형성 과정이 대부분의
경우에 참인 믿음을 생산하는 것은 사실이지만, 모든 경우에 참인 믿
음을 산출하지는 못하기 때문이다. 예를 들어, 1994년 6월에 미국에서
열린 월드컵 본선에서 우리나라 축구팀은 독일과의 최종 예선전을 이
겨야만 16강에 오를 수 있는 상황에 있었다. 객관적인 전력으로는 독
일이 우리보다 한 수 위의 팀임에 틀림이 없었으나, 한 여론 조사에 따
르면, 경기가 시작하기 전에 약 50%에 가까운 국민들이 우리 팀의 승
리를 예상했다는 것이다. 물론 여론 조사가 얼마나 정확한 것인가도
문제가 될 수도 있다. 그 대답을 한 사람들의 상당수가 단순한 애국심
으로부터 본인이 가지고 있는 믿음보다는 희망사항을 대답했을 가능성
이 있기 때문이다. 하지만 그중에는 우리가 이겼으면 좋겠다는 희망으
로부터 실제로 우리가 독일을 이기리라고 굳게 믿은 사람도 상당수 있
었을 것이다. 하지만 이들의 믿음은 거짓으로 판명 났다. 이러한 예들
은 무궁무진하다. 코페르니쿠스가 지동설을 주장하기 이전에 태어난
많은 사람들은 태양이 지구의 주위를 돈다고 믿었지만 이 또한 거짓인
믿음이다. 따라서 우리의 믿음 형성 과정이 모든 경우에 참인 믿음을
생산한다는 1.1은 받아들이기가 어렵다.
    1.1은 거짓이더라도, 1.1에서 양화사를 '모든 경우' 대신에 '대부분

의 경우'로 바꾸면 그 주장은 받아들일 수 있게 된다. 1.1의 '모든 경우' 대신 '대부분의 경우'로 바꿀 경우에는 2.1의 전건의 '모든 경우'도 '대부분의 경우'로 바꾸어야 논증이 타당해진다. 이렇게 전제들을 바꾸어서 위의 논증을 재정리해 보자.

1.2 적자생존의 법칙이 적용되는 세상에서 살아남은 인간의 믿음 형성 과정은 대부분의 경우에 참인 믿음들을 생산한다.

2.2 만약, 대부분의 경우에 인간의 믿음 형성 과정이 참인 믿음들을 생산한다면, 우리의 믿음 형성 과정은 모든 경우에 우리가 믿어야 하는 믿음을 산출한다.

3.2 만일 모든 경우에 우리의 믿음 형성 과정이 우리가 믿어야 하는 믿음을 산출한다면, Q3)에 대한 대답은 '예'이다.

4 만약 Q3)에 대한 대답이 '예'라면, 우리는 Q2)에 대한 대답으로부터 Q1)에 대한 대답을 도출할 수 있다.

---

5 그러므로 우리는 Q2)에 대한 대답으로부터 Q1)에 대한 대답을 도출할 수 있다.

이 논증에서는 1.2가 별 문제 없이 받아들여질 수 있다. 하지만 여기에서는 2.2에 문제가 있다. 왜냐하면 대부분의 경우에 우리의 믿음 형성 과정이 참인 믿음들을 생산한다고 하면, 우리의 믿음 형성 과정이 **모든 경우에** 우리가 믿어야 하는 믿음을 산출하는 것이 아니라, 기껏해야 대부분의 경우에 우리가 믿어야 하는 믿음을 산출하기 때문이다. 따라서 2.2에 '모든 경우' 대신 '대부분의 경우'를 대입하고 그 논증을 타당하게 만들기 위해서 3.2도 바꾸어 보기로 하자.

1.3 적자생존의 법칙이 적용되는 세상에서 살아남은 인간의 믿음 형성 과정은 대부분의 경우에 참인 믿음들을 생산한다.

2.3 만약 대부분의 경우에 인간의 믿음 형성 과정이 참인 믿음들을 생산한다면, 우리의 믿음 형성 과정은 대부분의 경우에, 우리가 믿어야 하는 믿음을 산출한다.

3.3 만약 대부분의 경우에 우리의 믿음 형성 과정이 우리가 믿어야 하는 믿음을 산출한다면, Q3)에 대한 대답은 '예'이다.

4 만약 Q3)에 대한 대답이 '예'라면, 우리는 Q2)에 대한 대답으로부터 Q1)에 대한 대답을 도출할 수 있다.

---

5 그러므로 우리는 Q2)에 대한 대답으로부터 Q1)에 대한 대답을 도출할 수 있다.[21)]

이 논증에서는 3.3이 문제가 있다. Q3)도 양화사가 없기는 하지만 네 번째 전제가 참이려면, Q3)는 "우리가 실제로 믿음을 형성하는 방식이 항상 우리가 믿어야만 하는 믿음을 산출하는가?"로 이해되어야 하며, 이 질문에 '예'라는 대답을 하려면, 대부분의 경우에 우리의 믿음 형성 과정이 우리가 믿어야 하는 믿음을 산출하는 것으로는 부족하기 때문이다. 따라서 이 논증 역시 온건한 자연주의가 원하는 결론을 도출하지는 못한다.

만일 Q3)를 "우리가 실제로 믿음을 형성하는 방식이 대부분의 경우

---

21) 이 논증이 콘블리스 자신이 받아들인다는 Ballpark Psychologism을 가장 잘 반영한다. Ballpark Psychologism에 따르면, 우리가 실제로 믿음을 형성하는 방식이 대체로 우리가 믿어야만 하는 믿음을 산출한다는 것이다. 이러한 입장은 1.3과 2.3으로 표현될 수 있다.

에 우리가 믿어야만 하는 믿음을 산출하는가?"로 이해한다면 3.3에는 문제가 없을지 모른다. 하지만 그 경우에는 4를 받아들일 수가 없다. 항상은 아니지만 대부분의 경우에 우리의 믿음 형성 과정이 우리가 믿어야 하는 믿음을 산출한다는 것은, 결국 가끔은 우리의 믿음 형성 과정이 우리가 믿어서는 안 되는 믿음을 생산한다는 뜻이 되며, 그 경우에는 우리가 Q2)에 대한 대답으로부터 Q1)에 대한 대답을 도출할 수 없기 때문이다.

이제까지 온건한 자연주의자가 원하는 결론을 도출할 수 있는 논증을 여러 가지 제시해 보았지만, 각각의 논증은 받아들이기 곤란한 전제를 가지고 있음이 밝혀졌다. 하지만 필자가 생각하는 위 논증들의 가장 큰 공통적인 문제점은 각 논증의 두 번째 전제에 있다. 두 번째 전제의 기본적인 내용은 참인 명제를 믿는 것이 우리가 믿어야 하는 믿음이라는 것이다. 하지만 참을 믿는 것이 우리가 믿어야 하는 바라는 주장, 다시 말해서 우리의 인식적인 의무가 참을 믿는 것이라는 주장은 심각한 문제를 가지고 있다. 왜냐하면 때로는 참을 믿는 것이 정당화되지 않을 경우도 있고, 거짓된 명제를 믿는 것도 정당화될 수 있기 때문이다.

예를 들어, 내가 아무런 근거 없이 다음주 주택 복권에 1등으로 당첨될 것이라는 명제를 믿는다고 가정해 보자. 그런데 몇 백만 분의 일의 희박한 확률에도 불구하고 내가 가지고 있는 복권이 다음주에 1등에 당첨된다고 가정하자. 물론 다음주에 추첨이 끝나고 신문이나 방송을 통해서 1등 당첨 발표가 된 번호와 내가 가지고 있는 복권의 번호를 확인한 후에 내가 주택 복권 1등에 당첨되었다는 명제를 믿으면, 그 명제는 참이면서 내게는 정당화된 믿음이다. 하지만 아직 발표가 안 된 상태에서 내가 그 명제를 믿었다면, 그 명제가 참이라 하더라도 내게 정당화된 믿음이라고는 할 수 없다. 왜냐하면 추첨 이전에 내 복권이 1등에 당첨될 확률이 몇 백만 분의 일이라는 나의 지식은 내가 주택 복권 1등에 당첨되리라는 나의 믿음을 충분히 뒷받침해 주지 못하기 때문이다. 따라서 정당화된 믿음을 갖는 것이 우리의 인식적인 의무라고 한다면, 참인 명제를 믿는 것이 모든 경우에 우리가 믿어야 하는 믿음을 갖는 것이라고는 말할 수 없다.

　마찬가지로, 거짓인 명제가 내게 정당화되어서 그 믿음을 갖는 것이 나의 인식적인 의무가 될 수도 있다. 예를 들어, 우리가 물은 H_2O라는 분자 구조를 가지고 있다고 믿고 있지만, 사실은 물의 화학 구조가 H_2O가 아니라 XYZ라고 가정해 보자. 이런 경우에 물이 XYZ의 구조를 가지고 있다는 사실을 모르는 우리는 여전히 물이 H_2O로 구성되어 있다는 명제를 믿는 것에, 비록 그 명제가 거짓이라 할지라도, 정당성을 가진다. 따라서 거짓인 명제를 믿는 것이 때로는 우리가 가지고 있는 인식적인 의무인 경우도 있다.[22] 그러므로 참인 명제를 믿는 것이 우리가 믿어야 하는 인식적인 의무라는 주장은 받아들이기 어렵다.

　설령, 참인 명제들을 믿는 것이 우리의 인식적인 의무라는 것을 인정한다고 해도 문제가 모두 해결되는 것은 아니다. 참인 명제를 믿는

---

22) 이 주장은 정당화된 믿음을 갖는 것이 우리의 인식적인 의무라는 전제로부터 나왔으므로, 이 전제를 부정하면 위의 주장도 비판될 수 있다고 생각하는 사람이 있을지도 모른다. 하지만 정당화된 믿음을 갖는 것이 우리의 인식적인 의무라는 것을 부정하면, 전통적인 인식론의 핵심적인 질문인 Q1)은 "어떤 믿음들이 정당화된 믿음인가?"로 바꾸어야 하며, 따라서 Q3)도 "우리가 실제로 믿음을 형성하는 방식이 정당화된 믿음을 산출하는가?"로 바꾸어져야 한다. 그렇다면, Q3)의 질문에 "예"라는 대답을 하기 위해서는 위 논증들의 두 번째 전제도, "만약 인간의 믿음 형성 과정이 참인 명제들을 생산한다면, 우리의 믿음 형성 과정은 항상 정당화된 믿음을 산출한다"라고 바꾸어야 하며, 이 바뀐 전제 역시 위에서 제시한 예들에 의해서 반박된다.

것이 우리가 마땅히 믿어야 할 바라는 주장 속에는 Q1)에 대한 답이 Q2)에 대한 대답과 독립해서 있을 수 있는데 그 답이 바로 참인 믿음을 갖는 것이라는 가정이 깔려 있다. 위 논증들의 두 번째 전제가 이와 같은 가정을 가지고 있다면, 위의 논증이 건전해서 그들이 원하는 결론, 즉 Q2)에 대한 대답으로부터 Q1)에 대한 대답을 도출할 수 있다는 주장이 받아들여진다 하더라도 이는 더 이상 흥미로운 이야기가 되지 못한다. 왜냐하면 우리가 Q3)의 질문에 대해서 '예'라는 대답을 할 수 있는 이유는 다름 아니라, Q1)에 대한 대답과 Q2)에 대한 대답을 각각 완성한 후에 그 두 대답을 비교하여 그 문제에 대한 답이 같았기 때문이다. 그렇다면, Q2)에 대한 대답으로부터 Q1)에 대한 대답을 도출할 수 있다는 결론은 Q1)에 대한 독자적인 답이 이루어진 후에나 가능한 것이므로, 자연주의자가 주장하는 전통적인 인식론이 심리학이나 자연주의적인 인식론에 의존적이라는 명제를 뒷받침해 주지는 못한다. 왜냐하면 Q3)에 대한 대답이 긍정적이라 하더라도 그 대답이 긍정적인 이유가 전통적인 인식론과 자연주의적 인식론이 서로 밀접한 관계를 갖고 있기 때문이 아니라 Q1)과 Q2)의 대답이 우연적으로 같은 것이기 때문이다.

온건한 자연주의자의 주장이 가지고 있는 기본적인 문제는 그들이 Q3)에 대한 대답이 긍정적이라고 생각하며, 이러한 Q3)에 대한 긍정적인 대답을 Q1)에 대한 대답 없이 할 수 있다고 여기는 점이다. 우리가 Q3)을 "우리가 실제로 믿음을 형성하는 방식이 항상 우리가 믿어야 하는 믿음을 산출하는가?"로 이해했을 때 그 대답은 부정적이어야 한다. 왜냐하면 우리는 실제로 많은 경우에 별 근거 없이 단순한 추측이나 희망사항을 토대로 믿음을 형성하기도 하기 때문이다.

혹자는 위와 같은 주장이 Q3)의 양화사를 '모든 경우'로 본 경우에만 성립하는 것이며, Q3)의 양화사를 '대부분의 경우'로 본다면, 온건한 자연주의자들이 주장하는 것과 같이 Q3)에 대해 긍정적으로 대답할 수 있으므로, 그들이 원하는 결론을 이끌어 낼 수 있다고 생각할지도 모른다. 하지만 Q3)를 그렇게 해석할 경우에는 온건한 자연주의자들이 궁극적으로 원하는 결론인 Q2)의 대답으로부터 Q1)의 대답을 도출할 수 있다는 주장, 즉 자연주의적 인식론이 전통적인 인식론을 궁극적으로 대체할 수 있다는 주장을 뒷받침할 수가 없다. 왜냐하면, 항상은 아니지만, 대부분의 경우에 우리의 믿음 형성 과정이 우리가 믿어야 하는 믿음을 생산해 낸다는 이야기는, 적어도 가끔은 우리의 믿음 형성 과정이 우리가 믿어서는 안 되는 믿음을 산출한다는 뜻이며, 이는 우리가 믿어야 하는 믿음의 기준이, 우리가 어떤 식으로 믿음을 형성하는지와 무관하게, 독자적으로 있다는 것을 의미하기 때문이다. 그러므로 온건한 자연주의자들의 논증을 어떻게 해석해도 그들이 원하는 결론은 정당하게 도출되지 않음을 알 수 있다.

5. 자연화의 대상은 무엇인가?

지금까지 자연주의적 인식론 중에서 근본적 대체론을 주장한 콰인의 입장과 이보다는 조금 약한, 온건한 자연주의의 입장을 살펴보았다. 콰인을 출발점으로 하는 자연화된 인식론의 내용을 조금 다른 각도에서 보면 우리가 제2장에서 다루었던 게티어 문제의 해결방식 중 일부와 연결이 되어 있다. 게티어 문제에 대한 해결방식 중, 인과적 접근방식과 신빙성 있는 지표 접근방식이 바로 그것이다.

인과적 접근방식과 신빙성 있는 지표 접근방식을 주장한 인식론자[23)

들의 공통점은 '인식적 정당성'을 앎의 조건으로 하지 않는다는 것이다. 이들에 따르면 지식은 일종의 자연적 현상이며, 어떤 믿음이 앎인가 아닌가를 결정하는 것은 그 믿음을 형성한 인지적 과정이 제대로 작동했는가 여부이다. 예를 들어, 참으로 하는 사실이 인과적으로 그 믿음을 갖게 하였으면 그것은 앎이 된다는 식의 설명이다.

하지만 제2장에서도 언급한 것처럼 참인 사실로부터 인과적으로 형성된 믿음이 모두 앎이 되는 것은 아니다. 설령 참과 믿음의 인과성이 앎의 중요성 요소라고 하더라도 인식적 정당성은 여전히 앎의 조건이어야 한다.24) 자연화된 인식론의 계열에 있는 철학자들도 후에 인식적 정당성은 앎의 조건으로 인정하면서 '인식적 정당성'을 믿음 형성 과정의 신빙성으로 설명하는 신빙론이 등장하게 되었다.25) 이러한 입장에 따르면, 인식적 정당성도 자연화의 대상이 되어야 함을 의미한다.

이러한 일련의 흐름은 중요한 시사점을 제기한다. 자연화된 인식론의 핵심적인 주장은 **앎**을 설명함에 있어서 자연적인 요소가 꼭 필요하다는 것이다. 즉 믿음 형성 과정이나, 사실과 믿음의 인과적 관계와 같이 믿음의 인과적 발생에 대한 설명이 앎의 분석에 필수적이라는 것이

---

23) 대표적으로 골드만, 드레츠키, 암스트롱 그리고 노직 등을 들 수 있다. 즉 Alvin Goldman, "A Causal Theory of Knowing", *The Journal of Philosophy* 64, 1967. Reprinted in *Essays on Knowledge and Justification*, ed. by G. Pappas and M. Swain, Cornell Univ. Press, 1978; Fred Dretske, "Conclusive Reasons", *Australasian Journal of Philosophy* 49, 1971; D. M. Armstrong, *Belief, Truth and Knowledge*, Cambridge Univ. Press, 1973; Robert Nozick, *Philosophical Explanations*, Harvard Univ. Press, 1981.

24) 이에 대한 논의는 이 책 제2장 3절 '게티어 문제에 대한 해결 시도' 중 3) '인과적 접근방식'과 4) '신빙성 있는 지표 접근방식'을 설명하면서 자세히 제공되고 있다. 또한 김기현(1998), pp.100-101에서도 비슷한 논의가 되고 있다.

25) 신빙론에 대한 논의는 이 책 제3장을 참고할 것.

다. 이 부분에 대해서는 전통적 인식론자들도 어느 정도 동의하리라 생각한다.

앎에 대한 설명에 자연주의적 요소가 포함되어야 함을 인정한다고 하더라도 그 자연화의 대상이 꼭 '인식적 정당성'에 대한 분석이어야 하는지는 불분명하다. 하지만 앞에서 Q1)에 대한 대답을 Q2)에 대답함으로써 대체할 수 있다는 입장은 자연화의 대상을 인식적 정당성이라고 생각하고 있음에 틀림없다. 그러면 왜 인식적 정당성을 설명함에 있어서 자연화가 필요하다고 생각했을까? 그 대표적인 이유는 다음의 논의에서 발견된다.26)

예를 들어, S가 명제 P를 믿기에 적절한 증거 E를 가지고 있었음에도 불구하고, 실제로는 이 증거를 무시하고 엉뚱한 이유로 P에 대한 믿음을 형성했다고 가정하자. 상식적으로 볼 때, 엉뚱한 이유로 형성된 S의 믿음은 정당하지 않다. 하지만 믿음과 증거 사이의 일정한 논리적 관계만으로 정당성을 결정하는 전통적 인식론에서는 이러한 믿음도 증거에 의해서 뒷받침이 되기에 정당하다고 해야 하는 난점이 생긴다는 것이다.

이러한 문제를 자연화된 인식론은 쉽게 설명할 수 있다. 위의 경우에 P에 대한 S의 믿음이 정당하지 못한 이유는 E와 P의 논리적 관계 결여가 아니라 P에 대한 믿음을 형성하는 S의 과정이 제대로 되지 못했기 때문이다. 이 예의 교훈은 믿음과 증거 사이의 인과적 관계가 올바로 연결되어야 정당한 믿음을 설명할 수 있다는 것이다. 이를 일반화시켜서 인식적 정당성에 대한 연구에 적용하면 어떤 인지과정이 어

---

26) 이런 논의는 김기현, 「자연화된 인식론과 '연결'」, 『철학적 자연주의』, 1995, pp.82-83; 『현대 인식론』, 1998, pp.266-267, 그리고 「자연화된 인식론과 인식 규범의 자연화」, 『철학적 분석』 2호, 2000, pp.106-107에서 제시되었다.

떤 믿음을 산출하는가와 관련된 사실적 탐구가 인식적 정당화의 분석에 필수적이 되는 것이다.

그렇다면 위의 예를 증거론에서는 어떻게 대답할 수 있을까? 적절한 증거를 소유하고 있는 사람은 그 증거가 뒷받침하는 명제를 믿는 것에 인식적 정당성을 가진다. 적절한 증거에 근거하지 않고 엉뚱하게 문장의 소리가 좋아서 믿음을 형성한 경우에도 여전히 인식적으로 정당할 수 있는가? 그렇다. 왜냐하면 인식적 정당성은 증거와 믿음의 대상이 되는 명제 사이의 논리적 관계에 의해서 결정되는 것이지, 믿음을 어떻게 형성하느냐에 의해서 결정되는 것이 아니기 때문이다. 이쯤 되면 의혹이 증폭할 것이다. 그러면 그 사람의 인식과정에 아무런 문제가 없다는 뜻인가? 그렇지는 않다. 증거론에서도 그 사람에게 인식적인 문제점이 있음을 부정하지 않는다. 단 그것이 '인식적 정당성'의 논의에 해당하는 문제점이 아니라는 것뿐이다. 증거론에서는 위와 같은 문제를 '제대로 된 근거로부터 형성됨'이라는 개념을 가지고 설명한다.[27] 제대로 된 근거로부터 형성됨이란 개념이 앎의 분석에 있어서 하나의 필요조건이란 것은 분명하며, 이는 전통적 '앎'의 분석의 둘째 조건인 **'믿음조건'**에 포함되는 것이 최선이라고 생각한다. 즉 (K)의 둘째 조건을 단순하게 'S가 P를 믿는다'라고 하지 않고 'S가 P를 증거 **E의 내용에 근거해서** 믿는다'로 수정하는 것이다. 그렇다면 문장의 소리가 좋아서 믿음을 형성한 경우는 E의 내용에 근거한 믿음이 아니므로 위의 예에서 제시된 믿음은 앎이 되지 못하는 것이다.

이러한 해석은 '앎'의 조건이 '정당화된 참 믿음'이라는 전통적인 분석과도 잘 맞아떨어진다. 만일 인식적 정당성이 실제로 믿고 있는 명

---

27) 이에 대한 논의는 이 책 제3장의 '증거론'에서 다루었다. 더 자세한 논의는 김도식(2008), pp.101-105를 참고할 것.

제에 대해서만 적용될 수 있다면 굳이 '믿음조건'을 앎의 필요조건으로 첨가시킬 필요가 없어진다. 이미 믿음을 형성한 경우에만 정당성을 논의할 수 있다는 입장에 따르면, 정당화되었다는 것은 이미 믿고 있음을 함축하기 때문이다.

이러한 논의가 보여주는 바는 무엇인가? "**인식 정당화**와 관련된 인식적 평가는 믿음을 산출하는 인지과정에 대한 연구를 필수적으로 포함"[28]해야 한다는 주장을 증거론과 같은 전통적 인식론이 반드시 수용해야 하는 것은 아니라는 것이다. 즉, 위에서 제시된 예가 전통적 인식론의 대표적 이론인 증거론의 '인식적 정당성'에 대한 분석을 반박하거나 '인식적 정당성'에 대한 논의가 반드시 자연화되어야 함을 보여주는 것에는 실패했다는 것이다. 왜냐하면 앞에서 보았듯이, 이 문제에 대한 증거론의 해결방식이 '인식적 정당성'에 대한 수정에 있지 않았기 때문이다.[29]

위의 예는 '**인식적 정당성**'에 대한 논의가 반드시 자연화되어야 함을 증명하지는 못했지만, '**앎**'**에 대한 분석** 어딘가에 자연주의적 요소가 첨가되어야 함은 분명히 보여주고 있다. 그러면 '앎'에 대한 분석 중에서 어느 부분이 자연화의 대상이 되어야 할까? 위에서 제시한 필자의 분석이 맞는다면 '믿음'이 자연화의 대상임을 쉽게 발견할 수 있다. 왜냐하면 위의 문제를 해결하는 방식으로 '믿음조건'을 수정했기 때문이다.

---

28) 김기현, 「자연화된 인식론과 '연결'」, 『철학적 자연주의』, 1995, p.83. 강조는 필자의 것임.

29) 모든 전통적 인식론자가 이러한 입장을 수용하는 것은 아니다. 전통적 인식론자 중에서 신빙론자는 '인식적 정당성'의 분석에 인지과정에 대한 탐구가 중요한 요소를 차지한다고 생각할 것이며 김기현도 이러한 입장에 속한다고 할 수 있다.

이러한 결과는 전통적 인식론과 자연주의적 인식론의 관계에 새로운 시사점을 주고 있다. 전통적 인식론의 특성으로 제시된 규범성과 선험적 탐구방식은 주로 '인식적 정당성'에 대한 특성이라고 볼 수 있다. 그 이유는 인식적 정당성이 규범적인 개념이고 이러한 규범성은 경험적인 탐구대상이 될 수 없다고 생각하기 때문이다. 그런데 자연과학적 탐구방법이 도입되어야 하는 부분이 '인식적 정당성'의 부분이 아니라 '믿음'에 관련된 부분이라고 한다면, 이는 전통적 인식론의 본질을 크게 훼손하는 내용이 아니게 된다. 전통적 인식론자들이 '믿음'에 대한 연구를 선험적으로 행해야 한다고 주장할 필요는 없기 때문이다. 어떤 조건을 만족시켰을 때, 우리가 하나의 믿음을 지니고 있다고 할 것이냐의 문제를 해결하려면, 우리는 당연히 믿음이 어떻게 형성되고, 기억 속에 저장되어 있는 내용을 우리가 어떻게 믿음으로 재생시키는가에 대한 자연과학적 탐구에 의존해야 할 것이다.

지금까지의 논의가 맞는다면, Q2)의 대답을 통해서 Q1)의 대답을 대체할 수 있다는 근거는 아직 충분히 제시되지 않았다고 본다. 그러면 인식적 정당성과 같이 규범적 문제가 사실적 탐구에 의해서 대답될 수 있는 다른 가능성이 있는지를 다음 절에서 살펴보기로 하겠다.

6. 인식적 규범의 과학적 탐구

전통적 인식론자들도 자연과학의 발달이 앎에 대한 분석에 도움을 주리라는 것을 의심하거나 부정하지는 않는다. 따라서 과학적 탐구의 결과를 인식론에서 원용하는 것을 자연화된 인식론의 특징이라고 한다면, 이는 전통적 인식론과의 구분을 매우 모호하게 만든다. 따라서 인식론에서 다루는 규범적 내용이 선험적 방법이 아니라 사실적 탐구에 의해서만 가능함이 밝혀질 때 자연화된 인식론은 전통적 인식론과 차별성을 보인다고 생각할 수 있다.

이러한 자연주의적 인식론의 입장은 콰인의 대체론처럼 인식론의 영역에서 규범적 요소를 완전히 배제해야 한다는 근본적 대체론보다는 약한 입장이며 이들은 적어도 인식론 내에서 규범적 요소가 있음을 부정하지는 않는다. 하지만 이러한 규범적 요소가 사실적 탐구에 의해서 설명 가능하다는 점에서 상당히 강한 자연주의적 입장이라고 볼 수 있다. 이런 입장은 레셔,30) 보이드,31) 로단,32) 그리고 후커33) 등의 과학철학자들 사이에서 발견할 수 있다. 이 과학자들에 따르면, 인식적 목표에 도달하는 것에 성공적인 인식과정이 바람직한 믿음 형성 과정이며 이에 대한 탐구는 과학적 탐구의 영역에 속한다는 것이다.

이들이 생각하는 인식적 목표의 가장 대표적인 후보는 참인 명제를 믿고 거짓인 명제를 믿지 말라는 것이다.34) 이처럼 우리가 믿고 있는 것들 중에서, 참을 극대화하고 거짓을 최소화하는 것은 '진리의 추구'라는 고유한 목표에도 부합할 뿐만 아니라 진화론적인 접근에서 말하는 생존과 번영에도 도움이 되기 때문이다. 우리의 인식적 목표를 진리에 대한 추구로 여기거나 혹은 생존과 번영에 도움이 되는 것으로 두었을 경우, 이러한 목표를 달성하는 데 도움이 되는 믿음은 정당한

30) Nicholas Rescher, *Methodological Pragmatism*, Blackwell, 1977.
31) Richard Boyd, "Scientific Realism and Naturalized Epistemology", *PSA* 1980 vol. 2, ed. by Asquith and Giere, Philosophy of Science Association, 1982.
32) Larry Laudan, "Normative Naturalism", *Philosophy of Science* 57, 1990.
33) Clifford Hooker, *A Realist Theory of Science*, SUNY Press, 1987.
34) 이에 대한 비판은 이 장 4절에서 제시했다.

믿음이 되고, 그렇지 않은 믿음들은 정당하지 않게 된다.

이러한 입장은 전통적 인식론의 출발점과 이미 상충하는 인상을 받는다. 우리가 이 책을 처음 시작하면서 게티어의 문제를 다루었고, 그가 (K)에 대한 반례를 제시하면서 전제했던 것 중 하나는 거짓인 명제를 믿는 것도 정당할 수 있다는 것이었다. 하지만 만일 참인 명제를 믿는 것이 인식적 목표라면 거짓인 명제를 믿는 것이 정당하다고 인정할 여지가 별로 없어진다. 그리고 이미 (K)를 설명하면서 단순하게 참인 믿음을 가졌다고 다 앎이 되는 것은 아님을 밝힌 바 있다. 따라서 참인 명제를 믿는 것이 우리의 인식적 목표라고 하더라도, 단순히 참인 명제를 믿으면 그것이 정당하다는 식의 설명이 자연주의적 입장이 되기는 곤란할 것이다.

이러한 어려움을 극복하는 방법은 제3장에서 다룬 인식적 정당성의 한 이론으로 신빙론과 같은 입장을 취하는 것이다. 단순히 한 믿음이 참이라고 해서 앎이 되는 것이 아니라 그 믿음을 형성한 믿음 형성 과정이 신빙성 있어야 앎이 된다는 것이다. 그렇다면 설령 우연히 참인 명제를 믿게 되더라도 그 믿음을 형성한 인식적 과정이 막연한 추측이나 성급한 일반화처럼 신빙성이 없는 것이었다면 정당하지 않음을 설명할 수 있다.

하지만 우리는 신빙론을 다루면서 '일반화의 문제'를 지적했다. 만일 한 믿음을 형성하는 믿음 형성 과정이 지나치게 넓다면 그 과정을 통해서 믿게 된 거짓인 명제도 정당하다고 해야 할 것이므로 진리의 추구를 인식적 목표로 하는 대전제와 자체 내에서 충돌이 일어난다. 진리를 추구하는 것이 인식적 목표이면서도, 이런 목표에 위배되는 거짓인 명제를 정당하다고 해야 하기 때문이다.

반면에 믿음 형성 과정을 지나치게 좁게 해서, 그 인지과정 내의 모든 믿음이 다 참이 된다면 모든 참인 믿음이 정당하게 되고 모든 거짓인 믿음이 정당하지 않게 되는 원치 않는 결과가 나온다. 이는 곧 참인 믿음이 모두 앎이 되는 바람직하지 않은 결과로 귀결되는 것이다. 이런 면에서 볼 때, 진리를 추구하는 것이 우리의 인식적 목표라는 주장은 상당히 설득력 있는 주장으로 보이면서도 생각보다 선뜻 받아들이기 쉽지 않은 내용임을 확인할 수 있다.

게다가 극단적인 예로, 내세가 현세보다 훨씬 더 좋고, 죽음이란 군복무를 마치는 것과 유사한 '제대'라는 것이 밝혀진다면, 생존을 목표로 하여 이제까지 정당성을 부여받았던 믿음들은 모두 정당하지 않은 것으로 판명된다. 이 가정하에서 이를 미처 알지 못하고 이미 저세상으로 간 사람들은 이 세상을 '인식적으로' 헛살았다고 해야 할 것인가? 인식적 목표에 따라서 인식적 정당성이 결정된다면, 목표가 변할 때마다 우리의 인식적 정당성도 달라지는, 바람직하지 못한 결과가 도출된다.

만일, 생존과 번영이 인식적 목표라고 가정해도 다른 종류의 문제점이 발생한다. 우리는 제2장과 제3장에서 인식론에서 관심을 갖는 정당성은 '**인식적 정당성**'이지 '**실천적 정당성**'이 아니라고 지적한 바 있다. 즉, 우리가 설명하고자 하는 정당성은, 그 믿음이 얼마나 우리의 현실에 도움을 주는가에 있지 않다는 것이다. 하지만 생존과 번영은 현실적인 문제이다. 아주 극단적인 예로, 철수가 자신이 남자라는 것을 믿을 때마다 괴로워서 자살을 시도한다고 가정해 보자. 이 경우, 철수는 자신이 남자라는 것을 믿지 않는 것이 그의 생존과 번영에 도움이 될 것이다. 그렇다고 해서, <철수는 남자이다>를 믿지 않는 것이 철수에게 인식적으로 정당하다고 주장하는 것은 어불성설이다. 자신의 신체구조나 생리적 현상들로부터 제공되는 증거들을 모두 무시하고 자신의 생존에 도움이 되는 믿음을 갖는 경우, 그것이 철수에게 실천적으로 도움이 된다고 인정할 수는 있을지 모르지만 그것이 인식적으로 정당한 것은 될 수가 없기 때문이다.

이제는 이와 같은 자연화된 인식론이 지니는 포괄적인 문제를 지적해 보도록 하자. 우리의 인식적 목표가 무엇인가를 결정하는 것은 형이상학이다. 그렇다면 철학자들에 따라서 인식적 목표에 대한 입장이 다를 수가 있다. 상이한 철학자들이 제시하는 인식적 목표가 서로 양립 가능한 것이 아니라면 인식론은 매우 난감한 처지에 놓이게 될 것이다.35) 우리는 많은 경우에, 직관적으로 우리가 가지고 있는 믿음이 정당한지 그렇지 않은지를 판단할 수 있다. 하지만 우리의 평범한 상식조차도 인식적 목표에 대한 서로 다른 이론적 차이에 의해서 혼란스러워질 수 있다.

또한 철학자들 사이에서 일치가 된다고 하더라도 그것이 우리의 **진정한 목표**가 아니라고 후대에 판명이 날 수도 있다. 그렇다면 현재 우리가 정당하다고 믿고 있는 것이 사실은 정당하지 않았던 것으로 밝혀질 수도 있는 것이다. 이는 그리 바람직한 경우가 아니다. 설령 인식적 목표에 대한 철학적 입장이 먼 훗날 바뀐다고 하더라도 지금 내가 충분한 근거를 갖고 믿는 것은 여전히 정당하다고 해야 할 것이다.

지금까지의 논의로 볼 때, 규범적 성격의 전통적 인식론을 사실적 탐구인 자연화된 인식론으로 완전히 대체할 수 있다는 입장은 받아들이기 쉽지 않아 보인다. 자연과학의 발달이 인식론에 도움을 주는 것이 사실이고, 앎의 문제를 완전히 설명하기 위해서는 이러한 인식의 자연화가 일정 부분 필요한 것은 사실이다. 하지만 이러한 자연화의

---

35) 이와 유사한 논의가, 김기현(2000), pp.117-118에서도 소개되고 있다.

대상을 '인식적 정당성'으로 보는 것은 지나친 주장이 아닌가 생각된다. 인식적 정당성은 여전히 규범적인 요소를 가진 전통적 방식에 의해서 탐구되는 것이 올바른 접근방식이다. 이것이 바로 자연화된 인식론의 한계를 보여주는 것이다. 다시 강조하지만, 인식론에 있어서 자연주의적 접근이 무의미하다는 것은 절대로 아니며, 단 자연화의 대상을 잘못 찾은 것을 지적하고자 하는 것뿐이다. 앞의 문제에서 자연화가 필요한 곳은 믿음에 관련된 부분이라고 생각된다.

참고문헌

김기현. 「자연화된 인식론과 '연결'」. 『철학적 자연주의』. 철학과현실사, 1995.

_____. 『현대 인식론』. 민음사, 1998.

_____. 「자연화된 인식론과 규범의 자연화」. 『철학적 분석』 2호, 2000.

김기현 · 김도식. 「게티어 문제에 대한 새로운 해결 시도」. 『철학연구』 제135집. 2021.

김도식. 「증거론이란 무엇인가?」. 『철학연구』 제36집. 1985.

_____. 「자연주의적 인식론의 한계」. 『철학적 자연주의』. 철학과현실사, 1995.

_____. 「경험을 근거로 한 믿음이 어떻게 정당화되는가?」. 『철학』 제57집. 1998.

_____. 「현대 영미 인식론의 동향」. 『동서양의 인식이론』. 한국정신문화연구원, 1999.

_____. 「전통적 인식론에서 자연화의 대상은 무엇인가?」. 『철학적 분석』 2호. 2000.

_____. 「경험을 통하여 우리는 어떤 내용을 갖는가?」. 『철학적 분석』 4호. 2001.

_____. 「인식론과 윤리학에서의 '정당성'에 대한 비교 연구」. 『철학적 분석』 15호. 2007

_____. 「자연화된 인식론의 의의와 새로운 '앎'의 분석」. 『철학적 분석』 17호. 2008.

_____. 「인식적 합리성의 통시적 접근에 대한 고찰」. 『범한철학』 제56집. 2010.

_____. 「기억에 근거한 인식적 정당성」. 『범한철학』 제66집. 2012.

_____. 「증거론 옹호: 가능세계를 통한 반론에 대한 답변」. 『철학적 분석』 33호. 2015.

김동식. 「자연주의 인식론의 철학적 의의」. 『철학적 자연주의』. 철학과현실사, 1995.

김태길. 『윤리학』. 박영사, 1998(개정판).

김효명. 『영국경험론』. 아카넷, 2001.

샤하트/정영기 · 최희봉 역. 『근대철학사』. 서광사, 1993.

정연교. 「"의식: 과학과 철학"에 대한 논평」. 한국철학회 2000년 춘계학술대회지.

최순옥. 「콰인의 자연주의적 인식론에 대한 논의」. 『철학적 자연주의』. 철학과현실사, 1985.

코플스톤/이재영 역. 『영국경험론』. 서광사, 1991.

Ackermann, Robert. *Belief and Knowledge*. Doubleday, 1972.

Armstrong, David. *Belief, Truth and Knowledge*. Cambridge Univ. Press, 1973.

Austin, D. F.(ed.). *Philosophical Analysis*. 1988.

Ayer, A. J. *The Problem of Knowledge*. Penguin Books, Macmillan & Co., 1956.

BonJour, Laurence. *The Structure of Empirical Knowledge*. Harvard

Univ. Press, 1985.

Boyd, Richard. "Scientific Realism and Naturalized Epistemology". *PSA* 1980, vols 2. ed. by Asquith and Giere. Philosophy of Science Association, 1982.

Chisholm, Roderick. *Perceiving: A Philosophical Study*. Cornell Univ. Press, 1957.

_____. *The Theory of Knowledge* 2nd ed. Prentice Hall, 1977.

_____. *The Theory of Knowledge* 3rd ed. Prentice Hall, 1989.

Clark, Michael. "Knowledge and Grounds: A Comment on Mr. Gettier's Paper". *Analysis* 24. 1963.

Davidson, Donald. "A Coherence Theory of Truth and Knowledge", *Truth and Interpretation*. ed. by Ernest LePore, 1986.

Donnellan, Keith. "Reference and Definite Descriptions". *Philosophical Review* 75(1966). Reprinted in Rosenberg and Travis(1971). Also reprinted in Schwarz(1977).

Dretske, Fred. "Conclusive Reasons". *Australasian Journal of Philosophy* 49. 1971. Reprinted in Pappas and Swain(1978).

Feldman, Richard. "An Alleged Defect in Gettier Counterexamples". *Australasian Journal of Philosophy*. 1974. Reprinted in Moser(1986).

Feldman, Richard. "Reliability and Justification". *The Monist*. 1985.

_____. "Having Evidence". *Philosophical Analysis*. ed. by D. F. Austin, 1988.

_____. *Reason and Argument*. Prentice Hall, 1993.

_____. *Epistemology*. Prentice Hall, 2003.

Feldman and Conee. "Evidentialism". *Philosophical Studies*. 1985. Reprinted in Moser and Vander Nat(1987).

Foley, Richard. *The Theory of Epistemic Rationality*. Harvard Univ.

Press, 1987.

Gettier, Edmund. "Is Justified True Belief Knowledge?" *Analysis* 23. 1963. Reprinted in Moser(1986)

Goldman, Alvin. "A Causal Theory of Knowing". *The Journal of Philosophy* 64. 1967. Reprinted in Pappas and Swain(1978).

_____. "Discrimination and Perceptual Knowledge". *The Journal of Philosophy* 73. 1976. Reprinted in Pappas and Swain(1978).

_____. "What is Justified Belief?". *Justification and Knowledge*. ed. by Pappas. Reidel, 1979.

_____. *Epistemology and Recognition*. Harvard Univ. Press, 1986.

_____. *Philosophical Applications of Cognitive Science*. Westview, 1993.

Haack, Susan. *Inquiry and Evidence*. Blackwell, 1993.

Harman, Gilbert. "The Inference to the Best Explanation". *Philosophical Review*. 1965.

_____. *The Change in View*. MIT Press, 1986.

Hooker, Clifford. *A Realist Theory of Science*. SUNY Press, 1987.

Johnson, Bredo. "Knowledge". *Philosophical Studies* 25. 1974.

Kim, Jaegwon. "What is 'Naturalized Epistemology'?". *Philosophical Perspectives* 2. *Epistemology*. ed. by Tomberlin. Ridgeview Publishing Company, 1988.

Kitcher, Philip. "Naturalists Return". *The Philosophical Review* 101. 1992.

Kornblith, Hilary. "Beyond Foundationalism and the Coherence Theory". *The Journal of Philosophy*. 1980.

_____. "Justified Belief and Epistemologically Responsible Action". *The Philosophical Review*. 1983.

_____. "Introduction: What is Naturalistic Epistemology?" *Naturalizing Epistemology*. 1985.

_____(ed.). *Naturalizing Epistemology*. MIT Press, 1985.

_____. "In Defense of Naturalized Epistemology". *The Blackwell Guide to Epistemology*. ed. by Greco and Sosa. Blackwell, 1999.

Kripke, Saul. "Outline of a Theory of Truth". *The Journal of Philosophy*. 1975.

Kvanvig and Riggs. "Can a Coherence Theory Appeal to Appearance States?". *Philosophical Studies*. 1992.

Laudan, Larry. "Normative Naturalism". *Philosophy of Science* 57. 1990.

Lehrer, Keith. "Knowledge, Truth and Evidence". *Analysis* 25. 1965.

_____. "The Fourth Condition for Knowledge: A Defense". *The Review of Metaphysics* 24. 1970.

_____. *Knowledge*. Oxford Univ. Press, 1974.

Lehrer and Paxson. "Knowledge: Undefeated Justified True Belief". *The Journal of Philosophy*. 1969. Reprinted in Pappas and Swain(1978).

LePore, Ernest(ed.). *The Philosophy of Donald Davidson: Perspectives on Inquires into Truth and Interpretation*. Blackwell, 1986.

Lipton, P. *Inference to the Best Explanation*. Routledge, 1991.

Maffie, James. "Recent Work on Naturalized Epistemology". *American Philosophical Quarterly* 27. 1990.

Martinich, A. P.(ed.). *The Philosophy of Language*. Oxford Univ. Press, 1985.

Millar, Alan. "Experience and the Justification of Belief". *Ratio* 2. 1989.

_____. *Reasons and Experience*. Clarendon Press, 1991.

Moore, G. E. *Principia Ethica*. Cambridge Univ. Press, 1903.

Moser, Paul(ed.). *Empirical Knowledge*. University Press of America, 1986.

Moser and Vander Nat(ed.). *Human Knowledge*. Oxford Univ. Press, 1987.

Nozick, Robert. *Philosophical Explanations*. Harvard Univ. Press, 1981.

Pappas, George. "Basing Relations". *Justification and Knowledge*. ed. by Pappas. 1979.

_____(ed.). *Justification and Knowledge*. Reidel, 1979.

Pappas and Swain(ed.). *Essays on Knowledge and Justification*. Cornell Univ. Press, 1978.

Plantinga, Alvin. *Warrant: the Current Debate*. Oxford Univ. Press, 1993.

_____. *Warrant and Proper Function*. Oxford Univ. Press, 1993.

Plato. *Meno*. in *The Collected Dialogues of Plato*. ed. by Hamilton and Cairns. Princeton Univ. Press, 1961.

Pollock, John. *Contemporary Theories of Knowledge*. Rowman & Littlefield, 1986.

Quine, W. V. O. "Epistemology Naturalized". *Ontological Relativity and Other Essays*. Columbia Univ. Press, 1969. Reprinted in Moser (1986).

_____. "Reply to Morton White". *The Philosophy of W. V. O. Quine*. ed. by Hahn and Schilpp. Open Court, 1986.

_____. *The Pursuit of Truth*. Harvard Univ. Press, 1990.

Railton, Peter. "Probability, Explanation and Information". *Synthese*. 1981.

Rescher, Nicholas. *Methodological Pragmatism*. Blackwell, 1977.

Reynolds, Steven. "Knowing How to Believe with Justification". *Philosophical Studies*. 1991.

Rosenberg and Travis(ed.). *Readings in the Philosophy of Language*. Prentice Hall, 1971.

Roth and Galis(ed.). *Knowing*. University Press of America, 1984.

Schwarz, S. P. *Naming, Necessity and Natural Kinds*. Cornell Univ. Press, 1977.

Shope, Robert. *The Analysis of Knowing*. Princeton Univ. Press, 1983.

Skyrms, Brian. "The Explication of 'X Knows That p' ". *Knowing*. ed. by Roth and Galis. 1984

Sosa, Ernest. "The Raft and the Pyramid: Coherence versus Foundations in the Theory of Knowledge". *Midwest Studies in Philosophy: Studies in Epistemology*. 1980. Reprinted in Moser(1986).

_____. "Beyond Scepticism, to the Best of Our Knowledge". *Mind*. 1988.

Steup, Matthias. *An Introduction to Contemporary Epistemology*. Prentice Hall, 1996.

Swain, Marshall. "Justification and the Basis of Belief". *Justification and Knowledge*. ed. by Pappas. Reidel, 1979.

Tarski, Alfred. "The Semantic Conception of Truth". *Philosophy and Phenomenological Research* 4. 1944.

Thagard, Paul. "The Best Explanation: Criteria for Theory Choice". *The Journal of Philosophy*. 1978.

Vogel, Jonathan. "Cartesian Skepticism and Inference to the Best Explanation". *The Journal of Philosophy*. 1990.

찾아보기

김도식

서울대학교 철학과 학사
미국 로체스터 대학교 석사 및 박사
건국대학교 철학과 교수
『철학과 현실』 편집위원
심경문화재단 이사

[주요 논문]
「증거론이란 무엇인가?」(1995)
「자연주의적 인식론의 한계」(1995)
「인지적 가치, 믿음 그리고 인식론」(1997)
「경험을 근거로 한 믿음이 어떻게 인식적으로 정당화되는가?」(1998)
「퍼트남의 '통 속의 뇌' 논증에 대한 비판적 고찰」(1999)
「현대 영미 인식론의 동향」(1999)
「전통적 인식론에서 자연화의 대상은 무엇인가?」(2000)
「경험을 통하여 우리는 어떤 내용을 갖는가?」(2001)
「비판적 사고와 시민사회」(2002)
「무어의 열린 질문 논증에 대한 의미론적 접근」(2005)
「인식론과 윤리학에서의 '정당성'에 대한 비교 연구」(2007)
「자연화된 인식론의 의의와 새로운 '앎'의 분석」(2008)
「인식적 합리성의 통시적 접근에 대한 고찰」(2010)
「'통일인문학'의 개념 분석」(2011)
「기억에 근거한 인식적 정당성」(2012)
「믿음은 이항관계인가? 삼항관계인가?」(2013)
「증거론 옹호: 가능세계를 통한 반론에 대한 답변」(2015)
「철학상담에서 철학의 역할」(2019)
「게티어 문제에 대한 새로운 해결 시도」(공저, 2021)

현대 영미 인식론의 흐름

1판 1쇄 인쇄	2021년 8월 25일
1판 1쇄 발행	2021년 8월 30일

지은이	김 도 식
발행인	전 춘 호
발행처	철학과현실사
출판등록	1987년 12월 15일 제300-1987-36호

서울시 종로구 대학로 12길 31
전화번호 579-5908
팩시밀리 572-2830

ISBN 978-89-7775-851-3   93110
값 16,000원